JEAN-MARIE PELT

FLEURS, FÊTES ET SAISONS

FAYARD

A Gilbert, Madeleine, Georgette et Adrien,
mes compagnons de toujours,
en témoignage de fidèle affection.

Au risque de se perdre

S'il ne s'agissait pas d'abord d'une sorte de calendrier, cet ouvrage serait un essai. Non point au sens littéraire du terme, mais parce que l'auteur s'y est essayé à explorer de nouveaux territoires limitrophes de son domaine traditionnel d'étude et de recherche : la botanique. Il ne s'agit plus seulement ici de regarder les plantes, mais aussi d'observer la manière dont les hommes les regardent, et le sens symbolique qu'ils leur attribuent : mariage insolite de la botanique et de la symbolique, l'une et l'autre intimement liées dans les rapports que l'homme entretient avec les arbres, les herbes, les fleurs et les fruits.

Voici donc notre botaniste parcourant le terrain des fêtes civiles et religieuses qui ponctuent les saisons, explorant mythes et symboles, folklores et traditions. Fasciné par ce qu'il découvre et qu'il avait parfois intuitivement deviné de longue date, il s'aventure audacieusement au-delà des limites de son enclos, de son « pré botanique » que le découpage officiel des sciences devrait pourtant lui interdire de franchir. Transgressant les frontières de sa discipline, il prend le large, abandonnant le cadre sécurisant d'un domaine qu'il connaît bien mais où la parcellisation du savoir et le découpage des disciplines scientifiques l'enfermaient sans retour. Transgresser sans agresser, franchir la frontière sans dépouiller le voisin, progresser en territoire inconnu sans peur ni reproche — tel a été le pari dont est né cet ouvrage. Transgresser des interdits, n'est-ce pas d'ailleurs le propre de la démarche humaine, avec les risques qui en découlent, mais aussi les chances qui en résultent ? En chacun, fût-il écologiste ou botaniste, sommeille un petit Prométhée qui s'ignore, même lorsqu'il rêve, devant un ordinateur, aux prairies verdoyantes et aux jardins embaumés de l'âge d'or !

*On eût jadis intitulé ce genre de prologue « avertissement » ; le mot est passé de mode, mais son sens reste actuel. Aussi convient-il d'*avertir *le lecteur qu'il va se trouver entraîné sur des terrains qui toujours lui seront partiellement étrangers, en espérant qu'ils ne lui seront pas de surcroît parfaitement dénués d'intérêt ! Le naturaliste sera convié à parcourir le champ foisonnant des mythes, du folklore et des traditions populaires ; quant au lecteur plus féru en ces domaines, il risquera d'être déçu par la pauvreté des informations regroupées ici, quand ce n'est pas choqué par quelques contresens ou raccourcis audacieux qui appellent, de la part de l'auteur, toute son indulgence — voire, pour faire d'emblée bonne mesure, une indulgence plénière ! Car celui-ci est conscient des risques de son entreprise… qu'il lui fallait pourtant bien risquer au risque de se perdre !*

Force a été de mettre en contact des sciences connexes et séparées pour tenter de produire quelques hybrides féconds. Aussi ne s'étonnera-t-on pas qu'ici se mêlent et s'entremêlent dans un apparent désordre histoire et histoire sainte, botanique et symbolique, thérapeutique et mystique, folklore et liturgie, écologie et mythologie. Mais, au-delà de cette étrange alchimie, chaque fleur de ce bouquet multicolore n'est qu'un reflet ou une facette d'une réalité unique dont ce livre voudrait témoigner. Et cette réalité essentielle, c'est la dimension spirituelle de l'homme, présente en chacun, son attachement au sacré, à ce qui le dépasse et qu'il exprime par des mythes et des symboles. Comme le note Mircea Eliade, maître incontesté de l'histoire des religions, « c'est là l'une des dimensions caractéristiques de la nature humaine, et sans doute à jamais irréductible à toutes les tentatives de désenracinement, à toutes les mutations modernes ».

Par un étrange effet rétroactif, une sorte de feed-back, l'ultime avatar des prodigieux développements technologiques contemporains est précisément ce retour en force des valeurs spirituelles, ainsi que des traditions et des symboles qui les expriment. On le voit à la montée des intégrismes et des fanatismes les plus inquiétants comme aux signes les plus prometteurs de renouveau. On le voit aussi à la manière dont cette civilisation de l'ordinateur et de la télévision a parfois contribué à ressusciter la fête : les feux de la Saint-Jean embrasent à nouveau le ciel d'été, et la Toussaint orne les cimetières de véritables floralies de chrysanthèmes. De même, chaque village fête à nouveau son saint patron, à moins que ce ne soit le jambon, la bière, la choucroute ou la mirabelle. Partout le folklore est ressuscité, la réjouissance réinventée. Car plus grand est l'esprit d'innovation des Temps modernes, plus fort est le besoin d'enracinement dans la tradition. Innovation et tradition : mais comment tenir les deux bouts de la chaîne ? Telle est la question primordiale posée à l'homme du troisième millénaire.

En présentant les herbes et les arbres, les fleurs et les fruits dans des perspectives qui dépassent la seule description de leurs mœurs naturelles, mais qui tentent d'y ajouter cette dimension nouvelle — la manière dont les hommes les ont regardés en projetant sur eux leurs propres valeurs et en les affectant d'une signification totalement étrangère à leur rôle réel dans la nature —, on a voulu couvrir un domaine du monde végétal encore peu exploré. Il est clair que les plantes à forte charge symbolique sont celles qui, dans le bassin méditerranéen ou ailleurs, sont les plus proches des hommes, les plus utiles, les plus quotidiennement fréquentées ; et cela est vrai aussi des plantes médicinales, qui sont souvent les plus banales, les moins secrètes. Aussi est-ce sans doute d'une fréquentation étroite et quotidienne de la plante par l'homme que son nés ces prodigieux systèmes de signes, de symboles et de concordances qui constituent la substance de cet ouvrage.

Le champ parcouru, déjà bien vaste, se limite volontairement aux seules traditions occidentales, judéo-chrétienne et gréco-romaine, sans exclure tout à fait les Celtes, les Germains, voire même l'Islam. Il a parfois fallu déambuler dans le maquis incroyablement prolixe des ouvrages savants, où il arrive que peu de choses soient dites en beaucoup de mots… On a tenté ici la démarche inverse : livrer l'essentiel en peu de mots.

En composant cet agenda, ce calendrier, cette éphéméride des fleurs, des fêtes et des saisons, en les situant dans la dimension la plus large qu'il soit donné à l'homme de fréquenter, non pas seulement historique ou symbolique, mais aussi spirituelle, l'auteur espère avoir fait œuvre utile. Surtout en un moment où, à nouveau, les fêtes populaires se multiplient sans que la montée impériale — pour ne pas dire impérialiste — des grands média audiovisuels ne vienne étrangler la joie de la fête collective ou l'intimité de la fête familiale… Qui ne se réjouirait de voir dans cette persistance obstinée la continuité, voire la résurgence ou même la résurrection, d'un passé dont les racines remontent au début du néolithique et qui résistera sans doute à toutes les mutations et à tous les avatars, heureux ou malheureux, des sociétés contemporaines ?

En refusant l'approche délibérément analytique caractéristique d'une science déjà moribonde, en prenant parfois le risque de la profusion, voire de la confusion, on a tenté d'échapper aux périls déclenchés par le vol et la consommation de cette fameuse « pomme[1] *» de l'Arbre de la connaissance du Bien et du Mal. Car l'aptitude dont Adam et Ève héritèrent alors est celle qui conduit à une connaissance distinctive, morcelée, sans vue d'ensemble, destructurante et parcellaire, bien à l'image de nos sociétés et de nos sciences modernes, aussi grosses de périls que l'était la « pomme » initiale ! On préfère ici se référer à l'autre arbre du Paradis : l'Arbre de Vie, dont le fruit donnait la vie éternelle. Ce fruit-là évoque un tout autre type de connaissance : une approche intuitive des secrets de la vie et de la mort, un dépassement des oppositions apparemment contradictoires du Bien et du Mal, une transgression radicale qui, par-delà mouvances et aléas de la vie, atteint à l'Unité essentielle.*

J.-M. P.

1. Comme nous le montrerons plus loin, cette pomme, en réalité, n'en était pas une.

Jules et Grégoire ou la mesure du temps

Nous approchons du troisième millénaire, qui commencera le 1er janvier 2001. On oublie trop que l'an 2000 n'est que la dernière année du XXe siècle, non la première du XXIe ! Inutile de préciser qu'il s'agit de l'an 2000 après Jésus-Christ. Car 2000 avant Jésus-Christ, en Europe, c'est encore l'âge de pierre, ou plutôt la fin de l'âge de pierre, juste avant celui de bronze. Mais, en Orient, les grandes civilisations fleurissent entre le Tigre et l'Euphrate. En Egypte, on édifie les superbes temples de Karnak, tandis que les grandes pyramides ont déjà cinq cents ans. Abraham, le père des juifs, des chrétiens et des musulmans, n'est pas encore né. Mais cela ne tardera pas : il suffit d'attendre deux siècles encore... Voilà pour l'an 2000 *avant* Jésus-Christ !

Aujourd'hui, bientôt deux mille ans *après* Jésus-Christ, tout le monde connaît : l'âge des ordinateurs a succédé à l'âge de bronze — après beaucoup d'autres âges intermédiaires ; les pyramides sont toujours là et se portent bien, merci ! Bonaparte les a d'ailleurs escaladées entre-temps. Quant à Abraham, sa descendance fut aussi nombreuse que les étoiles du firmament ou les grains de sable de la plage, arborant des noms aussi prestigieux que Moïse, Salomon, David... et, bien entendu, Mohamed et Jésus.

Ainsi la personne du Christ est-elle au centre du calendrier et de l'Histoire. Sa naissance demeure la référence première des historiens (mais non celle des géologues, qui calculent le temps à compter du temps présent et à rebours). Encore que, sur la date exacte de naissance du Christ, une certaine imprécision subsiste, de sorte que l'an 2000 ne sera sûrement pas l'an 2000 après Jésus-Christ. Le début de l'ère chrétienne fut en effet fixé par un moine d'Orient qui vécut dans un couvent à Rome au VIe siècle : Denys le Petit. L'Empire romain s'étant effondré en 476 de l'ère chrétienne, et le christianisme ayant pris le relais en baptisant les chefs barbares, il fallait bien instituer un nouveau calendrier. Malheureusement, le pauvre Denys se trompa dans ses calculs et fit naître Jésus quelques années trop tard. Il considéra que le Christ était né en l'an 754 après la fondation de Rome. Or les spécialistes s'accordent à penser qu'il est né en réalité en 749, et peut-être même en 747 ! Bref, l'an 2000 sera donc l'an 2005, voire 2007, puisque le Christ est né cinq à sept ans avant Jésus-Christ !...

On songe ici à la boutade célèbre de cet élève à qui l'on demandait quand est né le Christ : « Oh, il y a bien longtemps, répondit-il. — Oui, mais quand ? Après ou avant Jésus-Christ ? — Oh, bien avant, naturellement ! C'est si loin... » Le plus drôle est qu'il avait raison ! De surcroît, Jésus serait mort le 7 avril 30 et ressuscité le 9, date de la première pâque chrétienne, non point à l'âge de 33 ans, mais de 35, voire de 37 ans !

Mais ne chipotons pas sur le choix de ce malheureux Denys le Petit puisqu'il rajeunit notre calendrier de cinq ou sept ans et qu'il y a unanimité sur le fait que nous sommes bien, chaque année, réellement ou fictivement, dans l'année indiquée par nos calendriers et nos agendas. Il y a si peu de choses sur lesquelles nous sommes tous d'accord : en voilà au moins une.

Pourtant, en parcourant la planète, voici que surgissent des calendriers alternatifs ou parallèles, comme les médecines du même nom. Les juifs, qui se réfèrent explicitement à la Bible, font remonter l'origine du monde à 5748 ans[1]. Ce nombre, établi à partir des généalogies de la Genèse, premier livre de la Bible, mesure le temps écoulé depuis la création d'Adam.

1. Année du calendrier juif allant du 24 septembre 1987 au 12 septembre 1988.

En fait, l'homme est beaucoup plus vieux : son origine remonte à des millions d'années. L'erreur historique est donc ici bien plus grave que celle du moine Denys. Il est vrai qu'il s'agit d'une origine mythologique et symbolique, confirmant cette ancienne croyance populaire selon laquelle le Christ serait né environ 4000 ans après la promesse faite à nos premiers parents. D'où, dans le fameux *Il est né le divin Enfant* des nuits de Noël, ce verset classique : « Depuis plus de 4000 ans nous le promettaient les prophètes... »

Si le calendrier juif a une singulière avance sur le calendrier chrétien, le calendrier musulman, au contraire, a pris dès le départ un sérieux retard. C'est que l'islam est la plus récente des trois religions monothéistes ; celle aussi dont les origines historiques sont, pour cette raison même, les mieux attestées. Mahomet méditait dans une caverne d'une montagne proche de La Mecque, vers l'an 610, lorsqu'il eut une vision. Selon la tradition, il entendit la voix de l'archange Gabriel lui transmettre la parole de Dieu : ainsi commença la grande aventure de l'islam. Cette parole, d'abord sévère, condamnait les riches marchands de La Mecque, les adjurant de pratiquer la charité et de mieux partager leurs biens avec les pauvres. Mais ils ne l'entendirent point de cette oreille et démontrèrent que, comme chacun sait, nul n'est prophète en son pays. La Mecque n'accepta pas davantage son prophète que Nazareth n'avait accepté le sien six siècles auparavant. Une hostilité d'abord larvée, puis franchement déclarée, se manifesta à l'encontre de ce dangereux réformateur qui dut émigrer avec les siens à Médine, oasis située à 350 kilomètres de La Mecque. Mahomet quitta sa ville natale le 16 juillet 622 de notre ère ; cette date marque le point de départ du calendrier musulman, qui en est arrivé, en 1988 de l'ère chrétienne, à l'an 1409 de l'hégire.

Mais 1409 + 622 = 2031. Comment diable les musulmans peuvent-ils avoir accéléré à ce point le cours de l'Histoire pour avoir déjà gagné 43 ans sur nous en 1988, et pour avoir parcouru 1409 ans tandis que nous n'en parcourions que 1988 − 622 = 1366 ? Une seule réponse possible : l'année musulmane est plus courte que l'année chrétienne.

De fait, le calcul, le repérage et le découpage du temps sont un véritable casse-tête chinois... Casse-tête que les Chinois eux-mêmes avaient résolu comme nous en se référant aux mouvements du Soleil, tandis que d'autres peuples — les musulmans en particulier — se référaient à ceux de la Lune.

Il suffit de sillonner la planète pour constater qu'il y a autant de calendriers que de civilisations, chacune ayant tenté avec plus ou moins de bonheur de concilier l'inconciliable, les unes se référant au Soleil, les autres à la Lune. Or les deux luminaires se déplacent dans le ciel avec un esprit de parfaite indépendance mutuelle, tout au moins par rapport à un observateur qui les suit de la Terre. Aussi les hommes ont-ils eu toutes les peines du monde à choisir un calendrier basé tantôt sur un cycle lunaire, tantôt sur un cycle solaire.

Le cycle lunaire est de 29 jours, 12 heures, 44 minutes et 2,8 secondes en moyenne (en moyenne seulement, car la Lune est lunatique, et la longueur des lunaisons, c'est-à-dire des cercles qu'elle décrit autour de la Terre, varie... de quelques fifrelins de secondes !). Il est aisé de suivre ses circuits en observant la succession des nouvelles lunes, chaque lunaison s'inscrivant entre deux nouvelles lunes consécutives et correspondant à un tour complet de la Lune autour de la Terre. Entre-temps, elle aura pris tous les aspects intermédiaires entre le disque plein et le disque sombre. De ce caractère changeant vient son assimilation à la féminité, dont l'adage veut que « Souvent femme varie, bien fol est qui s'y fie ».

Le cycle solaire, au contraire, correspond à une année de 365 jours, 5 heures, 48 minutes et 46 secondes. C'est le temps nécessaire à la Terre pour faire un tour complet autour du Soleil. En divisant le cycle solaire par le cycle lunaire, on voit qu'une année solaire correspond à 12,36 lunaisons ; de sorte qu'une année lunaire de douze lunaisons, c'est-à-dire de douze mois lunaires, est plus courte qu'une année solaire. Pour les faire coïncider, il faudrait que l'année compte douze mois lunaires plus environ un tiers de mois. Ce qui oblige les calendriers fondés sur les mois lunaires à des rattrapages soit par addition d'un ou deux jours supplémentaires à la longueur des mois, soit par l'addition d'un mois supplémentaire de temps à autre. Ainsi naquit, bien avant la mise en œuvre des politiques salariales modernes, l'idée du treizième mois...

Nous avons hérité des Egyptiens, puis des Romains, un calendrier solaire. A l'origine, les Romains avaient divisé l'année en dix mois, dont quatre de 31 jours et six de 30 jours, ce qui donnait une année étrangement raccourcie de 304 jours, évidemment beaucoup trop courte et sans rapport avec le rythme des saisons. Cette étrange année de dix mois commençait le 1er mars. Nous en avons gardé un vestige dans la dénomination de nos mois : notre neuvième mois s'appelle septembre, car il était le septième de cette année romaine ; notre dixième, octobre, car il était le huitième ; notre onzième, novembre (neuvième), et notre douzième, décembre (dixième). Après quoi venait aussitôt le 1er mars, qui, chaque année, tombait deux mois plus tôt par rapport au rythme des saisons. Le Premier de l'An — ce 1er mars — ne cessait donc de reculer d'hiver en automne, puis en été, puis au printemps, etc.

Très vite, les Romains s'aperçurent du grave handicap que représentait un découpage du temps sans aucun rapport avec le rythme saisonnier. Ils ajoutèrent alors deux mois supplémentaires après le mois de décembre : janvier et février, et fabriquèrent une année de 355 jours (quatre mois de 31 jours, sept de 29 et un de 28). Encore raté ! Car cette année restait toujours trop courte, et le décalage persistait entre le calendrier et les saisons, quoique sur une période plus longue. Le Premier de l'An reculait encore chaque année par rapport au Soleil, mais beaucoup moins vite : de dix jours seulement.

Pour remédier à ce désaccord, Jules César, sur les conseils de l'astronome égyptien Sosigène, fonda le calendrier qui porte son prénom : le calendrier julien. Il repose sur le principe d'une année de 365 jours et quart. Comme il n'est pas possible de couper un jour en tranches, on décida de faire se succéder trois années de 365 jours et une année de 366 jours. Le 366e jour était ajouté tous les quatre ans après le 24 février ; c'était le sixième jour avant le 1er mars, et c'est ce sixième jour qui était doublé : d'où, en latin, le nom de *bis sexto* qu'on lui donnait, autrement dit le « sixième jour bis ». Ce jour bissextile donna ensuite, dans le langage courant, « année bissextile ».

Le calendrier julien divise l'année en douze mois qui ont

alternativement 31 et 30 jours, sauf le mois de février qui, les années normales, n'avait que 29 jours — 30 les années bissextiles. La réforme julienne prit effet le 1er janvier 45 avant notre ère (année 708 de la fondation de Rome). Avec elle, le 1er janvier devenait le premier jour de l'année, en remplacement du 1er mars. Pour perpétuer le souvenir de cette réforme de leur calendrier, les Romains dédièrent le septième mois de l'année à Jules César : ce fut dès lors le mois de juillet.

Le passage de l'an *moins 1* à l'an *plus 1* s'opéra sous l'empereur suivant, César Auguste, contemporain de la naissance du Christ. Mais on ne le sut que bien plus tard, lors de la réforme du calendrier consécutive au triomphe du christianisme. Entre-temps, afin de l'honorer au même titre que son prédécesseur Jules, on lui avait dédié le huitième mois de l'année : le mois d'août (en anglais ou en allemand : *August*). Mais ce mois n'avait que trente jours ! Or Rome ne pouvait faire de distinction entre ces deux grands empereurs et il convenait donc de rallonger le mois d'août pour l'aligner sur le mois de juillet. On décida alors de retirer un jour à février, de sorte que cet ex-dernier mois de l'année n'aurait plus que 28 jours les années normales, et 29 les années bissextiles. Moyennant quoi, juillet et août compteraient à égalité 31 jours ! Et tant pis pour février, que les romains n'aimaient guère car ils le croyaient néfaste.

C'est donc aux Romains que nous devons la longueur de nos mois, ainsi que leur bizarre dénomination. Janvier était dédié au dieu Janus, qui avait sauvé les Romains envahis par les Sabins. Ce dieu à double face trouvait parfaitement sa place à la jointure de deux années. Février était le mois des morts : sa sinistre réputation lui valut de sévères amputations qui en firent un mois infirme et handicapé. Avec ses 28 jours, il est le seul mois lunaire de notre calendrier ! Mars porte le nom du dieu de la Guerre, bien qu'il ait été curieusement dédié à Mercure, dieu du Commerce. Si, selon l'adage, mars tombe toujours en carême, avril, en revanche, ne tombe jamais sous le signe des Poissons, malgré les célèbres poissons d'avril. Le 1er avril fut autrefois le Jour de l'An, avec ses vœux et ses étrennes. Quand Charles Quint, conformément au calendrier julien, fixa le début de l'année au 1er janvier, le 1er avril devint un « faux Jour de l'an » avec de fausses étrennes, de faux vœux et toutes les facéties que l'on sait. On y célébrait aussi la fin du signe des Poissons, c'est-à-dire la fin du cycle astrologique et la naissance d'un nouveau cycle : d'où le poisson d'avril, dont la première fantaisie est de ne pas tomber sous le signe du même nom ! Mai est dédié à la déesse Maia, l'une des nombreuses amantes de Jupiter. De Maia à Marie, il n'y avait qu'un pas, et mai allait devenir le mois de Marie, mais beaucoup plus tard... Juin était dédié à Junius Brutus, l'un des fondateurs de la République romaine. Puis viennent les césar : Jules (juillet) et Auguste (août). Après quoi les Romains manquèrent subitement d'imagination, pour le plus grand bien des amateurs d'huîtres qui n'ont ainsi aucun mal à se souvenir que celles-ci ne sont vraiment consommables que pendant les mois en « r »... Autrement, il aurait encore fallu retenir le nom de quatre obscures divinités romaines qui, décidément, ne sont plus de saison en cette fin d'année !

Telle était l'année julienne. Mais celle-ci se révéla elle aussi insatisfaisante ! C'est que, entre les 365 jours 5 heures 48 minutes et 46 secondes de l'année réelle et les 365 jours et 6 heures de l'année julienne, persiste chaque année un décalage d'environ onze minutes. Sur un an, c'est peu. Mais sur mille ans, cela donne 11 000 minutes, soit environ une semaine. Ainsi l'année un peu trop longue prenait-elle peu à peu de l'avance sur le Soleil, à raison d'environ trois jours tous les quatre cents ans. Au XVIe siècle, cette avance était déjà de dix jours. C'est pourquoi le pape Grégoire XIII décida en 1582 d'amputer purement et simplement l'année de dix jours : on passa donc à Rome directement du jeudi 4 octobre au vendredi 15 octobre 1582 ! La France suivit promptement l'exemple romain et le dimanche 9 décembre fut suivi chez nous du lundi 20 décembre. Aussi, si on vous demande ce qui s'est passé à Paris le 15 décembre 1582, une seule réponse : *rien !* Et il ne s'est rien passé non plus à Rome le 10 octobre de la même année, puisque ces jours-là n'ont pas existé.

L'Angleterre eut naturellement toutes les peines du monde

à suivre l'exemple des continentaux et attendit pour cela 1752. Au surplus, en Grande-Bretagne, l'année commençait le 25 mars : il était donc grand temps de mettre là-bas les pendules à l'heure ! A noter qu'elles n'y sont pas encore tout à fait, car un décalage horaire quotidien d'une heure subsiste toujours entre l'Angleterre et le continent, ultime vestige du singularisme traditionnel des insulaires qui imposent l'heure-étalon de Greenwich et de Big Ben au monde entier et ne se mettent pas à l'heure de la Communauté européenne dont ils font partie ! La Russie, quant à elle, attendit 1918 — et la Grèce 1923 — pour procéder aux amputations préconisées par le pape Grégoire XIII...

La réforme conduite par ce pape porte son nom : c'est la « réforme grégorienne ». Une réforme, soit dit en passant, qui n'a rien à voir avec celle du chant grégorien, attribuée par erreur au grand pape Grégoire Ier dont elle porte le nom, mais qui n'en est pas l'auteur [1]...

Mais si, en amputant dix jours à l'année, on remettait effectivement les pendules à l'heure, encore fallait-il, pour guérir le mal, agir sur ses causes, c'est-à-dire empêcher que des décalages ne se produisent à nouveau, contraignant quelque très lointain souverain pontife à supprimer de nouveau quelques jours au cours du troisième millénaire. Pour éviter cette avance dans l'avenir, Grégoire XIII décida donc qu'une année bissextile par siècle serait supprimée. Ainsi, les années séculaires 1700, 1800, 1900, etc., ne sont pas bissextiles. Enfin, puisqu'il fallait perdre trois jours (et non pas quatre) en quatre cents ans pour mettre en complet accord le calendrier avec le mouvement du Soleil et la ronde des saisons, on décida qu'une fois tous les quatre cents ans, la dernière année du siècle serait bissextile : c'est ce qui va se produire en l'an 2000, comme cela s'était produit en l'an 1600 et comme cela se reproduira à nouveau en l'an 2400. Ainsi, le 29 février 2000 sera un jour particulièrement exceptionnel, qui ne se reproduira plus pendant quatre cents ans.

1. Le chant grégorien est un amalgame du chant dit « vieux-romain », effectivement institué par Grégoire Ier, et du « chant messin », composé au VIIIe siècle à Metz par saint Chrodegang, l'un de ses plus illustres évêques.

Malgré tous ces efforts, on aura cependant encore trois jours d'avance en l'an 10000 : problème terriblement préoccupant dont l'ONU devrait se saisir de toute urgence !

Par rapport à cette tradition romaine puis chrétienne, le judaïsme et l'islam se singularisent en perpétuant, au moins pour le rythme des fêtes liturgiques, un calendrier lunaire. Le calendrier israélite est calqué sur le plus ancien calendrier de l'Occident : le calendrier chaldéen, qui était également à peu de chose près celui des Grecs. Ce calendrier rythmé par les mois lunaires comporte des mois de 29 ou 30 jours, la Lune effectuant un tour complet autour de la Terre en un mois de 29 jours et demi environ. Mais cette année, formée de six mois de 29 jours et de six mois de 30 jours, est évidemment trop courte de dix à onze jours par rapport au cycle solaire, ce qui entraîne de nouveau un décalage par rapport au cycle des saisons. Pour rattraper le temps solaire, il faut ajouter tous les deux ou trois ans un treizième mois. Ainsi, le calendrier juif procède par cycles de dix-neuf ans : douze années ont douze mois et sept autres en ont treize (les troisième, sixième, huitième, onzième, quatorzième, dix-septième et dix-neuvième du cycle). A noter que la treizième année n'a pas de treizième mois ! Avec ce système de rattrapage, le Premier de l'An tombe toujours en gros dans la deuxième moitié de septembre ou au début d'octobre. Pour les juifs, en effet, il était nécessaire que les fêtes fixées d'après les mois lunaires aient un rapport étroit avec les travaux agricoles déterminés par les saisons solaires. Le seul moyen d'accommoder le Soleil à la Lune était d'inventer ce treizième mois « balladeur » ou « flottant », comme on voudra.

C'est également au judaïsme que nous devons l'instauration de la semaine de sept jours, héritée des séjours en captivité du peuple d'Israël chez les Egyptiens et les Chaldéens : le premier jour est le dimanche et le dernier le samedi, jour du sabbat.

Déjà, chez les Romains, au temps d'Auguste, chaque jour était dédié à une divinité ; le premier jour — dimanche — était dédié au Soleil : c'est le *Sunday* anglais ou le *Sonntag* allemand. Mais les peuples latins l'ont dédié à Dieu en remplacement du sabbat et en ont fait le *dies dominicus,* le jour du Seigneur ; il est chômé depuis l'an 321, par décision de l'empereur Constantin. Le lundi était le jour de la Lune, le mardi celui de Mars, le mercredi celui de Mercure. Jeudi est dédié à Jupiter, vendredi à Vénus et samedi à Saturne. Tels sont les noms des jours que nous utilisons chaque jour...

Le « di » de *dies* — jour — est préfixe dans dimanche et suffixe dans la dénomination des six autres jours. Quant aux planètes, il arrive — sans doute en raison de leur âge vénérable — qu'elles soient déclassées ici ou là : ainsi le mercredi devient-il un très plat *Mittwoch* (mi-semaine) pour les Allemands qui ont renvoyé Mercure à son commerce et à ses chères études ; et Vénus n'est pas mieux traitée : le vendredi devient *Freitag* en allemand ou *Friday* en anglais (jour de liberté). Toujours en allemand, Jupiter disparaît, mais le jeudi est attribué à son principal attribut : le tonnerre — c'est *Donnerstag !* Avec sa journée de mi-semaine, sa journée « du tonnerre », sa journée libre et sa journée chômée du Soleil, l'Allemagne, on le voit, n'est pas loin de la semaine des quatre jeudis !

Il est curieux de constater que l'ordre des jours ne correspond pas à l'ordre des cinq planètes connues de l'Antiquité, c'est-à-dire à leur distance respective par rapport au Soleil. Cet ordre est bien connu : il va de Mercure à Saturne, en passant par Vénus, la Terre, Mars et Jupiter, ce qui donnerait, dans l'ordre : dimanche (le Soleil), lundi (la Lune), mercredi (Mercure), vendredi (Vénus), mardi (Mars), jeudi (Jupiter) et samedi (Saturne). Curieuse semaine ! Mais, comme le constate Pierre Heckel[1], les Anciens eurent grand souci que « la suite des jours s'ordonne en une succession judicieuse : la Lune-Mère ouvrant le septenaire, le Soleil le fermant ; la Lune gardant auprès d'elle le turbulent et querelleur Mars, le Soleil se plaçant immédiatement derrière le maléfique Saturne pour réparer ses méfaits ; trônant au milieu, le bienveillant, l'opulent Jupiter, flanqué de l'impétueux et rusé Mercure et de la douce et sincère Vénus... ».

La semaine de sept jours fait écho aux sept jours du récit de la Création selon la Bible. Le septième jour, qui institue le

1. P. HECKEL, *L'Homme et les influences astrales,* Epi, Paris, 1983.

repos hebdomadaire, correspond au repos de Yahvé une fois la Création achevée. Imaginons quel désastre eût été une Création étalée sur treize jours, avec un jour de repos seulement au quatorzième jour ! Nous ne disposerions alors que d'un week-end sur deux. Mais qui se souvient encore que le rythme de nos week-ends est basé sur le récit de la première page de la Bible, où la création du monde s'étale majestueusement sur sept jours ? Sept, le chiffre parfait, correspondant aux sept jours de la Création, aux sept planètes et luminaires connus de l'Antiquité, aux sept degrés de la perfection, aux sept sphères célestes, etc.

Le calendrier républicain, qui devait marquer le début d'une ère nouvelle, entra en vigueur le samedi 22 septembre 1792, jour de la proclamation de la République, qui devint le 1er vendémiaire de l'an I. Ce calendrier dû à Fabre d'Eglantine, au nom agréablement champêtre, comportait douze mois de trente jours dont les noms évoquaient les saisons. Les jours étaient groupés en trois décades chaque mois, de sorte qu'un jour de repos n'était accordé que tous les dix jours... Dieu merci, le calendrier républicain fut aboli par Napoléon, et le calendrier grégorien officiellement remis en usage le mercredi 1er janvier 1806. La semaine revenait à sept jours, en même temps qu'était réinstauré le repos hebdomadaire du septième jour — seul point commun à subsister aujourd'hui entre le calendrier juif, le calendrier grégorien et le calendrier musulman...

Comme les juifs, les musulmans ont un calendrier lunaire, mais ils l'appliquent avec rigueur en supprimant purement et simplement le treizième mois. L'année comporte donc douze mois de 29 ou 30 jours correspondant aux phases de la Lune, soit au total 354 ou 355 jours, au lieu de nos fameux 365 jours. Par rapport au mouvement du Soleil et au rythme des saisons, l'année musulmane commence donc chaque année dix à onze jours plus tôt. Il n'y a plus aucune date fixe ni pour le Jour de l'An ni pour la célébration des fêtes, notamment la période du ramadan qui correspond au neuvième mois du cycle. En raison du décalage de dix à douze jours annuels, le ramadan ne tombe à la même date que tous les trente-quatre ans.

On a bien entendu essayé d'uniformiser tous les calendriers

et d'élaborer un calendrier universel. Dès 1927, la Société des Nations, mère légitime des Nations unies, proposa l'adoption d'un tel calendrier. Cette réforme est l'un des grands serpents de mer de la communauté internationale et des Eglises, un peu comme l'est dans chaque pays la réforme de la fiscalité. Aussi l'a-t-on naturellement renvoyée aux calendes grecques...

Si lesdites calendes grecques évoquent une époque qui n'adviendra jamais, c'est que les Grecs n'avaient pas le même calendrier que les Romains et ignoraient par conséquent les calendes. Chez les Romains, en revanche, le mot désignait le premier jour du mois. A partir de la réforme julienne, les calendes de janvier étaient célébrées solennellement, avec échanges de vœux et de cadeaux ; c'était le Jour de l'An. Jour de l'An célébré à Rome en 1989 pour la 2034ᵉ fois depuis son institution par Jules César, le 1ᵉʳ janvier 45 avant Jésus-Christ...

Du temps qui passe au temps qui change

Les hommes ne peuvent rien ni au temps qui passe, car ils ne peuvent l'arrêter, ni au temps qu'il fait, car ils ne peuvent le changer. Tout au plus interrogent-ils des signes, aujourd'hui les photos-satellites, pour tenter de prévoir et de comprendre les caprices et les humeurs du temps.

Il a fallu attendre des millénaires — les découvertes de Copernic et Galilée — pour se rendre à cette évidence qui, à l'époque, n'en était pas une : la Terre tourne autour du Soleil. Cette révolution s'effectue en 365 jours, 5 heures, 48 minutes et 46 secondes. Une révolution en vérité toute pacifique !

Les rayons solaires privilégient durant six mois l'hémisphère Nord, durant les six autres mois l'hémisphère Sud, sans que pour autant le pôle Nord ou le pôle Sud ne prennent jamais d'insolentes insolations... L'été polaire arctique ou antarctique reste glacé, même si le Soleil ne cesse de se traîner au ras de l'horizon, incapable de bondir au zénith, mais incapable aussi de se coucher, de basculer sous l'horizon : c'est le fameux soleil de minuit des étés polaires, avec leurs jours qui n'en finissent plus et leurs nuits en forme de longs crépuscules.

A l'équateur, à l'inverse, l'insolation — toujours forte, car les rayons solaires tombent à la verticale — est à peu près égale en toute saison, à quelques infimes variations près. Les jours ont toujours douze heures, comme les nuits, et la température se maintient jour et nuit à 30° environ. Manaus comme Singapour, situés exactement sous l'équateur, ignorent les saisons.

Il se trouve que l'Europe est située à mi-chemin entre le pôle Nord et l'équateur ; un mi-chemin marqué par une ligne Bordeaux-Turin-Belgrade-Sébastopol. Ni équatoriale, ni arctique, elle jouit du climat tempéré avec ses nombreuses variantes locales ou régionales, continentales ou insulaires, littorales ou montagnardes. Durant l'hiver, le Soleil, qui caresse en permanence l'Antarctique de ses rayons obliques, ne monte que mollement sur l'horizon sud après s'être levé tardivement et avant de se coucher précipitamment. Son cheminement dans le ciel est court et bas. Au plein de l'hiver, le 21 décembre, les jours ne comptent plus que 8 heures 11 minutes, les nuits 15 heures 49 minutes. En été, en revanche, la course du Soleil d'est en ouest forme une courbe qui culmine à midi au zénith ; non pas certes tout à fait à l'aplomb de l'observateur qui le verra toujours légèrement au sud, mais dans une position néanmoins très majestueuse et dominante au milieu du ciel. Les jours, au solstice d'été, ont 16 heures 08 minutes, les nuits 7 heures 52 minutes. Bref, en hiver la course solaire décrit sur la voûte céleste un arc paresseux, bas et promptement franchi, tandis que l'arc estival est haut, long et majestueux dans la chaleur et la splendeur du ciel d'été. Car il fait d'autant plus chaud que l'arc est plus grand et le soleil plus haut dans le ciel à midi.

Mais pourquoi ce mouvement perpétuel de montée et de descente, d'été en hiver et d'hiver en été, au fil des années ? Prenez l'un de ces globes terrestres d'autrefois qui décorent souvent nos bureaux ou nos salons. Vous observerez que le globe est fixé sur son support de bois ou de métal par un axe jamais vertical, mais toujours incliné, autour duquel il vous est loisible de le faire tourner à volonté. L'axe pénètre le globe par un pôle, en bas, le pôle Sud, et en émerge en haut par l'autre pôle, le pôle Nord.

Imaginez maintenant le Soleil comme un point fixe et immobile, une orange placée au centre de la pièce. Amusez-vous alors à déplacer par sauts de puce successifs votre globe selon une trajectoire circulaire autour du soleil en le maintenant strictement dans la même position, sans jamais le faire tourner. Vous comprendrez rapidement que le Soleil étant fixe, il éclairera préférentiellement la moitié sud du globe lorsque celle-ci lui offrira le maximum d'exposition ; ses rayons n'atteindront alors que très obliquement l'Europe, et ce sera l'hiver. Puis, quand vous aurez placé votre globe dans la position exactement opposée, c'est le pôle Nord qui, à son tour, recevra le maximum d'ensoleillement, ainsi que tout son hémisphère, tandis que le pôle Sud aura sombré dans la nuit. L'Europe recevra alors des rayons beaucoup plus percutants, proches de la perpendiculaire, et ce sera l'été.

Tel est le simple mystère de la ronde des saisons ; l'axe de révolution de la Terre sur elle-même n'est pas perpendiculaire, mais oblique par rapport au plan que notre planète décrit dans sa révolution annuelle autour du Soleil. C'est de cette dissymétrie que naît le cycle saisonnier.

Mais quelle que soit la position de la Terre autour du Soleil, les régions équatoriales reçoivent toujours ses rayons sous un même angle presque perpendiculaire ; elles constituent donc la partie du monde qui ignore les saisons et où les jours, contrairement au dicton, se suivent et se ressemblent... Ces pays sans saisons sont des pays au climat perpétuellement égal et à la végétation dense et monotone : la forêt équatoriale. En revanche, certaines parties du globe au relief mouvementé, des îles montagneuses par exemple, soumises à des variations d'altitude et du régime des vents, jouissent sur des surfaces restreintes de climats multiples : l'île de Tenerife, aux Canaries, illustre bien ce phénomène ; la relative proximité de l'équateur atténue fortement les variations saisonnières ; en revanche, les climats sont diversifiés par le jeu subtil des vents et des reliefs, au point que l'on peut à sa guise choisir la mer ou la montagne, le désert ou le jardin, une lande bretonne ou une forêt tropicale, en ne se déplaçant que de quelques kilomètres !

Entre l'équateur sans saisons et les îles aux climats multiples et aux paysages contrastés, l'Europe tempérée offre le jeu perpétuellement renouvelé de ses quatre saisons, bien individualisées par le rythme cadencé de la vie végétale qui accompagne et symbolise nos fêtes et nos saisons.

Mais voici que, depuis quelques années, les saisons elles-mêmes semblent changer. L'expression courante « le temps change » ne paraît plus s'appliquer seulement à un « changement de temps », mais bel et bien à un changement de climat. Il suffit de suivre l'évolution récente de nos printemps...

Comme les jours, les printemps se suivent mais ne se ressemblent pas. Depuis le début des années 70, leur discrétion a été telle qu'on a presque fini par les oublier. Les hivers, qui n'en finissaient pas, traînaient à leur suite des « printemps pourris » qui ne débouchaient que très tardivement sur des étés courts et très chauds. Et puis, soudain, 1988 a offert à la France du Nord un printemps d'autrefois. Un printemps que les plus jeunes voyaient pour la première fois, qui ressemblait enfin à l'idée que l'on se fait du printemps ! Une idée qui appartient plus particulièrement aux générations nées au cours de la première moitié de ce siècle et qui ont bénéficié d'un climat exceptionnellement favorable, comparé au climat moyen de ce dernier million d'années...

Car les climats eux-mêmes ne cessent d'évoluer, ainsi que l'a bien montré Emmanuel Le Roy Ladurie [1]. En remontant dans le temps et en comparant les fluctuations des glaciers, les éruptions volcaniques, les anneaux des arbres, la datation des grains de pollen dans les tourbières, les fluctuations du prix du blé et de la date des vendanges, et, bien entendu pour les dernières décennies, les données météorologiques disponibles, il a pu reconstituer l'histoire du climat depuis l'an mille. Mais avant ?

Après une longue période nettement plus chaude à l'ère tertiaire, le dernier million d'années a été marqué par quatre poussées glaciaires. Les grands froids et les banquises descendant jusqu'à une ligne située aujourd'hui au nord de Londres et de Hambourg sont alors la règle, et les phases de réchauffement l'exception. Il y a soixante-dix mille ans, le froid glaciaire s'établit solidement et durablement pour cinquante millénaires. Puis le réchauffement commence, avec quelques courtes récurrences froides, tandis que la fusion des glaciers contribue à élever le niveau de la mer. La déglaciation a été un phénomène extrêmement rapide... si l'on peut dire !

1. E. Le Roy Ladurie, *Histoire du climat depuis l'an mil,* Flammarion, Paris, 1967.

De 12 000 à 9 000 ans avant Jésus-Christ, la fonte des glaces fait remonter le niveau des mers de cent mètres. Cent mètres en trois mille ans, c'est énorme quand on connaît la lenteur des grands événements géologiques ! L'Angleterre se sépare de la France par le Pas-de-Calais il y a neuf mille ans. Les littoraux de l'Europe occidentale se stabilisent dans leurs contours actuels il y a sept mille ans. Plus de rennes à Hambourg, plus de toundra à Copenhague ou en Ecosse ! Le réchauffement s'accentue et pendant deux millénaires, entre 5000 et 3000 avant Jésus-Christ, le climat moyen dépasse de deux degrés notre climat actuel, ce qui constitue une phase exceptionnellement chaude qui a commencé à régresser voilà cinq mille ans. On glisse alors vers nos climats actuels : le Sahara, reverdi par la période chaude — dite « atlantique » — d'il y a sept millénaires, se dessèche à nouveau et les glaciers ravancent dans les Alpes.

De l'an 800 à l'an 1200, un petit optimum médiéval réchauffe les températures : il coïncide avec les grands défrichements du XIe siècle en Europe de l'Ouest et à la colonisation du Groenland par les Vikings au Xe siècle. Il fait donc moins froid qu'on ne le pense aux environs de l'an mille. Le climat se refroidit ensuite lentement, tandis que l'Europe subit les terribles catastrophes de la fin du Moyen Age : peste, guerre de Cent Ans, etc. Puis vient le petit âge glaciaire, qui va de 1560 à 1850. En 1600, les glaciers alpins écrasent plusieurs hameaux proches de Chamonix. Le XVIIe siècle est particulièrement froid et on gelait à Versailles en dépit de l'éclat du Roi-Soleil... La succession des hivers froids et des étés pourris engendre des famines, tuant semences, moissons et paysans, comme on le voit au cours de la terrible décennie 1690-1700. Les choses s'améliorent un tant soit peu à partir de 1710, mais pas assez pour réchauffer Louis XIV, alors âgé de soixante-douze ans et fort éprouvé, comme tout le royaume, par l'épouvantable hiver de 1709. Le dégel politique qui suit sa mort en 1715 s'accompagne d'un certain redoux coïncidant avec une relance économique en Europe. Mais, à partir de 1740, la petite ère glaciaire reprend ses droits : le terrible hiver 1787-1788 et la désastreuse récolte qui s'ensuivit déclenchèrent une famine qui ne fut sans doute pas totalement étrangère à la Révolution Française. Et l'arrivée de la pomme de terre, vulgarisée peu auparavant par Parmentier, n'y changea rien : introduite en France pendant ces années de disette, elle ne faisait que commencer sa brillante carrière que la Révolution entrava d'ailleurs quelque peu.

Ailleurs, les choses ne vont pas mieux. En 1783, deux grandes éruptions volcaniques, en Islande et au Japon, font perdre à l'hémisphère Nord 1,3 degré de température estivale moyenne, et cela pendant près de cinq ans. D'où de graves famines, notamment au Japon. Cet effacement de l'été est dû à l'énorme masse de poussière projetée par ces éruptions, qui, en obscurcissant le ciel, absorbent une part du rayonnement solaire, faisant chuter la température.

Le réchauffement récent commence vers les années 1860 et se poursuit un siècle durant : la décennie 1940-1950 enregistre les maxima de tiédeur, tout comme 1690-1700 avait enregistré les maxima de froideur. Pendant ce XXe siècle réchauffé, comme le note Le Roy Ladurie, « toutes les zones climatiques arctiques, tempérées, subtropicales, paraissent se déplacer vers le nord en se contractant autour du pôle Nord ». Ce regain de tiédeur apporté par les vents du sud-ouest vers le nord entraîne simultanément une hausse des chutes de neige et un refroidissement croissant du pôle Sud. Car l'aire antarctique se dilate dans la même proportion que se contracte l'aire arctique : il fait donc plus froid sur le continent antarctique, et moins froid en Europe du Nord. Ce qui se manifeste de façon spectaculaire par le recul des glaciers alpins depuis le milieu du siècle dernier. Celui d'Argentières présentait encore en 1860 l'allure décrite par Saussure vers 1770, descendant à proximité immédiate du village. Cent ans plus tard, il a considérablement reculé, laissant place à des peuplements de mélèzes et à de spectaculaires amas rocheux, tandis que, du village, on le devine à peine.

Depuis les années 60, le climat se refroidit de nouveau : les moyennes terrestres ont perdu 0,2 degré au cours des vingt dernières années, ce qu'expriment parfaitement les glaciers alpins : après un recul qui a atteint son maximum vers 1950, tous avancent à nouveau, le glacier des Bossons depuis 1955, la mer de Glace depuis 1970. Dans le même temps, le climat se dessèche sous les tropiques : le Sahara progresse, et les famines se multiplient dans les deux hémisphères. Bref, plus nous avons froid, plus les autres ont faim ! Triste conjonction...

Quant aux causes de ces variations climatiques, elles restent mystérieuses. On sait certes que les volcans, en empoussiérant le ciel, déclenchent des années froides, souvent suivies d'étés secs, donc de disettes et de famines. On invoque aussi les effets des variations de l'axe de rotation de la Terre sur son orbite, sans expliquer pour autant que ces variations n'aient apparemment pas produit, à l'ère secondaire comme à l'ère tertiaire, de glaciations aussi spectaculaires que celles, toutes proches, de l'ère quaternaire. Celles-ci, qui paraissent propres à la toute dernière période de l'âge de la Terre, restent donc une énigme.

On invoque également le rôle de ce puissant flux d'ouest qui balaie sous nos latitudes la zone tempérée, encerclant le globe comme d'un anneau : le vortex. Lorsque ce flux se resserre autour du Pôle, les influences subtropicales remontent et les climats se réchauffent ; à l'inverse, lorsqu'il redescend vers le sud, il permet aux influences arctiques de s'imposer en Europe moyenne. L'air froid de l'hémisphère Sud est en même temps repoussé vers le sud, ce qui explique la prolifération des manchots dans l'Antarctique pendant la petite ère glaciaire, entre 1670 et 1840. En ce temps-là, c'est dans l'hémisphère Sud qu'il fallait vivre ! Mais pourquoi ce vortex oscille-t-il de la sorte ? Autre mystère...

Reste la question : qu'en sera-t-il demain ? Le fait semble établi que les décennies 90 de chaque siècle sont particulièrement rigoureuses ; il en a été ainsi des décennies 1490, 1590, 1690, 1790, 1890. Le rafraîchissement actuel laisse donc mal augurer de la prochaine, à moins que la fameuse loi des séries ne subisse un démenti. On pourrait le penser à en juger par l'évolution amorcée en 1987. Mais les variations climatiques s'apprécient toujours sur de grandes épaisseurs de temps ! En ce domaine où toute prévision à long terme est impossible, « qui vivra verra ».

Quant aux prochains millénaires, tout laisse penser qu'ils

verront se déclencher un nouvel épisode glaciaire de grande envergure, comme les quatre qui ont marqué jusqu'ici le dernier million d'années. Quand exactement ? Impossible de le dire. On sait simplement que les glaciations ont vite fait de s'installer. Il a fallu à peine plus de 125 ans, soit un peu plus d'un siècle, pour introduire la longue phase glaciaire amorcée il y a 125 000 ans et sévèrement confirmée il y a 70 000 ans. La dernière période interglaciaire avait duré 11 000 ans, et nous arrivons précisément à 11 000 ou 12 000 ans après la fin de la dernière grande poussée glaciaire. D'où cette prévision aussi raisonnable qu'inquiétante : on peut s'attendre à voir un nouvel âge glaciaire s'installer dès le troisième millénaire, période qui ira en s'aggravant durant quelques millénaires peut-être, jusqu'à une nouvelle et longue « glaciation profonde ». Avec, certes, l'espoir de retrouver un jour nos chaleurs actuelles... dans 60 000 ans, voire dans 114 000 ans !

Sur ces phénomènes de fond interviennent certes les modifications d'origine humaine : accumulation de poussières d'origine industrielle, dont les effets sont cause de refroidissement par interposition d'un écran entre la Terre et le rayonnement solaire, effets en tout point comparables à ceux des éruptions volcaniques. A l'inverse, l'accumulation de gaz carbonique résultant des combustions domestiques et industrielles produirait un effet de serre qui pourrait, selon certains, augmenter de plus de deux degrés en moyenne la température du globe vers l'an 2100 ; on glisserait alors vers un climat de type tropical évoquant les paysages de la Terre à l'ère tertiaire... Mais ces perspectives réchauffantes restent fort aléatoires et le constat, pour l'heure, porte sur un refroidissement en cours qui, depuis deux décennies, n'a cessé de s'affirmer dans l'hémisphère Nord, compensé il est vrai par un net réchauffement de l'hémisphère Sud qui, au cours de la dernière décennie a battu ses propres records de température.

En fait, l'avenir du climat est ouvert, pour la bonne raison que les temps changent !

Première partie

LES FRIMAS

La graine au bois dormant

Sous la neige, tout dort. Le soleil péniblement se traîne : son arc est court sur l'horizon, comme le sont aussi ces jours d'hiver. Le givre et le gel pétrifient toutes choses et les habillent de cristaux étincelants. L'étang est gelé, le sol aussi, comme l'eau qu'il contient.

Or les plantes ne peuvent vivre sans eau ; et, sauf exceptions propres à quelques espèces tropicales, elles ne peuvent prélever l'eau que par leurs racines. Pour une plante, un sol gelé, ce sont des racines congelées, une panne générale du système d'irrigation interne ; bref, la sécheresse absolue, l'aridité du désert. Car l'eau est nécessaire à la photosynthèse ; aucune plante ne saurait durablement s'en passer. Bien plus, les plantes transpirent par leurs feuilles : un kilo de feuilles de bouleau transpire chaque année une tonne d'eau environ : un mètre cube d'eau qui traverse la plante des racines aux feuilles comme un puissant fleuve de sève qui se jetterait… dans l'air ! De cette tonne, l'arbre ne conservera qu'un ou deux kilos pour fabriquer ses feuilles : rendement incroyablement médiocre de la photosynthèse ! La nature marche quand même. Mais le rendement des sociétés humaines, avec leur immense gâchis d'intelligences, de talents, d'affections, est-il tellement meilleur ?

Dans un sol gelé, l'eau est indisponible ; il faut donc que l'arbre réussisse à s'en passer. Pour cela, le plus simple est de cesser purement et simplement toute activité photosynthétique, toute transpiration. Et comme ces tâches sont assignées aux feuilles, il est expédient pour l'arbre... de les expédier ! Ce qu'il fait en automne. Plus de feuilles, plus de photosynthèse, plus de transpiration, plus de besoin d'eau. L'arbre déplumé ne nous laisse que son squelette. Qui dira si tel squelette est un arbre mort ou tel autre un arbre qui fait le mort ? Une forêt en hiver est indéchiffrable ; le vivant endormi et le vrai cadavre se ressemblent à s'y méprendre.

Mais tous les arbres ne perdent pas leurs feuilles en hiver : le buis, le houx, le lierre et tous les conifères, sauf le mélèze, restent intacts. La plupart des arbres de l'Europe méditerranéenne aussi ; c'est pourquoi le paysage y change si peu avec les saisons : le chêne vert, le chêne-liège, l'olivier, les arbustes des garrigues et des maquis conservent leurs feuilles raides et sombres d'un bout à l'autre de l'année. Comment s'y prennent-ils pour ne pas mourir de soif quand le sol est gelé, ce qui se produit aussi dans le Midi ? Leur stratégie consiste à réduire au maximum la transpiration par des enduits cireux qui recouvrent les feuilles, leur conférant cette coriace consistance si particulière ; à réduire aussi la surface des feuilles, donc l'aire de transpiration, comme font les aiguilles de pin ou les feuilles de romarin, par exemple ; ou encore à se mettre tout entier en état d'hibernation durant la saison froide. Seul le gui fait exception : il continue à transpirer légèrement durant l'hiver, car sa source d'approvisionnement n'est pas le sol, mais l'arbre-support qui, lui, n'est jamais complètement tari. Aussi la transpiration hivernale du gui est-elle approximativement le dixième de sa transpiration estivale : rare privilège d'une plante qui a savamment choisi des sources d'approvisionnement cn eau perpétuellement disponibles ! Disponibles, mais ô combien limitées par de non moins savantes stratégies de colmatage des vaisseaux et de limitation de la vitesse de circulation des sèves. Les arbres en hiver ne vivent qu'au ralenti, à l'instar des graines. Ce sont les marmottes ou les loirs du monde végétal ; comme eux, ils hibernent.

Mais la vie végétale se perpétue aussi par les graines silencieusement assoupies. Tandis que les arbres dorment et que le gui somnole, les graines gisent au sol, accumulant mystérieusement la ration de froid, variable d'une espèce à l'autre, dont elles ont besoin pour germer.

On ne voit jamais une graine germer en automne après sa chute ; moins encore une graine germer dans son fruit, car celui-ci contient des inhibiteurs qui rendent cette germination impossible. Il faudra que bactéries, champignons et autres décomposeurs aient complètement détruit le fruit pour que la graine mise à nue et exposée au froid puisse réussir sa germination printanière. Cette capacité germinative, elle la gardera plus ou moins longtemps selon les espèces : de trois à quinze ans pour la plupart des plantes de nos régions, mais trois ans seulement pour le petit pois ou la lentille, et quatre-vingts pour le cytise, voire plusieurs centaines d'années pour le nénuphar... Les graines à longue dormance ont généralement des enveloppes très dures, imperméables à l'eau ; elles ne réussissent à germer que lorsque les facteurs naturels ont fini par fissurer ou altérer ces enveloppes, ce qui demande de longues années. Mais il est toujours possible de précipiter le mouvement en procédant à des traitements artificiels qui brisent ou affaiblissent ces enveloppes : décorticage, battage, scarification, voire exposition à l'éther ou à l'alcool pour dissoudre les cires, à condition bien entendu de les laver ensuite. Il se peut aussi que l'embryon se soit endormi, et, dans ce cas, le froid seul le réveillera, quand il en aura pris une certaine dose... un peu comme il nous réveille, grelottant au petit matin. Il en est de même pour les bourgeons soigneusement endormis sous leurs écailles depuis la fin de l'été et qui ne commenceront à débourrer qu'en hiver, pour s'ouvrir au début du printemps. Certes, on peut artificiellement pratiquer un forçage, consistant à donner à la plante en bouton une bonne dose de froid : c'est la méthode traditionnellement utilisée pour faire fleurir le lilas en toute saison et le muguet le 1er mai, alors que dans la forêt il tarde à produire ses clochettes !

Bref, les plantes des régions tempérées se sont si parfaitement adaptées à l'hiver qu'elles ne peuvent plus s'en passer. Plantées dans un pays sans hiver, sous l'équateur par exemple, elles meurent aussitôt. Par une de ces habiles adaptations dont la nature a le secret, elles ont réussi, de ce qui serait un handicap dramatique pour une plante tropicale, à faire un avantage certain : celui de survivre longtemps à l'état de graines et de résister ainsi à tous les aléas climatiques et à toutes les avanies auxquels une plante vivante est normalement soumise.

Tel est l'enseignement de l'hiver : il a appris aux plantes à faire le « gros dos », à être patientes et à attendre que « l'orage passe »... Une leçon que les hommes pressés que nous sommes ont grand intérêt à méditer, eux qui font rigoureusement l'inverse : ils s'agitent en hiver, quand plantes et animaux hibernent, et se reposent en été lorsque la végétation atteint à son paroxysme. Ainsi avons-nous inversé pour notre compte le rythme des saisons. Seuls les paysans continuent à fonctionner au rythme des champs, se levant plus tard en hiver et consacrant la mauvaise saison aux petits travaux. Les sociétés urbaines et industrielles qui se sont déconnectées du rythme des saisons fonctionnent « contre nature », et elles ont tort. Il faudrait dormir davantage en hiver, ne point trop s'exposer aux grands froids et mieux profiter des saisons clémentes pour déployer une activité maximale. Ce qui n'interdirait nullement la sieste en période de fortes chaleurs.

Entre l'arbre qui produit des graines et persiste néanmoins à l'état de squelette pourvu de bourgeons dormants et l'herbe annuelle qui meurt en automne, ne laissant sur le sol que ses graines, il existe des intermédiaires. Ce sont les plantes vivaces des bois, comme le muguet, la scille, le sceau-de-Salomon, ou celles des jardins, comme la tulipe, le glaïeul, le dahlia, qui demeurent sous le sol à l'état de bulbes ou de tiges souterraines jusqu'au retour du printemps ; alors seulement jaillit une nouvelle tige à partir de leur bourgeon terminal. Quelques espèces herbacées comme le fraisier ou la pervenche conservent même leurs feuilles au ras du sol sous la neige.

Mais, dans tous les cas, la vie est ralentie, pour ne pas dire complètement arrêtée. La nature retient son souffle, concentre ses énergies à l'extrême dans l'attente du soleil.

Au gui l'an neuf

« On le cueille dans une grande cérémonie religieuse, le sixième jour de la Lune, car c'est par elle que les Gaulois règlent leurs mois et leurs années ainsi que leurs siècles de trente ans. On choisit ce jour parce que la Lune y a déjà une forme considérable, sans être cependant au milieu de sa course. Ils appellent le gui d'un nom qui signifie “ celui qui guérit tout ”. Après avoir préparé un sacrifice au pied de l'arbre, on amène deux taureaux blancs dont les cornes sont liées pour la première fois. Vêtu d'une robe blanche, le prêtre monte à l'arbre, coupe avec une faucille d'or le gui qu'il recueille dans un linge blanc. Ils immolent alors les victimes en priant la divinité de rendre ce sacrifice profitable à ceux pour qui il est offert. Ils croient que le gui, pris en boisson, donne la fécondité aux animaux stériles et constitue un remède contre les poisons. Tel est le comportement religieux d'un grand nombre de peuples à l'égard de choses insignifiantes. »

Le célèbre texte de Pline l'Ancien, auteur d'une *Histoire naturelle* en trente-sept volumes, mort asphyxié en 69 lors de l'éruption du Vésuve, raconte la cueillette du gui par les druides en Gaule. La relation des faits est précise et minutieuse, mais la tombée particulièrement peu amène pour ces peuples dont Pline n'apprécie visiblement guère la religiosité.

La cueillette du gui est entrée depuis lors dans l'imagerie d'Epinal de nos livres d'histoire à propos de nos fameux ancêtres les Gaulois[1]. On notera que nos dits ancêtres avaient déjà la tête de bois qu'on leur connaît puisque, romanisés depuis un siècle au moment où ce texte fut écrit, ils n'avaient toujours pas adopté, comme on le voit, le calendrier julien en vigueur à Rome depuis l'an 45 avant Jésus-Christ. Ils s'obstinaient à suivre la Lune, ce qui n'était pas sans intriguer les Romains qui n'avaient jamais connu que des calendriers solaires. Et que dire de ces siècles « culs-de-jatte » et « manchots » qui ne duraient que trente ans ! Les Romains, eux, n'en étaient plus à ces vieilles lunes, d'où peut-être cette conclusion un tantinet méprisante du vieux Pline envers toutes « ces choses insignifiantes ».

Cette grande fête du gui était célébrée à la période du solstice d'hiver, c'est-à-dire aux environs de Noël. Depuis cette époque, le gui est toujours présent chez nous, à Noël et au Jour de l'An.

Petit, je rêvais à cette faucille d'or. Etait-elle vraiment en or ? Nul ne le sait au juste. L'or est un métal qui se laisse mal forger ou mouler en objet tranchant. Cet or, en latin *aureus*, n'était peut-être que de l'airain, alliage à base de cuivre, jaune lui aussi, ou encore du bronze doré. Mais la faucille en forme de croissant évoquait la Lune, amie des druides ; la Lune d'hiver qui, au sixième jour de son cycle, décidait de la date précise de la récolte. Pourquoi le sixième jour ? Parce que, depuis les Chaldéens, le sixième jour était sacré. Dans la Bible aussi, Dieu crée l'homme au sixième jour. La célébration du septième jour ne viendra que plus tard.

En tranchant la touffe de gui, l'officiant clamait : « *O Ghel an Heu* », c'est-à-dire : « Le blé germe. » Car le solstice d'hiver est le temps où le soleil va renaître — et la nature avec lui, symbolisée ici par le grain de blé. C'est cette expression celtique qui, de déformation en déformation, a donné au Moyen Age, alors que le sens profond du rite s'était perdu, le célèbre « Au gui l'an neuf » !

En Bretagne, au siècle dernier, les enfants pauvres allaient frapper à la porte des gens aisés, le Jour de l'An, en criant :

1. Sur le gui, on lira avec intérêt l'excellent ouvrage du Dr Jean-Hubert GUÉGEN, A.D.A.B., à Plescop (56890).

« *Au guyané* — au gui l'an neuf ! » Et on leur faisait l'aumône. Selon les localités, cet « *au guyané* » devenait un « *aghinaner* » ou un « *hoguilhanneu* » ou « *au gui-gauraux* », ou encore, dans le Finistère, « *eghiane* », « *eghin-an ett* » — en breton : « Le blé germe. » Et cet appel déclenchait des dons et des étrennes, selon une tradition déjà en usage à Rome aux calendes de janvier, autrement dit au Premier de l'An, peu après les fêtes des Saturnales, le carnaval des Romains.

La mythologie grecque reconnaissait aussi au gui des vertus magiques : Perséphone se servait d'un rameau de gui pour ouvrir chaque année les portes de l'Enfer. Cette grande déesse avait, il est vrai, des mœurs très singulières : chaque année, en hiver, elle descendait aux Enfers rejoindre son mari qui était aussi son oncle, le dieu Hadès. L'hiver passé, elle revenait vivre auprès de sa mère, la déesse Déméter, mère des moissons, avec qui elle passait neuf mois, du début du printemps à la fin de l'automne. Pendant tout le cycle végétal, elle était garante de la fécondité de la terre. Bref, Perséphone savait franchir les portes de l'Enfer pour naître à nouveau en ce monde. Et le gui toujours vert était le vivant et visible symbole de cette perpétuelle renaissance de la vie après la mort hivernale. Un symbole qu'exprime aussi la parole évangélique : « Si le grain ne meurt, il ne portera pas de fruit. »

Cette antique légende du gui est reprise par Virgile dans l'*Enéide.* Le pieux Enée est recru d'épreuves toujours nouvelles, toujours inattendues, comme il advient généralement aux âmes nobles. Il demande à la Sybille que lui soit accordé le bonheur d'aller voir son père Anchise, déjà passé de ce monde dans l'autre, c'est-à-dire, pour les Latins, descendu aux Enfers. La prêtresse lui répond en ces termes : « La descente de l'Averne est facile : nuit et jour est ouverte la porte du sombre Dis. Mais revenir sur ses pas et sortir vers les brises d'en haut, c'est là la difficulté et l'épreuve... Si tu as un si grand désir, une si grande avidité de traverser deux fois les eaux du Styx et de voir deux fois le noir Tartare, et qu'il te plaise de tenter cette folle entreprise, apprends d'abord ce que tu as à faire. Il y a, caché dans un arbre opaque, un rameau dont les feuilles et la tige flexible sont d'or, consacré à la Junon infernale ; tout un bosquet sacré le protège et les ombres d'un obscur vallon l'emprisonnent. Mais il n'est point donné de pénétrer dans les profondeurs de la Terre avant d'avoir détaché ce rameau à la chevelure d'or de l'arbre qui l'a produit : c'est le présent dont la belle Proserpine veut qu'on lui fasse hommage... Cherche-le donc des yeux au fond des bois et, quand tu l'auras découvert, cueille-le... »

A la vue de la forêt immense, Enée est à nouveau accablé : « Oh, si le rameau d'or sur son arbre se montrait à nous dans ces grands bois !... » Mais voici que deux colombes descendent du ciel sous ses yeux, et il leur adresse avec joie cette prière : « Soyez mes guides et, parmi les airs, dirigez ma course, si quelque route y mène, vers le bois sacré où un précieux rameau ombrage la terre grasse... » Enée suit les colombes qui le mènent aux gorges de l'Averne. Elles se posent toutes deux au haut d'un arbre d'où l'éclat de l'or, tranchant sur les rameaux, resplendit à sa vue. Enée saisit ce rameau et le porte à la demeure de la prophétesse Sibylle. Celle-ci l'accompagne alors jusqu'à l'entrée de l'Hadès. Mais Charon, le passeur du séjour des Ombres, les réprimande fermement : « Il m'est défendu de passer des vivants dans la carène du Styx. » La prêtresse lui répond alors : « Le Troyen Enée, remarquable par sa piété et par ses exploits, descend voir son père aux ombres profondes de l'Erèbe. Si l'exemple d'une telle piété ne te touche pas, veuille du moins reconnaître ce rameau. » Et elle découvre le rameau qui était caché sous sa robe. « Le cœur de Charon, gonflé de colère, s'apaise aussitôt. Elle n'en dit pas davantage : lui, admirant le vénérable don de la branche fatale, qu'il n'a pas vu depuis longtemps, tourne vers eux sa barque sombre, s'approche de la rive..., et reçoit dans sa coque l'énorme Enée ». Ainsi peut-il rejoindre son père Anchise et s'entretenir avec lui du monde des âmes après la mort. Anchise l'accueille en ces termes : « Tu es venu enfin, et ta piété, tant attendue de ton père, a triomphé d'un dur voyage ! » Puis, infusant dans le cœur de son fils sa gloire future, il lui explique « comment il peut éviter ou supporter chaque épreuve ».

Ce « rameau d'or » dont on ne trouve trace que dans Virgile semble lié aux origines de l'auteur, né dans la plaine du Pô occupée pendant plusieurs siècles par les Celtes. Tous les auteurs s'accordent à voir dans ce rameau mythique la branche de gui ; et, comme la branche de gui de la mythologie grecque, il sert de laissez-passer, de coupe-file pour franchir les portes de l'Enfer.

Les botanistes se sont eux aussi interrogés sur ce rameau d'or assimilé au gui. Certains y ont vu une espèce de gui spécifique du bassin méditerranéen et poussant de préférence sur les chênes verts, dont la baie est effectivement jaune et les feuilles caduques[1]. Ce gui se défeuille en hiver et vit sur des chênes à feuillage pérenne. Son mode de vie est donc exactement l'inverse de celui du gui blanc. D'autres ont noté qu'après la chute des feuilles de l'arbre qui le porte, le gui blanc — notre gui — bénéficie brusquement d'un surcroît d'éclairement et forme de nouvelles feuilles tendres dont la couleur plus jaune peut évoquer celle de l'or. De même, des touffes de gui coupées, laissées à l'ombre et au sec, prennent une fort belle teinte jaune d'or jusque dans leurs tiges. Ce sont ces touffes jaunes que les Bretons suspendaient, il y a quelques années encore, dans leurs étables. En séchant, le gui devenait ainsi un véritable rameau d'or !

Dans les deux récits, le grec et le latin, le rameau d'or est la clef qui permet d'entrer aux Enfers, mais surtout d'en revenir. L'on comprend mieux, dès lors, le sens d'une très vieille croyance, fort répandue, selon laquelle le gui contenait la semence du feu. C'est pourquoi précisément on le cueillait au solstice d'hiver, lorsque le feu solaire allait à nouveau s'élever dans le ciel. Quel meilleur talisman Enée pouvait-il emporter dans son voyage vers les mondes infernaux que ce rameau de gui qui lui servait de lampe pour éclairer ses pas et de bâton pour les guider dans les ténèbres ?

Cette antique légende du gui, relatée par Virgile dans l'*Enéide,* explique sans doute que l'on mette du gui dans les maisons, au Jour de l'An, pour neutraliser la puissance des forces infernales qui pourraient bien investir la terre quand toutes les plantes sont apparemment mortes et risqueraient du coup de ne plus renaître au printemps.

1. *Loranthus europaeus.*

Mais les grands mythes sont ambivalents. Le gui, symbole de renouveau chez les Celtes, talisman pour descendre aux Enfers — mais aussi pour en revenir — chez les Grecs et les Latins, est directement lié aux puissances des mondes infernaux chez les Germains, comme on le voit dans l'histoire de Balder.

Balder est le fils du grand dieu germanique Odin-Wotan. Sa jeunesse et sa grâce sont légendaires. Aimé de tous, Balder est d'une beauté insolente et insolite, comme celle du soleil. Son esprit est vif, sa conversation agréable, sa sagesse réputée, sa droiture et sa bonté appréciées de tous. Or ce jeune dieu blond, sorte d'Apollon des Germains, est averti en songe que des dangers le guettent. Les autres dieux décident aussitôt de le rendre invulnérable, et toutes les créatures du monde font alors serment auprès de sa mère de ne lui jamais faire aucun mal. Pour que cette protection soit incontestée et éclate aux yeux de tous, les dieux s'assemblent autour de lui et s'amusent à le frapper de leurs épées ou de tout autre projectile : Balder est devenu effectivement invulnérable ! Toutefois, sa bonté et sa beauté suscitent la jalousie de Loki, aussi jeune et presque aussi beau que lui. Malheureusement, Loki ne supporte pas ce *presque*. Déguisé en vieille femme, il se rend chez la mère de Balder, Frigg, l'épouse d'Odin-Wotan, et feint de s'inquiéter des agressions dont son fils fait l'objet. Celle-ci le rassure, ayant recueilli de toute chose et de toute créature la promesse de ne faire aucun mal à son fils. Mais Loki se montre insistant : « Toutes les choses ont-elles bien juré de l'épargner ? — Toutes, sauf une, répond Frigg. Une jeune pousse de gui qui semblait trop jeune pour qu'il soit nécessaire de lui réclamer un serment. » Loki jubile : il s'empare du gui, en fait une flèche, la place dans la main du frère aveugle de Balder, et, sous prétexte de le faire participer aux jeux, le conduit à décocher cette flèche sur Balder. Balder tombe, terrassé.

Loki ayant commis son crime en un endroit sacré, nul n'ose réclamer vengeance. Balder n'étant pas mort au combat, son âme ne peut voguer vers le Walhalla céleste, là où les Walkyries conduisent les guerriers tombés au champ d'honneur. Elle se dirige donc vers le domaine de Hel. Ce voyage s'effectue dans le bateau de Balder où son corps a été déposé, de même que son cheval qui doit suivre son maître dans la mort. On met le feu au bateau et on le pousse en haute mer où il dérive, embrasé, jusqu'à disparaître, minuscule point brillant à l'horizon. Le dieu de la Jeunesse est ainsi parvenu jusqu'à Hel, le royaume des morts...

La mort de Balder laisse le monde dans l'état de médiocrité que l'on connaît. Certes, sa clémence et sa bonté n'avaient guère été jusque-là très efficaces. Pourtant, sa seule existence était le signe visible de la vertu à l'œuvre dans le monde. Sa mort laissa donc l'humanité inconsolable.

Qu'une branche de gui ait été choisie pour fabriquer le trait destiné à mettre à mort la plus belle des divinités germaniques reste une énigme. Car la légende de Balder donne au gui un pouvoir singulier : celui de tuer le symbole de la lumière. A moins que ce ne soit le pouvoir de vivre sans elle — après que le bateau embrasé s'est effacé à l'horizon — comme à l'époque du solstice, ou encore comme dans ces Enfers où Perséphone aussi bien qu'Enée l'utilisent comme guide et talisman ? C'est également aux Enfers qu'il conduit Balder, en ces lieux que la langue allemande a baptisé du nom de *Hölle,* le royaume de Hel. L'inversion du symbole est ici saisissante. Elle est tout à fait coutumière parmi les grands symboles, tant il est difficile de séparer le Ying du Yang, le feu qui brûle du feu qui éclaire, l'eau qui féconde de l'eau qui engloutit — bref, le bon grain de l'ivraie.

Mais le gui est toujours là, vigilant, perpétuellement vert ! Ses boules vertes peuplent le squelette des arbres nus, voire, lorsqu'il les a tués, des arbres morts. Mais, dans ce cas, il ne tardera pas à mourir à son tour pour avoir tué « la poule aux œufs d'or » !

A-t-on jamais songé à l'étrangeté de cette plante verte qui pousse en hiver sur des arbres dénudés et que l'on qualifie pourtant de parasite ? On s'attendrait plutôt qu'un parasite suce activement la sève d'arbres en pleine vigueur et se dispense de faire lui-même le travail que la nature a de tout temps imparti aux végétaux, à savoir la photosynthèse. Par ce travail, chaque plante verte prélève par ses feuilles du gaz carbonique dans l'air, et par ses racines de l'eau et des sels minéraux dans le sol. En combinant les deux, grâce à l'énergie solaire captée par la verte chlorophylle, elle fabrique de la matière vivante qui est sa propre substance : la chair végétale, en quelque sorte. En captant directement le gaz carbonique et l'eau, la plante est donc parfaitement autonome, et, à la différence de l'animal, n'a pas à se nourrir de proies ou d'aliments quelconques, hormis l'eau minérale du sol. Seules les plantes parasites dérogent à cette règle. La plupart d'entre elles ont renoncé purement et simplement à ce travail de synthèse (qualifié de photosynthèse, puisque l'énergie nécessaire provient du soleil) ; elles perdent du même coup la chlorophylle, donc la fameuse couleur verte, symbole du monde végétal. Tel est le cas de tous les champignons, mais aussi des orobanches et de certaines orchidées, plantes qui prélèvent directement sur les racines d'autres plantes les sèves nutritives dont elles se nourrissent.

Le gui, quant à lui, a coupé la poire en deux : il puise dans l'arbre la sève nutritive, sans avoir abandonné pour autant la capacité de faire la photosynthèse, donc de s'alimenter de manière autonome. Ce n'est donc qu'un *semi-parasite*. Et quand le semi-parasite est juché sur un arbre défeuillé en hiver, la nature nous offre le spectacle d'un de ces paradoxes dont elle a le secret : c'est la plante parasite qui est verte, et l'arbre porteur qui ne l'est plus. Le monde à l'envers ! Le gui, à vrai dire, n'a pas le choix. Cet arbre miniature, ce concentré d'arbre est en effet dépourvu de racines et n'a par conséquent aucune chance de se fixer dans le sol, comme toute plante digne de ce nom. Le voilà donc condamné à ne jamais toucher terre et c'cst pourquoi on ne l'y voit jamais. La devise du gui ? « La branche ou la mort ! » Plus que toute autre, le gui est une plante « branchée »...

Il pousse extrêmement lentement, de sorte qu'il est impossible de connaître son âge en calculant les cernes de son petit tronc, comme on le fait pour la plupart des arbres et arbustes. Mais sa croissance est parfaitement dichotomique : chaque rameau produit une nouvelle ramification chaque année. Il suffit donc de calculer le nombre des ramifications pour connaître l'âge de la touffe. On s'aperçoit ainsi qu'une vieille touffe de gui peut atteindre trente ou quarante ans. Quant aux feuilles, elles tombent lorsqu'elles ont deux ans environ, mais sans tenir compte du cycle des saisons, de sorte que chaque feuille vit indépendamment de sa voisine. La touffe renouvelle donc ses feuilles en permanence et l'arbre reste toujours feuillé, été comme hiver : c'est le prototype des arbres toujours verts que les botanistes appellent sempervirents.

Non seulement il est toujours vert, mais même ultra-vert, ainsi que le notait déjà en 1923 le botaniste Tubeuf, qui voyait dans le gui une des plantes les plus vertes qui soient. Non seulement ses feuilles restent vertes en hiver, mais elles le restent également très longtemps quand elles viennent à tomber. De même, les tiges restent vertes en dépit de leur âge avancé, comme l'est aussi le bois, ce dont on s'aperçoit en y pratiquant une coupe transversale. Les expansions du suçoir que le gui envoie dans l'hôte qu'il parasite sont vertes elles aussi, comme le sont également ses minuscules fleurs vert jaunâtre. Avant leur maturation, et comme la plupart des fruits, les baies sont naturellement vertes ; elles le restent durant environ sept mois et, à l'intérieur de la baie, l'embryon est également vert vif. Ainsi, richement doté de chlorophylle, le gui est-il par essence une plante exceptionnellement douée pour capter l'énergie solaire et la lumière.

Comme le constate Jean-Hubert Guéguen, toute la plante est intérieurement pénétrée de lumière. Cela permet de comprendre pourquoi la Sybille de Cumes dit à Enée, désireux de rejoindre son père dans l'Hadès (les Enfers) : « Va tout d'abord chercher le rameau d'or, sinon le gardien ne te laissera point entrer. » Ce rameau d'or, ce rameau qui éclaire le monde des ténèbres et permet d'y pénétrer, c'est la touffe de gui sur le chêne, en février-mars. Descendre dans l'Hadès rechercher le père, c'est descendre dans les profondeurs de nous-mêmes à la recherche du principe originel, de notre source. Combien périlleuse en est l'aventure si nous ne possédons pas la lumière intérieure ! Pour les druides qui vénéraient le gui sur le chêne, le chemin de l'initiation consistait à demander au gui cette lumière, et, pour cela, à « monter à l'arbre », ce qui exige un effort et comporte des risques de chute. Car l'ascension spirituelle est semée d'embûches et Enée ne fut point le seul dans l'Histoire à s'en rendre compte. Tous les mystiques, tous les saints en ont fait la rude expérience : fréquentes sont chutes et rechutes, tâtonnements et reculs, sur les pentes abruptes de « la montagne où Dieu habite ».

Car l'homme qui gravit la montagne vers la radieuse lumière solaire porte inséparablement son ombre ; celle-ci est d'autant plus sombre que la lumière est plus vive, et l'homme plus opaque. Aussi devons-nous accepter le poids de l'ombre — maladie et peur — sur ce chemin de l'épanouissement spirituel qui, peu à peu, nous allège par les pertes qu'il nous impose et nous rend alors transparents à la manifestation de l'Etre divin. De sorte qu'à la fin des fins, toute ombre s'efface...

A la maladie, « ombre du développement spirituel », s'opposera étrangement le traitement par le gui, qui pénètre l'homme de lumière et lui permet de mieux discerner le « soi » du « non-soi » — autrement dit, lorsqu'il s'agit de son propre corps, le tissu sain de la tumeur. Et voilà le gui utilisé comme médicament contre le cancer ! Mais n'anticipons pas... Après la symbolique, et avant la thérapeutique, revenons-en à la botanique.

En vérité, dans son effort pour capter la lumière solaire, le gui en fait presque trop ; d'où une intense photosynthèse qui, chez une plante parasite, constitue un phénomène vraiment extraordinaire. Ce n'est pas le moindre paradoxe de cette plante, qui les collectionne ! Etrange idée, en effet, que de vouloir faire la photosynthèse par les racines ou les suçoirs qui en tiennent lieu en y accumulant une chlorophylle abondante qu'aucune lumière n'atteindra jamais, pas plus qu'elle n'atteindra en quantité suffisante l'embryon — pourtant chlorophyllien — du gui. Cette curieuse particularité est rarissime dans le règne végétal ; on ne la retrouve pratiquement que chez les citronniers, où l'embryon caché au fond de la graine n'est en principe jamais atteint par la lumière. Il est vrai que, chez le gui, les choses sont un peu différentes : la baie est translucide et ne contient pas de graines au sens vrai du terme, mais des embryons noyés dans la glu et qui ne sont jamais plongés dans une obscurité totale (un peu comme les pistaches, toujours fendues et entrouvertes, ainsi visitées par la lumière, et donc chlorophylliennes).

Autre étrangeté : les touffes de gui ne se ressemblent pas. Il y a M. et Mme Gui. Et, comme chez les humains, il y a plus d'hommes que de femmes ! M. Gui ne porte que des fleurs mâles, minuscules, discrètes et sans éclat. Elles émettent leurs grains de pollen par des pores, un peu comme une salière ou un poudrier ; ce poudrier est constitué tout simplement d'une étamine qui s'est soudée à un sépale. Les moucherons, attirés sur les fleurs mâles par leur odeur de fleur d'oranger et leur nectar abondant, véhiculent ces grains gluants qui leur collent au corps jusqu'aux fleurs femelles. Comme le nectar est produit dès le mois de janvier, la fécondation s'effectue très tôt dans l'année. Si le gui s'y prend d'aussi bonne heure pour faire ses bébés, c'est qu'il met un temps infini à les faire grandir. Aussitôt fécondé, le ventre de la fleur femelle grossit et donne une petite baie verte qui, vers le mois d'octobre, c'est-à-dire au bout de neuf mois, finit par devenir blanche. Le gui aborde alors l'hiver orné de ses centaines de petites boules qui lui donnent l'allure d'un arbre de Noël miniature.

Une baie de gui est une sorte de capsule spatiale contenant un bébé parfaitement équipé. Sa paroi externe est une enveloppe plastifiée et translucide, car l'embryon de gui se singularise en ne germant qu'à la lumière, alors que la plupart des autres graines font juste l'inverse. Il est vrai qu'elles germent sous terre, tandis que lui-même germe sur arbre : une graine extraterrestre, comme l'est d'ailleurs le gui lui-même, selon l'excellente métaphore de Jean-Pierre Cuny[1].

Sous l'enveloppe plastifiée, la baie contient une sorte de glu gélatineuse qui colle aux doigts lorsqu'on l'écrase et qui lui servira à se fixer aux branches. Cette glu visqueuse protège aussi l'embryon de la déshydratation qui le menace lorsqu'il est tout nu sur son arbre perché. A l'intérieur de la baie, enfin, une enveloppe bourrée de nourriture servira de ration de combat au petit embryon, car il devra bientôt se battre pour la vie.

Mais, avant de se battre, il lui faut d'abord voyager ; et

1. J.-P. Cuny, *L'Aventure des plantes*, Fixot, Paris, 1987.

comme le seul mode de transport qui lui convienne est le tube digestif des oiseaux qui picorent les baies, il a grand soin de s'enfermer dans une sorte d'épais coffre-fort, capable de résister aux acides des estomacs par lesquels il va devoir transiter.

Le gui a passé contrat avec deux espèces d'oiseaux pour le transport de ses graines : la fauvette à béret et la grive. La fauvette à béret est pleine de bonnes intentions pour le gui, mais, malheureusement, elle a les yeux plus grands que le ventre : ne pouvant avaler la boule telle quelle, car elle est trop grosse pour elle, elle en extirpe laborieusement la graine qu'elle colle à côté d'elle sur sa branche, grâce à la glu qui l'entoure ; en un hiver, elle parvient ainsi à coller dans les 15 000 graines sur les branches des arbres porteurs de gui ! Hélas, la fauvette les colle toujours sur les branches où elle les cueille pour les consommer sur place, de sorte que le bébé gui se retrouve sous ou à côté de la touffe qui lui a donné naissance, avec une ribambelle de frères et sœurs frileusement serrés les uns contre les autres... Très dangereux pour l'arbre porteur que cette brusque prolifération de jeunes touffes pleines d'arrogance qui l'attaquent en rangs serrés ! Mais très dangereux aussi pour chacune de ces touffes en puissance qui, pour se ménager une place au soleil, doivent à tout prix se faire la guerre les unes aux autres afin de s'éclaircir mutuellement et spontanément, comme un jardinier éclaircit un semis de radis. Bref, dans le pire des cas, l'arbre et le gui meurent en même temps, l'un étouffant l'autre, et les touffes de gui s'étouffant les unes les autres !

On conçoit que, fort peu satisfait du travail de la fauvette, le gui ait aussi passé contrat avec la grive. La fauvette n'est qu'une solution de repli : faute de grives, on mange des merles ou on a recours à des fauvettes !

La grive avale la baie tout entière et voilà la graine transportée dans l'estomac de l'oiseau à une vitesse de croisière de l'ordre de 40 kilomètres-heure... Comme le transit digestif de la grive est de l'ordre d'une demi-heure, la graine peut donc se faire larguer jusqu'à vingt kilomètres de son point de départ. Là, deux possibilités : ou elle est larguée en vol, et ses chances de tomber sur une branche d'arbre sont fort limitées — c'est la mauvaise hypothèse ; ou la grive fonctionne comme une camionnette de livraison et pratique des arrêts fréquents ; à chaque arrêt, elle largue cinq à six bébés en même temps, à la queue leu leu, reliés les uns aux autres par un filament de glu, cette glu que la grive n'a pas digérée parce que le gui a pris grand soin de la rendre parfaitement indigeste pour elle. Les bébés largués forment ainsi des cordées gluantes, ce qui augmente leurs chances d'attraper une branche au passage. Larguer cinq à six bébés simultanément multiplie évidemment par cinq ou six les chances de succès : pour atteindre un objectif lors d'un bombardement, aurait-on idée de ne larguer qu'une seule bombe ? A moins, bien sûr, que ce ne soit une bombe atomique, mais les modèles de la nature s'inspirent des stratégies de la guerre classique et n'ont pas atteint le haut degré de perversion des inventions humaines.

L'efficacité de la grive en tant que transporteur de bébés gui est telle que la nature a dû régler ce mécanisme pour éviter un envahissement généralisé de tous les arbres par le gui. Cette tâche a été dévolue à la mésange bleue, investie de la mission de limiter les naissances parmi les populations de gui. Comme le gui, la mésange bleue se moque de la pesanteur et peut s'accrocher dans toutes les positions pour repérer les bébés gui qu'elle adore au point de les dévorer... Saura-t-on jamais si bébé gui éprouve en la voyant arriver une peur de même couleur qu'elle ? Mais alors, dira-t-on, grive ou mésange bleue, c'est bonnet blanc et blanc bonnet ? Puisqu'elle s'attaque aux bébés gui et qu'elle les mange, elle doit bien, comme la grive, les relarguer quelque part ? Eh bien non, car la mésange bleue n'est pas un charter ; elle ne s'est pas spécialisée dans le transport en commun. Si elle s'intéresse au gui, c'est d'abord pour casser la graine... Ce qu'elle fait dans tous les sens du terme, et d'abord le plus littéral. Grâce à son bec puissant, elle broie la carapace dont le petit embryon est entouré pour se prémunir de l'attaque des sucs digestifs de l'estomac des oiseaux. Et cette carapace, parfaitement efficace pour le transport par estomac de grive interposé, ne l'est plus du tout face aux attaques de la mésange. Celle-ci la brise avec une belle ardeur et dévore les embryons à peine largués sur les branches d'arbres, comme de malheureux parachutistes mitraillés dès leur atterrissage. Bref, la mésange bleue est une alliée des arbres dont elle fait en hiver le grand nettoyage. Sans elle, la plupart d'entre eux seraient couverts de boules de gui, au point d'y laisser la vie. Grâce à elle, au contraire, les touffes de gui sont plus parcimonieusement réparties et l'arbre porteur a plus de chances de s'en tirer. Si donc vous voyez un arbre croulant sous le gui au point d'y laisser sa peau, un pommier par exemple, c'est que la mésange bleue a mal fait son travail de nettoyage ; à moins que la fauvette à béret n'ait trop bien fait le sien...

La nature a bien réparti les tâches entre nos trois compères amateurs de gui : la fauvette, la grive et la mésange. Et comme, dans la nature, chacun fait en principe son travail, tout cela s'équilibre harmonieusement : on voit le gui disséminé çà et là sur les arbres, ni trop ni trop peu. Avec pourtant, de temps à autre, quelque accident, quand un arbre négligé par une mésange croule littéralement, envahi par son parasite. Car il n'est d'équilibre parfait ni dans la nature ni dans la société. La vie tolère une large marge de fluctuations et renâcle à se laisser enfermer dans les modèles théoriques sortis de nos esprits cartésiens. Elle a horreur de se laisser régenter ou enrégimenter par des normes, des critères, des catégories et des principes dont elle se fiche superbement ! Elle a d'ailleurs déjà inventé de longue date tous les « coups » que nous croyons découvrir. Mieux, elle sait s'adapter quand il le faut aux mauvais coups. Ainsi peut-on voir d'autres oiseaux fréquenter le gui, dévorer ses baies, transporter ses bébés selon les opportunités : admirable souplesse de la nature qui sait si bien se ménager une porte de sortie, une issue de secours, et qui se garde de mettre tous ses œufs dans le même panier.

Les rescapés de la mésange vont se réveiller avec le printemps, plus d'une année après leur conception. L'embryon va alors utiliser ses réserves alimentaires, stockées comme des rations de combat dans ces deux « sacs à dos » que sont les deux cotylédons. En vidant ces cotylédons de leur substance, il se fabrique, non point une minuscule racine destinée à se ficher en terre — puisqu'ici il n'y a pas de

terre —, mais un minuscule suçoir qui va se planter e
Travail laborieux qui va durer tout l'été et tout l'autom
travail souterrain aussi, ou plutôt « sous écorce ». Le gui consolide sa tête de pont et tente d'atteindre par son suçoir le fleuve de sève qui coule dans le jeune bois neuf et que l'arbre a puisé par ses racines. Cette sève, appelée sève brute ou sève montante, circule dans les plantes par ces sortes de pipe-lines que sont les vaisseaux de bois. Une sève composée d'eau et de sels minéraux — d'eau minérale, en quelque sorte — venus des profondeurs de la terre et dont le gui, comme l'arbre, a le plus grand besoin pour faire sa photosynthèse.

Pour le gui, l'entreprise est toujours hasardeuse, car si l'écorce est trop épaisse et que la graine a épuisé ses ressources alimentaires avant d'avoir atteint la sève par son suçoir, la partie est perdue ! L'arbre a donc tout intérêt à développer une écorce épaisse pour limiter les chances du gui de la percer. C'est en particulier la stratégie du chêne, ce qui explique pourquoi le gui est beaucoup plus rare sur cet arbre que sur ceux qu'il parasite habituellement.

Seulement voilà : les arbres, dans leur tronc et leurs branches, forment chaque année un nouvel anneau de bois neuf à l'extérieur du bois de l'année précédente, c'est-à-dire côté écorce ; c'est d'ailleurs en comptant le nombre de ces anneaux, les cernes, que l'on détermine leur âge. Du coup, le bois neuf de l'année passée devient du bois vieux, c'est-à-dire du bois mort refoulé vers le centre du tronc ; et le gui qui y avait fixé son suçoir, en pénétrant en coin dans la branche, se trouve subitement sous-alimenté. Pis encore : l'écorce s'épaissit également. Le gui doit donc résoudre un véritable casse-tête chinois. Objectif : avoir toujours l'extrémité de son suçoir dans le bois neuf. Mais ce bois neuf ne reste neuf qu'une année avant de mourir, refoulé vers le cœur du tronc et recouvert par une nouvelle épaisseur de bois neuf. Il faut donc que la pointe du suçoir recule chaque année pour atteindre ce nouveau bois neuf. En d'autres termes, il semblerait que le gui doive raccourcir son suçoir… ou pousser à reculons ! Drôle de travail pour des plantes habituées à croître, non à rapetisser !

Heureusement, cet exercice de saltimbanque n'est pas

nécessaire au gui, car le recul du suçoir dans le bois neuf s'effectue spontanément, grâce à l'épaississement de l'écorce qui repousse la touffe vers l'extérieur, entraînant le suçoir en même temps. Ici, de nouveau, tout est équilibre : c'est l'épaississement de l'écorce qui compense le recul du bois neuf vers la périphérie. Quant au gui, il devra se débrouiller, par une habile gymnastique dont le processus exact est encore mal connu, pour que l'extrémité de son suçoir, quoi qu'il arrive, reste toujours fichée dans le bois irrigué de sève. Ainsi vivra-t-il en parfait synchronisme avec la branche sur laquelle il est assis et que, prudent, il se garde bien de scier, car il mourrait du même coup : son travail à lui, c'est de sucer !

Le parasitisme du gui s'accompagne d'un travail de vampirisation : une fois installé dans le flux de sève, le suçoir va développer sous l'écorce des cordons qui produiront çà et là d'autres suçoirs d'où partiront de nouvelles touffes. Si on coupe une très jeune touffe de gui, une autre renaîtra un peu plus loin. Bref, le gui travaille comme une pieuvre dont les tentacules ne cesseraient de s'étendre sous l'écorce des arbres.

L'arbre ne l'entend pas de cette oreille et fait tout pour se défendre. En ce domaine, c'est encore le chêne qui se débrouille le mieux, car son écorce épaisse et dure comme une cuirasse rend difficile la pénétration du suçoir. Les écorces de chêne ont également été utilisées de tout temps pour les tannins qu'elles contiennent en abondance ; on les employait jadis pour tanner les peaux, les rendre à la fois imperméables et imputrescibles en les transformant en cuir. Or des études récentes et concordantes sur le rôle des tannins chez les plantes montrent que ces substances chimiques semblent essentiellement destinées à la lutte contre les agressions venant des animaux, des champignons ou d'autres végétaux. C'est en fabriquant des tannins que de nombreuses plantes se mettent chimiquement à l'abri de la dent des herbivores ou des mandibules des insectes !

L'écorce de chêne, riche en tannins, complique donc singulièrement le travail du suçoir ; mieux, elle sécrète au pied du parasite, lorsque celui-ci a réussi à s'implanter, une tumeur contenant une très grande quantité de tannins. La croissance du gui en est alors ralentie, comme si l'arbre prenait ses distances. Mais, dans ces étranges parties de ping-pong que sont les relations entre espèces « cohabitantes » qui ne cessent de se renvoyer la balle, le gui se défend à son tour en élaborant des substances qui freinent la division cellulaire et, par conséquent, la formation de tumeurs « antigui ». C'est à partir de ces observations que l'on a entrepris, voilà quelques années, des recherches approfondies sur les propriétés anticancéreuses du gui, un médicament anticancéreux étant un médicament capable de freiner la division cellulaire, si caractéristique des cellules malignes. Pour ce qui concerne le gui, c'est la division cellulaire des cellules de l'arbre porteur qu'il doit parvenir à freiner s'il veut avoir quelque chance de le parasiter paisiblement, en évitant une contre-attaque trop puissante par des cellules proliférantes et, pire, riches en tannins !

A considérer l'arbre et le gui, le second est l'agresseur ; le premier, la victime. Nous voilà donc rassurés, ça marche comme dans la société : à chacun son étiquette ; il suffit de désigner du doigt le bon — l'arbre — et le méchant — le gui —, et tout est dit : les consciences peuvent dormir en paix ! Mais la nature a horreur de ces jugements sommaires, et les choses ne sont jamais aussi simples que nous le croyons. Les sages, les philosophes, les initiés, les mystiques savent d'instinct que le mal n'est que l'ombre du bien, et qu'une grande épreuve « n'est pas toujours un mal ». Ne dit-on pas de même que « le mieux est l'ennemi du bien » ? De sorte que, « à vouloir trop bien faire », on fait mal ou on se fait du mal ! Les autres ? Il faut les aimer comme soi-même, mais pas plus que soi-même ! Il est vrai que, à l'époque du « moi d'abord » et du « chacun pour soi », le risque est insignifiant...

Le gui, lui, n'est pas si méchant que ça ! On pense aujourd'hui qu'en échange de la sève brute qu'il prélève sur son hôte, il lui renvoie des sèves élaborées, riches en substances nutritives : il rend la monnaie, en quelque sorte, il renvoie l'ascenseur, il rend service lui aussi. En coupant au printemps toutes les feuilles d'un pommier porteur de gui, on a pu constater, l'année suivante, que l'arbre n'était pas mort, puisqu'il s'était à nouveau couvert de feuilles ; on a répété la même opération durant six années consécutives ; la sixième année, le pommier était toujours en vie, le gui jouant, semble-t-il, le rôle de « réanimateur » ! Le gui n'affaiblit donc l'arbre qui le porte que lorsqu'il y est trop abondant ; mais quand les touffes y sont en proportion raisonnable, un équilibre s'établit. Equilibre qu'il est dangereux de rompre inconsidérément, ce que savent bien les vieux paysans du bocage normand, qui traditionnellement déclarent : « Qui coupe le gui, crève l'arbre ! » Les botanistes, eux, ne le savent pas encore. Pourtant, des observations très simples permettent d'avancer cette hypothèse « d'un donné pour un rendu ». Il reste à les vérifier avec toute la rigueur de l'expérimentation scientifique.

Le philosophe allemand Rudolf Steiner se serait-il trompé en voyant dans le gui une « plante-animal » du fait que, comme un animal, il se repaît d'une plante ? Or un animal ne se nourrit pas de sève brute, c'est-à-dire d'eau minérale. Herbivore, carnivore ou omnivore, il se nourrit de matière vivante, plante ou proie. Rien de tel chez le gui : dans la mesure où il réussit à faire la photosynthèse, il s'agit bien d'une véritable plante, dont la seule originalité est de ne pas puiser l'eau dans le sol, mais dans le bois de l'arbre porteur. Bref, pour faire son travail, le gui prend ses distances ; il lui faut donc être alimenté par une tuyauterie *ad hoc :* c'est le rôle du tronc et des branches de l'arbre porteur. Pour le reste, il fait sa photosynthèse comme une vraie plante qu'il est. Et il en fait même trop, puisqu'il stocke de la chlorophylle partout, même là où les autres plantes n'en ont jamais : dans les racines et dans les embryons.

Et pourtant, quelle curieuse plante, incapable de vivre dans le sol, faute de racines, donc condamnée à être perpétuellement en l'air, à vivre comme le corbeau de la fable sur un arbre perché ! Il s'est si bien libéré de la pesanteur qu'il n'en tient même plus compte. N'importe quel arbre, n'importe quelle herbe, venu sauvage dans les interstices d'un vieux mur, se redressera promptement et montera parallèlement à celui-ci, en quête de la lumière solaire, tandis que ses racines s'enfonceront dans l'obscurité de la terre. Mais le gui n'est influencé ni par sa position par rapport à la terre, ni par la recherche de la lumière ; il pousse toujours perpendiculairement à la branche qui lui sert de support, à partir du point où l'embryon s'est fixé grâce à la glu. Si l'embryon s'est fixé sur le côté d'une branche ou bien en dessous, le gui poussera horizontalement ou tête en bas ; les notions de bas et de haut n'ont point de sens pour lui. Sans doute est-il la seule plante qui ne serait pas gênée de pousser en apesanteur dans une capsule spatiale où il n'y a plus ni haut ni bas ; mais l'arbre porteur, lui, serait complètement perdu !

En véritable extraterrestre qu'il est, le gui échappe totalement à l'attraction de la pesanteur qui soumet toutes les plantes à une rigoureuse discipline, racines au sol et tige en l'air : c'est le fameux *géotropisme* dont on nous parlait jadis au lycée.

Si le gui ignore les lois du géotropisme, il ignore également le cycle des saisons. Ses feuilles pérennes restent vertes toute l'année ; ses fruits mûrissent en hiver après une période de maturation extrêmement lente, et peuvent rester vingt mois sur la touffe ; la fructification s'effectue en même temps que la croissance, et non pas à la fin de celle-ci, comme chez la plupart des plantes des régions tempérées ; la baie n'est pas un vrai fruit au sens botanique du terme, et la graine n'est pas une vraie graine, mais un embryon dont la croissance semble régulière et continue comme celle d'un embryon animal. Autant d'arguments accréditant l'intuition de Steiner, qui voyait dans le gui une « plante-animal ». De fait, comme l'animal, le gui réussit à se libérer des rythmes temporels, à prendre une certaine autonomie par rapport au cycle des saisons, comme il a su le faire aussi par rapport à la dimension spatiale, ignorant les rigides contraintes de la verticalité qui s'imposent aux autres plantes.

Toutes ces particularités font du gui une plante absolument originale, que Rudolf Steiner considérait comme anachronique. Son manque évident d'adaptation à la vie terrestre le conduisit même à penser qu'elle était en retard sur l'évolution des autres plantes. Il la faisait remonter aux temps lointains et mythiques où la Lune n'était pas encore séparée de la Terre : sur cette « ancienne lune », dont le sol était « une sorte de tourbe », auraient existé des règnes intermédiaires, homme-animal ou animal-végétal... Et le gui en serait resté à ce stade mi-animal, mi-végétal. On retrouve ici la mythologie de l'androgynat primitif et des créatures monstrueuses présentes à l'origine de la Création dans toutes les traditions.

En fait, le gui est beaucoup plus récent, les documents fossiles l'attestent. En s'arrachant aux lois et dépendances que subissent toutes les plantes par rapport à la terre et au soleil, le gui est une plante qui s'est libérée des contraintes ordinaires de la vie végétale. Son aventure ressemble beaucoup à celle des hommes de ces dernières générations qui sont passés en un siècle de la vie rurale à la vie urbaine, de la dépendance vis-à-vis des saisons et du travail agricole à la dépendance vis-à-vis d'une société à laquelle ils doivent tout : prestations sociales, santé, emploi, etc. La culture a relayé l'agriculture. Et pour le gui, la nouvelle dépendance réside dans le partenaire social, son Etat providence, l'arbre hôte.

L'arbre est au gui ce que serait pour nous un restaurant dont nous serions les hôtes. Au restaurant, nous choisissons d'abord le menu, puis la boisson. Le gui est plus économe, il ne choisit que la boisson, et c'est toujours la même : une eau minérale non gazeuse. Quant au menu, il le néglige et préfère apporter ses provisions avec lui. Le gui ne fréquenterait en somme que ces tables de seconde catégorie où, comme on l'affiche prosaïquement, « on peut apporter son manger ». Il n'a nul besoin de la chair — de la chère — de son hôte, puisqu'il se la fabrique lui-même par photosynthèse ! En semi-parasite qu'il est, le gui ne serait-il donc, par rapport à l'arbre hôte, que semi-dépendant ? Certes non : que l'arbre porteur vienne à périr, et le gui disparaît avec lui, desséché, mort dc soif. La dépendance est donc totale, bien qu'elle ne concerne que la boisson.

On conçoit que beaucoup de ses cousines et cousins de la famille des Loranthacées aient poussé la logique du système jusqu'à son terme en abandonnant purement et simplement la photosynthèse. On voit alors ces plantes brunâtres, non chlorophylliennes, se laisser vivre entièrement aux dépens de leur hôte. Qui sait si le gui, du haut de son arbre, ne rêve pas au destin de son cousin germain, l'*Arceuthobium* du genévrier, qui, justement, s'est organisé ainsi et se nourrit complètement — menu et boisson comprise — sur les genévriers du bassin méditerranéen ? La dépendance est ici totale, et la plante, libérée des contraintes du sol et du soleil, s'est placée sous l'entière protection des genévriers. Que ceux-ci viennent à disparaître, et elle disparaît avec eux.

Un exemple que nos contemporains feraient bien de méditer : qu'adviendrait-il si quelque cataclysme venait à s'abattre sur nos sociétés ultrasophistiquées — guerre nucléaire, grave dépression économique dont le krach boursier d'octobre 1987 n'a peut-être été qu'une sorte de répétition générale, ou tout simplement guerre mondiale conventionnelle, qui ne serait après tout que la troisième du genre ? Confiante en sa science, en ses technologies et en ses industries, la société moderne a totalement inféodé à ses besoins la nature et la terre ; plus question de trouver dans les campagnes et dans les fermes la subsistance nécessaire à la survie, fût-ce au prix d'un éventuel marché noir comme durant la dernière guerre. Dans une telle hypothèse, il n'y aurait plus ni campagne ni ferme ; l'arrêt des approvisionnements en fuel et en électricité mettrait hors jeu, du jour au lendemain, tous les engins motorisés de l'agriculture moderne, et il faudrait des années pour mettre sur pied un cheptel d'animaux de trait en remplacement. Le temps nécessaire pour revenir aux méthodes traditionnelles de l'agriculture d'antan provoquerait un véritable désastre et, par rupture des circuits modernes d'approvisionnement, une effroyable famine. Comme elles sont fragiles, nos sociétés qui ont si imprudemment pris le risque de se soustraire aux rythmes de la nature et de la terre ! Elles ont perdu en fait toute capacité de vie autonome ; la fuite en avant de ces dernières décennies est un aller sans retour. Emballée, l'énorme machine ne peut plus faire marche arrière. Du coup, tout est à craindre, car tout est devenu possible : que quelques ordinateurs s'enrhument à Wall Street et l'épidémie se propage immédiatement au monde entier...

A bien l'observer, on a le sentiment que le gui, lui, a tenté de se ménager — à la différence de son petit cousin l'*Arceuthobium* et de nos sociétés techniciennes — des portes de sortie. Il maintient d'abord sa capacité photosynthétique pour le cas où il apprendrait un jour à vivre par terre ; on ne sait jamais... Et il se garde bien de ne vivre que sur une seule catégorie d'arbres, se réservant toujours la possibilité de survivre ailleurs si quelque maladie venait à emporter son hôte. Des épidémies comme celle que l'on voit s'abattre sur les ormes prouvent que ces « appréhensions » sont fondées. Aussi le gui a-t-il préféré faire affaire avec de nombreuses espèces d'arbres. Le hêtre lui est semble-t-il complètement étranger ; il est toujours fort rare sur les chênes, les frênes, les noyers, les bouleaux, les noisetiers, les châtaigniers et les peupliers blancs ; en revanche, ses hôtes les plus accueillants sont le peuplier noir, le pommier, le saule, l'érable, le tremble et le sorbier : au total, 175 espèces indigènes ou acclimatées dans les régions tempérées ont été repérées comme susceptibles de porter le gui. Encore s'agit-il dans tous ces cas du gui blanc, qui, on le voit, ne risque guère de s'éteindre par manque de supports. Deux autres races de gui sont spécifiques des pins et des sapins et ne poussent que sur eux, à l'exclusion des feuillus. Enfin, l'Afrique du Nord possède une espèce de gui à laquelle ses fruits rouges confèrent une allure concurrentielle, à Noël, avec le houx.

Forte de toutes ces originalités, on conçoit que la symbolique du gui soit particulièrement riche, surtout lorsqu'elle associe à la sienne propre celle du chêne, le roi des végétaux. Selon l'antique théorie des signatures qui veut qu'une plante manifeste par un signe visible et qu'il convient de bien interpréter son efficience thérapeutique, le gui, qui ne touche jamais terre, se devait d'être utilisé pour relever ceux qui tombent trop souvent par terre : les épileptiques. C'est pourquoi Pline le recommandait déjà pour le traitement des vertiges et du haut mal, c'est-à-dire de l'épilepsie. Et cette indication thérapeutique s'est perpétuée jusqu'à nous. Encore fallait-il avoir eu soin de le récolter sans que jamais il n'ait touché le sol, ce que faisaient les druides en le recueillant dans des draps blancs tendus et maintenus par la druidesse et ses filles d'honneur. Depuis, la médecine a effectivement reconnu au gui une action sédative dont l'effet ne pouvait être que bénéfique pour les épileptiques agités de violentes convulsions. Mais ses propriétés tranquillisantes s'inversent à forte dose, le gui devenant alors un dépresseur du bulbe rachidien, entraînant la paralysie des muscles respiratoires et l'asphyxie. Cette toxicité varie d'ailleurs selon l'arbre sur lequel il pousse : celui du peuplier est plus toxique, par exemple, que celui du pommier.

Comme le gui conserve en permanence ses feuilles, comme ses fruits sont gluants à l'instar du sperme, comme ses baies mettent neuf mois à mûrir ainsi qu'il en va pour un fœtus humain, il était en outre considéré comme un symbole de fertilité. Ne resurgissait-il pas d'année en année sur la même branche lorsque d'aventure on l'avait coupé, grâce au réseau de cordons qu'il développe sous l'écorce ? Aussi l'employait-on contre la stérilité des femmes ou du bétail — sans réel fondement, semble-t-il !

Enfin, le gui se propage sous l'écorce comme un cancer par ces cordons sournois qui circulent dans le corps des arbres, provoquant des métastases, c'est-à-dire, ici ou là, de nouvelles touffes de gui. Les Gaulois considéraient ces touffes comme des tumeurs surgissant de l'arbre porteur. De fait, ce dernier peut lui-même produire des tumeurs lorsqu'il est infesté par le gui. L'érable, en particulier, peut manifester alors des déformations très importantes. La plupart des espèces forment autour du point où le gui s'implante une sorte d'enflure, de bourrelet, bref, une sorte de tumeur dans laquelle, on l'a vu, le chêne accumule de surcroît des quantités impressionnantes de tannins. Tumeurs, métastases, proliférations : trois signes traditionnels du cancer — d'où l'emploi du gui dans le traitement des tumeurs, signalé dans l'*Histoire naturelle* de Pline, vieille de près de deux mille ans.

Cette antique tradition, reprise par Rudolf Steiner, a fait l'objet de recherches approfondies dans un grand laboratoire pharmaceutique, conduisant à un médicament à base de gui fermenté, préparé avec un mélange de gui d'été et de gui d'hiver. Les propriétés de ce médicament, inhibant les divisions cellulaires et stimulant les réactions de défense de l'organisme, ont pu être démontrées sans contestation possible à la suite de longues expérimentations. Cette thérapeutique se présente comme une médication additive à d'autres thérapeutiques plus musclées, sans risque aucun pour le malade... et sans coût particulier pour la Sécurité sociale !

Plus étrange encore est l'apparente spécificité que l'on croit avoir décelée dans ces préparations. Le gui de chêne ou de sapin serait plus actif chez l'homme ; le gui de pommier, au contraire, plus actif chez la femme... De là à y voir une confirmation de l'antique inclination de la femme pour la pomme, il n'y a qu'un pas que nous nous garderons bien de franchir !

On n'a certes pas fini de débattre des propriétés anticancéreuses du gui. Dans un grand journal médical, l'auteur d'un article sur le gui concluait par ces mots : « Mais, tout de même, si j'attrapais à l'an neuf un cancer, ne me soignez pas avec du gui !... » Ce scepticisme n'était nullement partagé par un autre médecin traitant du même sujet dans un autre journal, et qui concluait en réponse à son collègue : « Que le destin fasse, mon cher confrère, qu'en cas de besoin vous puissiez malgré tout être soigné par le gui !... » On s'épargnera de départager les deux protagonistes ; mais il n'y a aucune raison de douter de l'efficience du gui au regard des expérimentations présentées par les laboratoires suisse et allemand qui fabriquent ce médicament fort utilisé dans ces pays.

Bref, l'engouement de la Gaule et des Celtes pour le gui n'était point sans fondement, puisque la pharmacologie moderne a pu mettre en évidence ses effets thérapeutiques. Une pharmacologie encore balbutiante quand il s'agit de constater et, plus encore, d'expliquer les propriétés des plantes médicinales traditionnelles. Car science et tradition s'obstinent à ne point faire bon ménage. On s'accorde néanmoins à considérer le gui comme un médicament hypotenseur, légèrement sédatif, légèrement cardiotonique — surtout s'il pousse sur l'aubépine dont il acquerrait, dit-on, les propriétés —, nettement diurétique, enfin anticancéreux. Décidément, ce gui visqueux, comme la glu qu'il contient et qui lui a valu son nom latin de *viscum,* colle à l'homme, à ses traditions et à ses espérances, tout comme il colle à l'arbre qu'il parasite... mais sans le tuer !

Bien au contraire : pour les Gaulois, le gui était symbole

d'immortalité. Alors que les autres plantes croissent pêle-mêle, donnant une chevelure ébouriffée à la terre, le gui ne pousse que sur les arbres. Ensemencé en hiver par la judicieuse industrie des oiseaux du ciel, le gui symbolisait, pensaient les druides, l'âme qui vient d'en haut, s'incarne dans un corps approprié, et survit à la mort de toute chose. En cette longue nuit d'hiver, en cette « nuit-mère » du solstice, la fête du gui célébrait le retour des âmes sur la terre et leur vie immortelle. Aussi ne fallait-il jamais couper le gui avec un tranchant de fer, l'usage du fer étant interdit dans la plupart des rites religieux, car il est censé chasser les esprits.

A la riche symbolique du gui s'ajoutait celle du chêne, et cette association gui-chêne était d'autant plus précieuse qu'elle est, dans la nature, plus rare : on ne dénombrerait que quelques centaines de chênes porteurs de gui sur notre territoire national. Les druides pensaient que le gui, cet arbre miniature, savait s'emparer et concentrer en lui-même la force du chêne, le plus majestueux des arbres ; il devenait du même coup le symbole de cette force, puisqu'il avait réussi à l'emmagasiner dans un volume modeste. Le gui du chêne était donc un chêne en modèle réduit, un concentré de chêne !

Car le chêne fut de tout temps et en tout lieu symbole de la force. Le nom latin du chêne commun, *robur,* symbolise d'ailleurs aussi bien la force physique que la force morale. Les anciens Aryens allumaient chaque année le feu du solstice par frottement du bois de chêne. D'où l'idée que le chêne est le réservoir originel du feu auquel s'approvisionnerait le gui qui l'habite. Ils croyaient de surcroît que chaque chêne habité par le gui avait été frappé par la foudre et, par là même, choisi des dieux ; de sorte qu'en coupant le gui selon certains rites, ils se procuraient en même temps les propriétés magiques de la foudre et du feu. L'association gui-chêne devenait donc un richissime symbole de sagesse, de connaissance, de lumière et de force, toutes ces vertus étant concentrées dans la branche de gui, le fameux *rameau d'or.*

Le gui fixé sur le chêne était donc une manifestation directe de la puissance divine. On conçoit qu'après sa récolte, la druidesse offrait à chacun la coupe d'hydromel — la boisson des dieux dans les religions des peuples scandinaves — et la galette d'orge en signe de communion et en hommage aux puissances qui avaient permis cette récolte. Saisissante image évoquant l'eucharistie et manifestant avec éclat l'universalité des grands symboles !

Les préparations thérapeutiques à base de gui sont aujourd'hui la spécialité des Laboratoires Weleda. Or, dans *La Druidesse, le réveil de l'âme celtique,* Weleda en extase déclare :

Comme le gui sacré croît au chêne solide,
L'âme du vrai héros se suspend à son dieu
Et sous l'hiver glacé, boit la sève éternelle
Du jeune rameau vivant de l'âme universelle...

Plante sacrée d'une religion « païenne », le gui ne fut jamais « christianisé », en dépit de sa haute signification symbolique. S'il décore les maisons pour Noël et pour le Nouvel An, on ne le voit jamais sur les autels. Mais il reste néanmoins par excellence une plante porte-bonheur : un baiser échangé sous le gui est signe d'amitié et présage de félicité.

Au cœur de l'hiver : le lierre toujours vert

Ni arbre ni herbe, le lierre est une liane. Comme le gui, il déroge au statut ordinaire des habitants de la forêt tempérée en gardant ses feuilles en hiver, ce qui en fait dans le langage des botanistes une liane sempervirente, la seule liane de ce type dans le répertoire de la flore française. L'autre, la clématite, se défeuille totalement et ne conserve que ses petites houppes blanchâtres de fruits poilus recouvrant abondamment le squelette décharné des arbres et des haies ; le vent disséminera ces houpettes ébouriffées en fin d'hiver, comme il « sème à tout vent » celles du pissenlit, devenues l'emblème de la librairie Larousse. Impossible de faire une promenade sans que la clématite soit présente dans les haies, les forêts ou les buissons, car c'est une des plantes les plus communes de notre flore.

Le lierre défie les saisons : on le voit toujours vert, perpétuellement identique à lui-même, escalader les vieux murs, les arbres ou les maisons. Plante grimpante, ce n'est point une plante volubile. Non qu'il manque de verve ou de faconde, mais parce qu'il ne s'enroule pas autour de son support, comme le fait un liseron ou un petit pois. C'est par de minuscules racines, fixées sur les tiges, les troncs et les branches de ses hôtes, que le lierre s'attache ; ces racines forment de véritables crampons, de sorte que le lierre progresse en hauteur comme un alpiniste. Ce mode de fixation est d'une redoutable efficacité, au point que l'élimination d'un vieux lierre entraîne généralement la chute simultanée du crépi, voire du vieux mur auquel il s'accroche, ou de l'arbre qu'il a embrassé...

La vigueur de ses attachements a valu au lierre d'être symbole de l'amour, avec la fameuse devise : « Je meurs ou je m'attache. » Cette même signification symbolique se retrouve dans de vieilles traditions chinoises où le lierre est censé attacher les femmes à leurs maris. Belle convergence d'un bout à l'autre de la planète entre des peuples qui ont su prêter une égale attention aux choses de la nature !

C'est ce qu'exprime d'ailleurs l'antique nom du lierre : *hedera* est la racine latine pour « saisir », et *helix* la racine grecque pour « lier, enlacer ». Les botanistes ont cru devoir mettre ici les points sur les i en utilisant le même mot, en grec et en latin, afin que nul n'en ignore le sens ! C'est clair : le lierre vous saisit, vous lie et vous enlace, que vous soyez de marbre, de pierre ou de bois.

Le lierre est une liane robuste qui peut atteindre jusqu'à trente mètres de hauteur, et dont le tronc peut mesurer jusqu'à cinquante centimètres de circonférence. L'abbé Fournier, dans ses *Quatre Flores de France,* indique que le lierre peut vivre jusqu'à quatre cents ans, voire mille ans... Sans doute est-il quelque peu optimiste. D'autres auteurs, plus prudents, se contentent d'en faire un centenaire en puissance. En tout cas, le lierre est une liane vigoureuse et vit vieux. Les Egyptiens l'avaient dédié à Osiris, déesse de la pérennité des forces végétales, donc de l'immortalité, destinée usuelle pour une plante aux feuilles pérennes.

Ces feuilles sont de deux sortes : celles qui rampent à l'ombre, au ras du sol, sont découpées en trois lobes ; celles qui se développent sur les rameaux dressés et qui s'orientent vers la lumière se simplifient, perdent leurs lobes et simulent une feuille ordinaire. Les unes et les autres portent, lorsqu'elles sont jeunes, des poils étoilés bien visibles à la loupe. Cette villosité crochue accentue encore la propension naturelle du lierre à s'attacher à ce qu'il touche. Les fleurs ne se développent que sur les rameaux exposés en plein soleil, jamais sur les rameaux rampants ou recouverts. Etrange plante, en vérité, où la forme des feuilles et la répartition des fleurs sont placées sous la stricte dépendance de la lumière.

C'est que les mœurs du lierre sont fort originales : la plante a besoin de très peu de lumière pour effectuer sa photosynthèse, d'où son ardeur à ramper sur le sol et à recouvrir parfois des hectares entiers dans les sous-bois. En revanche, elle a besoin de beaucoup de lumière pour sa floraison, d'où son empressement à grimper sur les arbres ou sur les murs pour y fleurir. Bref, le lierre se métamorphose, au moment de sa puberté, en changeant la forme de ses feuilles et l'orientation de sa croissance. Une puberté qu'il affiche toujours en plein soleil et sans fausse honte. Cette maturité sexuelle produit des fleurs originales : les unes sont exclusivement mâles, d'autres exclusivement femelles, d'autres encore portent les deux sexes ; et, curieusement, ces trois sortes de fleurs s'observent sur le même pied : particularité rarissime, déjà observée par les auteurs de l'Antiquité, qui vaut au lierre d'appartenir au club très fermé des plantes polygames.

Mais si cette puberté ou cette floraison ne peut s'accomplir qu'en pleine lumière, c'est la lumière de l'automne que le lierre a choisi pour cela. Les abeilles, qui, à la fin de l'automne, n'ont plus rien à butiner, se précipitent et bourdonnent autour du lierre dont les petites fleurs jaunes en ombelles produisent d'impressionnantes quantités de nectar.

Dès lors que la floraison a lieu en automne, la fructification ne peut avoir lieu qu'en hiver ou au printemps, de sorte que le cycle du lierre est inversé. L'apparition très tardive de myriades de petites baies bleues et pruinées fera en hiver les délices des oiseaux qui s'ébattront dans le lierre alors que les abeilles dormiront déjà dans leurs ruches. Ainsi entend-on, dans les villes et les villages, le lierre « bourdonner » en automne et « piailler » ou « gazouiller » en hiver, tant est grande la jubilation de la gent ailée dans cette liane bénie.

Le lierre aux feuilles toujours vertes est donc une aubaine pour les abeilles et les oiseaux qu'il nourrit en période de grande disette, grâce au décalage de son rythme de floraison et de fructification. Pourquoi ce décalage chronologique ? Pourquoi ce rythme saisonnier inversé ? Seule son histoire peut nous l'apprendre.

A l'ère tertiaire, le climat de l'Europe était nettement plus chaud qu'aujourd'hui, ainsi que l'attestent les fossiles de lauriers ou de palmiers découverts dans le sous-sol des forêts de l'Europe moyenne. Ces espèces ont disparu à la suite des quatre glaciations survenues au cours du dernier million d'années. A cette époque, pas si lointaine pour un botaniste, nombreuses étaient les plantes qui préféraient fleurir lors de l'hiver doux et humide plutôt que durant l'été très chaud et très sec. La rose de Noël, seule plante herbacée qui fleurisse vraiment dans nos campagnes — ou plutôt dans nos cimetières — le jour de Noël, avait adopté ce rythme-là ; le lierre aussi. Les deux l'ont conservé, tandis que d'innombrables autres plantes, incapables de s'adapter au froid, ont disparu d'Europe et se sont réfugiées plus au sud, aux îles Canaries par exemple, sorte de petit reliquaire de ce que fut la flore européenne il y a plus d'un million d'années. Le lierre a su vaillamment résister aux vicissitudes des glaciations, tout en maintenant obstinément son mode de vie jusqu'à nos jours. Il témoigne dans le monde des plantes d'une autre manière de vivre, sorte de minoritaire esseulé, original en tous ses attributs, par son port lianescent, par ses feuilles pérennantes de deux types, par ses fleurs polygames de trois types et par son cycle saisonnier inversé ; minoritaire utile aussi, puisqu'il pourvoit abeilles et oiseaux en généreuse nourriture.

Le lierre était vénéré par les auteurs de l'Antiquité. On considérait alors qu'il pouvait être dangereux de toucher au lierre, car il risquait de créer un lien involontaire entre ceux qui l'approchaient sans précautions. Cette croyance pouvait pourtant être démentie par une observation minutieuse : dès lors que le lierre n'est pas volubile, il ne risquait pas d'enlacer de ses rameaux, à la manière d'un boa, ceux qui s'en approchaient inopinément ! Virgile savait déjà que le lierre s'accrochait sans envelopper, et Aristote, quelques siècles plus tôt, observait : « Le lierre serpente d'un pas sinueux mais avec obstination dans les bois et les jardins, sur les murailles d'Europe et d'Asie Mineure. »

La mythologie grecque associe le lierre au dieu Dionysos. Dionysos était un fils de Zeus dont la mère, Sémélé, fut foudroyée par son divin amant pour avoir voulu le voir « dans toute sa gloire » ; car Zeus, ni chaste ni fidèle, était en revanche fort pudique. Mais Sémélé était enceinte et sa grossesse n'était point encore parvenue à son terme. Le fœtus, accouché prématurément, fut donc enfermé pendant quelques mois dans la cuisse de Zeus, alias Jupiter. Cette extraordinaire grossesse extra-utérine — et, qui plus est, dans la cuisse d'un père porteur — ne manque certes ni de sel ni de modernité... A l'heure où l'on a tendance à diviniser la science en pensant qu'elle peut tout, il convient de noter que c'est à leurs dieux que les Grecs attribuaient ces pouvoirs supra-humains...

La vie du jeune Dionysos, dieu deux fois né, ne fut point de tout repos, pas plus que ne l'avait d'ailleurs été sa gestation. Tout jeune, il fut enlevé par des pirates et lié au mât de leur navire. Mais, soudain, vignes et lierres surgirent de toutes parts, emmêlèrent voiles et cordages du bateau, et le dieu libéré de ses liens se transforma en lion. Epouvantés, les pirates se jetèrent à la mer et se transformèrent en dauphins. Ici, le lierre qui enlace devient un lierre qui libère.

Mais il y a aussi le lierre qui couronne : selon d'autres sources, Dionysos dans son jeune âge avait été couronné de lierre par les nymphes de la forêt. On le voit d'ailleurs généralement représenté le front ceint d'une couronne de lierre tressée. Il porte de surcroît à la main un sceptre végétal : le thyrse, sorte de tige surmontée d'une pomme de pin et d'un bouquet de feuilles de vigne ou de lierre. L'axe du thyrse était une tige de férule, cette grande ombellifère méditerranéenne aux allures de fenouil sauvage. Sa tige légère et creuse comme un pipeau était assez rigide et résistante pour constituer le squelette de ce bouquet vert qu'était le thyrse. Au besoin, les adeptes de Dionysos se battaient à coups de thyrse, mais ces chamailleries restaient anodines, car la tige de férule n'était pas assez dure pour frapper ni blesser. Dionysos avait tenu à ce que ses fidèles, grands buveurs de vin, ne pussent se faire mal dans leurs querelles d'ivrognes ! La férule du thyrse devint plus tard férule tout court, sorte de bâton aplati destiné à punir les élèves indisciplinés en les frappant sur la paume des mains. C'était l'époque où, dans l'école de nos grands-pères, on ne dédaignait pas les châtiments corporels : les élèves étaient « menés à la baguette » et le maître avait grand soin de les

« tenir sous sa férule ». Aujourd'hui, le thyrse a disparu, comme Dionysos, mais les botanistes ont récupéré le mot pour désigner une disposition des fleurs en pyramide, comme chez le lilas par exemple.

Couronné de lierre, porteur du thyrse, tel apparaissait Dionysos, accompagné d'une vaste troupe de ménades, de satyres, de silènes et de bacchantes. Aucun dieu ne pouvait se prévaloir d'une aussi généreuse et turbulente compagnie.

Silène était le génie des sources et des fleuves, mi-homme, mi-cheval. On le tenait pour le père nourricier de Dionysos ; aussi le représente-t-on comme un vieillard grotesque au nez camus, toujours ivre. Mais il était aussi le père des satyres. Ceux-ci n'étaient que des demi-dieux, représentés avec des cornes, des jambes de bouc et une petite queue. Très tôt associés au culte de Dionysos, ces êtres mi-hommes, mi-chèvres exécutaient des danses en son honneur en jouant de la flûte, et adoraient effaroucher les paysans. La réputation des satyres a fort mal tourné, puisqu'ils ont attaché leur nom à ces individus qui, par leurs manifestations lubriques incongrues, se livrent à des attentats à la pudeur ; mais aussi à ce champignon à l'allure phallique, si courant dans nos bois, et appelé pour cela « satyre puant », en latin *Phallus impudicus :* dénomination qui ne laisse aucun doute quant à la forme et à l'odeur de l'objet en question.

Les satyres sont les frères des nymphes, parmi lesquelles les ménades sont plus particulièrement consacrées à la célébration du culte de Dionysos, dont elles auraient été les nourrices. On les voit, échevelées, hirsutes, courant à la suite du dieu, le thyrse à la main, en poussant des hurlements. L'environnement féminin du dieu Dionysos était d'une richesse et d'une diversité prodigieuses. Ménades, certes, mais aussi thyiades, éviades diverses, toutes finalement groupées sous le nom de bacchantes. Demi-nues, couvertes de peaux de chèvre ou de panthère, ceintes de guirlandes de lierre ou de vigne, les cheveux au vent, elles sont l'équivalent féminin des satyres et, en langage commun, des femmes à qui l'ivresse ou la lubricité fait perdre toute retenue. Euripide leur a consacré une admirable tragédie où les bacchantes mettent à mort Penthée, roi de Thèbes, coupable de s'être opposé à l'introduction du culte de Dionysos. Elles évoquent encore ces fêtes religieuses célébrées en Grèce d'abord, puis à Rome, en l'honneur de Dionysos, alias Bacchus : les bacchanales.

A Athènes, on fêtait Dionysos quatre fois l'an, surtout en hiver. C'était d'abord, en décembre, la fête des champs labourés. Les fêtes de février, les Anthestéries, étaient consacrées au vin nouveau dont on vidait force cruches ; il était alors de bon ton d'organiser des concours du meilleur buveur, à qui faisait le plus rapidement « cul sec » !

Les traditions ont toujours considéré l'hiver comme la saison des graines enterrées à la façon des morts, mais conservant toutes leurs potentialités germinatives. Elles ne sont pas mortes : elles dorment. Tout comme les activités humaines, elles aussi en sommeil. Pendant ce temps où la vie terrestre se cache, se rétracte, hiberne, les hommes entrent en contact avec le surnaturel. Ils reçoivent la visite des dieux, tandis que l'âme des morts vient à leur rencontre. D'où les fameuses mascarades, avec les visages grotesques de créatures de l'au-delà, à la manière de notre carnaval. On célèbre ces retrouvailles momentanées lors de grandes fêtes et de grandes orgies typiquement dionysiaques où le sexe et l'ivresse se donnent libre cours...

Car le sexe est toujours apparu comme l'antidote de la mort, tandis que la vigne est aussi indissociable du culte de Dionysos que le lierre ! La vigne et le lierre se ressemblent : leurs feuilles, à l'une et à l'autre, sont découpées en trois lobes et s'attachent à leur support par des crampons assez semblables ; mais seule la première procure l'ivresse, tandis que le lierre est parfaitement inoffensif. Celui-ci, il est vrai, garde ses feuilles, alors que la vigne les perd chaque année pour renaître au printemps. Belle image d'un dieu symbole d'immortalité — comme le lierre — et qui pourtant disparaît au séjour des morts — comme la vigne — durant de longs mois...

Les manifestations de Dionysos s'accompagnent en effet d'occultations périodiques durant lesquelles le dieu descend aux Enfers. Ces occultations sont imprévisibles, ce qui se conçoit pour un dieu qui a choisi comme attributs deux plantes dont le rythme végétal est rigoureusement inverse : la vigne perd ses feuilles en hiver, le lierre au contraire fructifie à ce moment-là. C'est peut-être pour cette raison que les fêtes de Dionysos se célèbrent à la mauvaise saison, quand le vin nouveau est arrivé...

Ainsi Dionysos, le dieu Bacchus des Romains, par le lierre toujours vert et la vigne qui enivre, symbolise-t-il la permanence de la force végétale et la puissance du désir. Sans doute plus proche des hommes que les autres dieux de l'Olympe, déconcertant par l'étrangeté de son entourage, par la diversité de ses manifestations et de ses transformations, Dionysos est toujours en mouvement ; sa présence est rendue tangible par l'ivresse qu'il provoque, l'érotisme qu'il autorise, la fertilité qu'il garantit, et jusque par l'extase qu'il déclenche lorsque ses adeptes, lors des cultes rituels, perdent conscience ou entrent en transes, habités de sa divine présence. Dieu du défoulement et de l'exubérance, des vivants et des morts, Dionysos est le plus polyvalent de tous les dieux de l'Antiquité, qualité qui ne saurait surprendre chez un dieu tout droit sorti de la cuisse de Jupiter et capable de faire perdre la tête à ceux qu'il enivre !

Sans doute est-ce pour cette raison que Dionysos, latinisé sous le nom de Bacchus, fait peur. En 186 avant Jésus-Christ, on découvre à Rome l'existence de célébrations nocturnes et secrètes qui lui sont consacrées : les bacchanales. L'enquête met en cause plus de sept mille personnes, accusées des pires abominations : assassinats, orgies, pédérastie... La répression est particulièrement sévère ; on dénombre plusieurs milliers d'exécutions, les autorités dénonçant avec vigueur le danger des associations secrètes. A compter de cette date, le culte bacchique est strictement interdit aux citoyens romains, autorisé aux seuls étrangers et réglementé dans ses moindres détails. Ces mesures montrent à quel point le Sénat de Rome suspecte les manifestations religieuses qui échappent à son contrôle. Le décret contre les bacchanales ne devait d'ailleurs jamais perdre sa validité : trois siècles plus tard, comme le note Mircea Eliade, il servit de modèle pour la persécution des chrétiens...

Du mythe de Dionysos, il ne reste dans nos sociétés désacralisées qu'une simple expression populaire : « Se croire sorti de la cuisse de Jupiter » — c'est-à-dire être plutôt content de soi. Telle est l'unique et misérable retombée contemporaine d'une des légendes les plus riches de toutes les civilisations agraires. En totale rupture avec leurs traditions, nos sociétés de communication fabriquent activement de nouveaux mythes, incarnés dans des visages qui s'affichent chaque jour sur le petit écran : personnages omniprésents du monde journalistique, politique ou, plus encore, du show-biz, qui se substituent allègrement à l'encombrant héritage de trois millénaires de civilisation voués ainsi sans complexe aux poubelles de l'Histoire. Toute irrévérence mise à part, que subsiste-t-il vraiment aujourd'hui dans les couches majoritaires de la jeunesse des grands mythes chrétiens ? Guère plus que de la mythologie grecque. D'autant qu'elles ne voient sans doute pas de différence entre « naître de la cuisse de Jupiter » et « naître par l'opération du Saint-Esprit »... La nouvelle génération aurait-elle définitivement « largué les amarres » ?

Ce n'est pas si sûr. Et si c'était simplement parce qu'on ne lui a rien appris, et donc qu'elle ne sait rien ? Qui lui aura jamais dit, par exemple, que Michael Jackson, le célèbre chanteur de rock, n'est en fait qu'un des multiples avatars du dieu Dionysos, parfaitement incarné dans cette étrange créature au sexe indécis, à l'accoutrement provoquant, aux facéties surprenantes, toujours environné dans ses manifestations publiques d'une faune haute en couleur que n'aurait pas désavouée Dionysos lui-même ? Qui leur aura jamais dit que la « cuisse de Jupiter » et l' « opération du Saint-Esprit » signifient en fait la même chose, l'alliance exceptionnelle et privilégiée du Ciel et de la Terre, celle-là même qui est momentanément vécue, sur un tout autre registre, certes — dans la ferveur collective et les transes d'un concert de rock ?

Mais décortiquons quelque peu ces propos iconoclastes. Nous avons à ce point oublié le sens profond des mythes et des symboles que nous sommes devenus incapables de reconnaître en nous et autour de nous ce qui, bien loin d'apparaître comme une nouveauté radicale de notre temps, n'est que l'immémoriale manifestation de la quête éperdue des hommes de tous les temps. A cet égard, le mythe de Dionysos est extraordinairement suggestif. La foudre jupitérienne qui tombe sur Sémélé, la mère du dieu, c'est le mariage du Ciel et de la Terre ; de ce Ciel qui parfois « nous tombe sur la tête » et nous fait alors brusquement changer d'orbite. Dionysos naît donc de Sémélé et de Jupiter, père des dieux. Le mariage du Ciel et de la Terre s'illustre aussi dans la naissance du Christ, conçu de l'Esprit-Saint dans le ventre d'une vierge. Parallèle audacieux, mais qui puise aux sources des traditions les plus enracinées : Dionysos, comme Jésus, naît d'une intervention directe du Ciel. Le thème de la maternité virginale, constant dans la tradition chrétienne, laisse bouche bée ce pauvre Nicodème lorsqu'il entend Jésus prononcer ces mots étranges relatés par saint Jean : « Nul, à moins de naître d'en haut, ne peut voir le règne de Dieu. » Et de s'enquérir : « Comment un homme peut-il naître quand il est vieux ? Faudrait-il pour naître une seconde fois rentrer dans le sein de sa mère ? » Et Jésus de lui répondre : « En vérité, à moins de naître de l'eau et de l'esprit, nul ne peut entrer dans le royaume de Dieu ! » Nous voilà donc appelés à naître deux fois : de nos parents et de l'eau du baptême ! Dionysos, lui aussi, naît deux fois, à la suite d'une grossesse interrompue, puis reprise dans le sein du dieu-père : la cuisse de Jupiter. Ainsi, au cœur même du mythe de Dionysos, la traditionnelle séquence naissance-mort-renaissance nous est proposée, et ce, dès la naissance du dieu. Cette naissance, qui est une renaissance, comme dans le christianisme, vise à épouser le divin pour affranchir sa vie des limites purement terrestres, des contraintes ordinaires de l'existence. De tout temps, on trouve cette quête essentielle de l'homme dans toutes les ascèses, mais aussi à travers tous les débordements, par les raisonnements les plus élaborés aussi bien que par les manifestations les plus irrationnelles, en vue de la spiritualisation de l'être par l'extase.

Le culte de Dionysos insiste plus particulièrement sur les expériences visant à vivre pleinement l'instant, ce qui fait d'ailleurs son ambivalence. Car cette libération dionysiaque représente un événement soit éminemment spirituel, soit, au contraire, extrêmement sensuel ; mais, dans les deux cas, c'est toujours l'énergie profonde de la vie qui tente de s'affranchir de toute contrainte économique ou sociale, de toute limite morale, étroite ou réductionniste.

Des journées comme celles de mai 1968 ont une connotation typiquement dionysiaque, de même que les nombreuses tendances ou retombées qui s'affirment dans nos sociétés contemporaines : désir de l'union cosmique revalorisé par l'intérêt pour l'astrologie ; transes et danses de possession, si caractéristiques des grandes rencontres « rock » ; « grand-messes » électorales où un leader national fait vibrer tout un peuple ; rassemblements charismatiques tranchant sur les méthodes d'apostolat bien rodées de l'action catholique ; revalorisation des fêtes populaires et du folklore ; acceptation d'une certaine ambiguïté sexuelle, sociale, morale et physique ; ambivalence quotidiennement vécue et acceptée des rôles masculin et féminin, jadis strictement codifiés.

Notre époque, semble-t-il, témoigne de la fin d'une longue période prométhéenne marquée par de puissantes idéologies et de grands élans collectifs visant à privilégier luttes et conquêtes économiques, politiques et sociales, et de l'entrée dans une période plus dionysiaque où le désir de vivre intensément l'instant et de se dépasser soi-même l'emporte sur un discours politique ou syndical de moins en moins crédible... Et chacun de prétendre libérer toutes les potentialités qu'il porte en soi afin d'être « bien dans sa tête, bien dans sa peau ». Les hautes technologies et les ordinateurs ? D'accord, mais d'abord mon feuilleton télé et ma gym. Ou, dans le meilleur des cas, mon cours de yoga, mon groupe de prière ! Démarche typiquement dionysiaque...

Le culte de Dionysos s'est imposé à la fin de la grande période hellénique, un ou deux siècles avant notre ère. La société d'alors est déjà extrêmement organisée, fondée sur un ordre moral rigide, affichant la souveraineté absolue de l'Etat servi par une technocratie aseptisée. Or c'est dans ce monde que surgissent à Rome Dionysos et ses bacchantes ; et, au lieu de sacraliser l'ordre social de la Cité, ils s'appliquent au contraire à sa nécessaire transgression. On comprend mieux que leurs adeptes, vivant leur fraternité dans des réseaux inhabituels et par des pratiques suspectes, de la transe à l'ivresse ou à l'hypnose, aient paru éminemment suspects aux gardiens du Temple et aux serviteurs zélés de l'ordre établi. L'ivresse de Bacchus risquait d'affaiblir l'Etat. Et son lierre, se propageant avec la vigueur et la rapidité que l'on sait, allait miner les fondements d'une société dont il risquait d'avoir raison et qui ne manquerait pas de s'effondrer sous son poids.

Est-ce pour les excès attachés au culte dionysiaque que la chrétienté a fait si peu de cas du lierre dans ses symboles ? En tout cas, le fait est là : la symbolique chrétienne ignore le lierre et ne conserve que la vigne ! Or c'est elle, pourtant, qui enivre... En revanche, aucune fête, aucun culte liturgique, aucune tradition n'a recours au lierre dans nos villes et dans nos campagnes.

Le lierre s'est copieusement rattrapé dans les traditions populaires qui font de lui une plante amincissante, ce qui se conçoit pour une plante aussi fine et qui de surcroît enlace ; d'où son emploi sous diverses formes dans de nombreux produits de beauté contre la cellulite ... La pharmacie, elle, incorpore le lierre aux sirops antitussifs et pectoraux — sirops non point destinés à traiter les muscles du même nom, mais remèdes contre toux et bronchites, favorisant l'expectoration, c'est-à-dire l'élimination des glaires par fluidification des sécrétions bronchiques. En clair : le lierre empêche de tousser et fait cracher.

Voilà une chute bien prosaïque pour une plante dionysiaque amoureuse de la lumière et symbole de l'amour ! Aussi convient-il de la quitter en ce plein hiver où elle symbolise, picorée par des myriades d'oiseaux, la permanence de la vie, en conservant le souvenir de sa devise : « Je meurs ou je m'attache. » N'avons-nous pas rêvé, à telle ou telle époque de notre vie, à cet amour qui va jusqu'à la mort, au risque de mourir d'aimer ou de ne plus être aimé, à cet amour sans retour, si éloquemment célébré par Jacques de Bourbon-Busset ? Car la symbolique du lierre va bien au-delà de l'amour possessif qui attache et enlace. Ecoutons-le nous dire : « L'amour me rend libre ; il me permet de passer de l'obscurité à la lumière où j'épanouis mes fleurs, de la mouvance au ras du sol au brusque élan vers le ciel, de la stérilité à la fécondité, tandis que mes feuilles trilobées se simplifient et s'allègent... Le temps de l'amour, le temps des fleurs, c'est pour moi celui de la conquête des cimes, de la montée vers la lumière où j'épanouis tout à coup dix mille fleurs amoureuses au soleil ! »

Deuxième partie

LE RENOUVEAU

Le sacre du printemps

La scène se passe aux alentours des années 60. A cette époque, les printemps français étaient encore de vrais printemps — encore ou de nouveau, car les saisons changent et fluctuent, on l'a vu, avec les siècles. Disons que les printemps d'alors ressemblaient à l'idée que l'on se fait du printemps. Cinq étudiants noirs originaires d'Afrique centrale, venus commencer leurs études en France à la rentrée universitaire d'octobre, ont vaillamment réussi à passer l'hiver..., leur premier hiver, avec leur première neige. Je les invite au printemps dans notre petit village lorrain. Le jardin est au comble de son exubérance printanière. Poiriers et pommiers, la plupart en espalier, sont en pleine floraison ; pruniers, cerisiers, mirabelliers et quetschiers sont un peu plus avancés et répandent la neige de leurs pétales sur le sol déjà hérissé des premières lamelles d'herbe verte. Les fleurs roses du pêcher et blanches de l'abricotier — ce dernier exposé au sud pour lui éviter les désagréments de l'hiver — sont au sommet de leur splendeur. Deux pommiers du Japon déploient majestueusement leurs rameaux fleuris de pourpre. Une longue haie de lilas achève de donner à ce paysage jardiné la magnificence des printemps de l'Europe tempérée.

Pour mes amis noirs, c'est la stupeur, l'émerveillement. Une floraison aussi massive, aussi étrangement simultanée, métamorphosant comme d'un coup de baguette magique des arbres qui, hier encore, ne présentaient que leur squelette dénudé, offre un spectacle totalement inédit pour qui n'a connu jusqu'alors que la végétation dense mais monotone des tropiques. La forêt équatoriale, en particulier, est un monde sans fleurs, alignant ses troncs disparates chargés de lianes et d'épiphytes dans ses sous-bois obscurs, fleurs et feuilles se pressant vers les cimes, inaccessibles, invisibles, à plus de vingt mètres de hauteur !

Le cours de botanique en faculté n'avait pas encore commencé : il ne peut avoir lieu qu'à la belle saison ; en hiver, ce serait un enseignement de botanique… sans plantes ! Aussi ne pouvait-on reprocher à ces jeunes gens d'ignorer que tous ces arbres appartiennent à la famille des Rosacées, cette même famille qui pare les haies pascales des blanches fleurs d'aubépine, de prunellier ou d'églantier sauvages, qui fleurit les cultures en terrasse du bassin méditerranéen de la douce et tendre floraison rosée des amandiers, qui agrémente les parcs et jardins de nos villes de ces superbes *Prunus* aux fleurs roses ou mauves, souvent doubles, qui enfin nous a donné les roses aux mille variétés et aux mille couleurs. Bref, les Rosacées, comme les hirondelles lorsqu'elles reviennent à plusieurs, font le printemps !

La magnificence de ces floraisons massives, alors que les arbres sont encore défeuillés, est le rare et splendide privilège des régions tempérées. La vie végétale, en chômage pendant le long hiver, devient brusquement une ruche bourdonnante. Tandis que le soleil remonte dans le ciel, la nature fidèle lit dans ce signe le retour des beaux jours. Le soleil déclenche alors l'immense marée végétale, tandis que la mort automnale s'étend peu à peu, aux antipodes, sur les terres australes : lorsque ici tout commence, là-bas tout s'accomplit.

Car le signal du réveil printanier n'est pas, comme on le croit souvent, le réchauffement de la température : bien davantage, c'est l'augmentation de la longueur des jours qui déclenche le démarrage de la végétation. Une brusque augmentation de température en janvier ne produit que peu d'effets ; certes, quelques bourgeons débourreront çà et là, mais les journées sont trop courtes et les plantes « ne se laissent pas avoir » par cette illusoire faveur des conditions météorologiques, comme si elles pressentaient les risques de gelées printanières. On l'a bien vu durant l'hiver exceptionnellement doux de 1987-1988, qui n'eut de l'hiver que le nom : les plantes ont patiemment attendu avril pour reprendre leur cycle immémorial !

Le printemps est donc un privilège des régions tempérées ou froides où la longueur des jours varie considérablement en fonction des saisons ; la nature équatoriale l'ignore totalement. Aussi nos étudiants issus de ces pays n'avaient-ils jamais vu de printemps et s'émerveillaient-ils de splendeurs inaccoutumées sous les basses latitudes où la végétation est permanente dès lors que la longueur des jours et des nuits y est égale toute l'année, comme d'ailleurs la température et le volume des précipitations. De sorte que, sous ces climats toujours égaux, chaque espèce s'autorise à vivre à son propre rythme. Sous nos climats, au contraire, le rythme saisonnier impose aux espèces d'évoluer du même pas, même si de subtils décalages à haute signification écologique peuvent être observés...

Ainsi, la plupart des herbes du sous-bois fleurissent bien avant que les arbres ne se couvrent de feuilles. L'anémone sylvie, le perce-neige, la ficaire donnent le signal du départ, en mars ou avril, bientôt suivis par la scille, la primevère, la cardamine et la violette. Merveilleux et délicat spectacle que celui de ces sous-bois printaniers, ponctués de mille corolles blanches, jaunes ou bleues, alors que les arbres sont encore dégarnis. Ces herbes, par leur floraison hâtive, manifestent la singularité de leurs exigences écologiques : plantes de pleine lumière durant la période de floraison, elles deviennent des plantes d'ombre durant la phase de maturation des fruits. En effet, après une coupe à blanc, toutes ces espèces que la frondaison des arbres ne protège plus disparaissent aussitôt, incapables de résister à une intense insolation estivale. Le vocabulaire écologique est fort explicite lorsqu'il considère ces herbes comme strictement « inféodées » aux arbres sous lesquels elles vivent et sans lesquels elles ne vivraient pas !

Tandis que ces herbes s'empressent de fleurir avant que les frondaisons des arbres ne viennent limiter la lumière disponible, les arbres à chatons en font autant, mais pour une tout autre raison. Leur pollen étant disséminé par le vent, l'écran des feuilles risquerait de gêner la bonne diffusion de cette semence mâle si elle devait se faire après leur apparition. Aussi, pour assurer la parfaite efficacité de la pollinisation, ces arbres mûrissent-ils leurs chatons avant de revêtir leurs feuilles. Leur regroupement en populations denses favorise également une bonne diffusion du pollen produit par les chatons mâles, qui a d'autant plus de chances de rencontrer un chaton femelle que les arbres émetteurs et récepteurs sont plus rapprochés. Ce mode de pollinisation par le vent caractérise donc des arbres « sociaux », comme le bouleau, l'aulne, le charme, le hêtre, le chêne, qui vivent généralement en groupes et forment la strate arborescente de nos forêts. Cette pollinisation terminée, la forêt se couvre de feuilles en même temps que s'éteignent les fleurs du sous-bois. La forêt entre alors dans la phase estivale de son cycle.

Dans le même temps, la prairie reverdit à partir de l'important réseau de tiges souterraines demeurées en terre durant l'hiver. Les céréales lèvent, ou reprennent leur croissance si elles avaient été semées en automne, après avoir emmagasiné la ration de froid nécessaire. Dans les jardins, les enfants des campagnes peuvent observer la levée des haricots et des petits pois. Les premiers sortent leur germe avec la graine : c'est le haricot planté qui lève (ou se relève), les premières feuilles se formant entre les deux moitiés de la graine, maintenant dissociées, qu'on appelle cotylédons. Les petits pois, eux, ne sortent pas du sol mais émettent, comme la plupart des plantes, une petite tige feuillée. Il importe de vérifier si cette tige primordiale comporte une ou deux feuilles. Ainsi, les radis forment d'emblée deux feuilles, comme les petits pois, car ils servent sous les couleurs des dicotylédones ; à l'inverse, les oignons ou les poireaux, avec leur unique feuille en forme de dard pointu, appartiennent, eux, aux monocotylédones.

Voilà donc qu'en deux mois à peine, en mai et juin, le paysage végétal se transforme entièrement. Une fantastique poussée photosynthétique, semblable à une marée montante, déferle sur nos paysages à l'appel du soleil montant. La marée végétale répond au Soleil comme la marée océane répond à la Lune ! Pendant ces deux mois, chaque hectare de nos forêts produit en moyenne dix à quinze tonnes de matière vivante.

Un record, certes, que n'atteignent ni le champ cultivé, ni la prairie, ni le jardin ! On songe rarement à la rapidité vertigineuse du phénomène massif de la croissance végétale : tout se joue en l'espace de quelques semaines entre les blanches aubépines de Pâques et le sommet végétal marqué par les pivoines de la Pentecôte. En cinquante jours, la nature a joué son va-tout pour l'année entière. Après, elle se repose bien vite, toute préoccupée de la maturation des fruits, donc de sa propre perpétuation.

Un recoin, certes, que n'atteignent ni le champ cultivé, ni la prairie, ni le jardin ! On songe forcément à la rapidité scrupuleuse du phénomène massif de la croissance végétale : tout se joue en l'espace de quelques semaines entre les blanches aubépines de Pâques et le sommet végétal marqué par les pivoines de la Pentecôte. En cinquante jours, la nature a joué son va-tout pour l'année entière. Après, elle se repose bien vite, toute préoccupée de la maturation des fruits, donc de sa propre perpétuation.

Le buis des Rameaux

Dans la France profonde ou dans ce qu'il en reste, les Rameaux sont la version printanière de la Toussaint : une fête où l'on va beaucoup à l'église, puis dans les champs, faire bénir et déposer des rameaux de buis ou des palmes, selon les régions.

Le buis pousse à l'état sauvage dans toute la France, mais y est très inégalement répandu. Abondant sur les sols calcaires de la France méditerranéenne, il se fait plus rare dans les plaines du Nord et de l'Est, préférant alors les régions montagneuses. Capable de s'adapter à peu près à tous les terrains, il craint cependant l'excès d'humidité.

Très bel arbre que le buis, malgré sa petitesse : il ne dépasse jamais cinq mètres de haut, même lorsqu'il atteint l'âge respectable de cinq ou six cents ans. C'est dire que sa croissance est lente, que les cernes annuels du bois sont minces, et que ce bois est dense et dur. Excellent bois d'œuvre, il sert notamment à confectionner les maillets des loges maçonniques, qui symbolisent la fermeté et la persévérance. Les Anciens en faisaient des toupies, des peignes, des flûtes et surtout des tablettes qui, recouvertes de cire, furent durant des siècles l'antique support de l'écriture. Il servait aussi à faire des boîtes destinées à contenir des objets précieux, qui finirent par porter son nom : l'anglais *box,* comme l'allemand *Buchs* et *Büchse,* veulent dire buis et boîte, par déformation de *buxus,* le nom latin du buis, qui a donné aussi buxaie pour désigner une dense végétation de buis.

Le buis a été domestiqué de longue date : les bordures de buis des jardins à la française sont célèbres et manifestent la plasticité de cet arbuste qui se laisse tailler avec docilité. Sa variété naine épouse sans rechigner les formes que le jardinier lui impose, partageant avec l'if cette rare aptitude à se laisser travailler au gré du sécateur et de l'imagination du paysagiste — encore que l'if, de taille plus forte, permet des représentations de motifs plus imposants.

Le buis est une plante toxique dont l'usage en médecine populaire s'est raréfié. On sait en effet qu'il contient des substances très actives, des alcaloïdes, susceptibles de produire des intoxications avec vomissements, diarrhées, vertiges et tremblements, pouvant aller jusqu'à des contractions tétaniques et à des paralysies. Aussi s'étonne-t-on de voir le buis figurer en bonne place dans le plus connu des récents ouvrages de « médecine populaire », celui de Rika Zaraï. Et non seulement en bonne place, mais aussi en bonne dose : « 3 cuillerées à soupe en décoction dans l'équivalent de 3 verres d'eau » ! A boire en trois quarts d'heure pour « déclencher la transpiration »... Bigre ! Cela paraît vraiment un peu fort, aux deux sens du terme ! Et c'est fort imprudent... La médecine populaire a certes conseillé de tout temps le buis comme laxatif, sudorifique et cholagogue. Quant à l'origine de ses propriétés antivirales contre la grippe, l'hépatite et le zona, propriétés que lui attribue Mme Zaraï[1], elles nous demeurent tout à fait mystérieuses !

Le buis serait-il un remède miracle ? Marie-Antoinette Mulot[2] rapporte à son sujet l'anecdote suivante : « En Allemagne, au XIXe siècle, un charlatan possédait l'exclusivité d'un remède miracle contre la fièvre. L'empereur Joseph II n'eut qu'un désir, lui acheter son secret pour le prix de 1900 florins, et fit connaître ce secret à tout le monde pour que son peuple entier puisse en bénéficier ; et ce remède secret, c'est la teinture alcoolique de buis ! Mais, dit l'anecdote, dès que ce remède fut connu, son prestige disparut, tant il est vrai que

1. R. Zaraï, *Ma médecine naturelle*, Carrère-Lafon, Paris, 1986.
2. M.-A. Mulot, *Secrets d'une herboriste*, Editions du Dauphin, Paris, 1984.

l'on est tenté de professer de l'admiration pour tout ce qui est plus ou moins secret ! »

Si le remède était secret, le buis, lui, ne l'est pas ! Il appartient à la petite troupe des arbres toujours verts, ce qui justifie sa présence sous forme de bordures dans nos jardins et allées, mais fonde surtout sa valeur symbolique. Les Gaulois l'avaient sacralisé, comme le gui, et le considéraient comme un symbole d'éternité. Cet arbuste, tardivement christianisé dans le rituel du dimanche des Rameaux, occupait déjà une place essentielle dans les pratiques religieuses de la Gaule.

La mythologie grecque l'avait consacré à Hadès et à Cybèle. Le premier était le dieu des Enfers, amant et mari de Perséphone qui, elle, préférait le gui. Quant à Cybèle, déesse de la Terre, elle symbolise la fécondité, l'énergie enfermée dans la terre ou dans la graine, ce qui lui valut dans Lucrèce le titre envié de « grande mère des dieux », de « mère des espèces sauvages », ou encore de « créatrice de l'humanité ». Ne mit-elle pas au monde Jupiter et Junon, Neptune et Pluton, autrement dit les dieux symbolisant les quatre éléments ? Homère la décrit comme « la muse harmonieuse..., mère de tous les dieux et de tous les hommes. Elle aime le son des crotales et des tambourins, ainsi que le frémissement des flûtes. Elle aime aussi le cri des loups et des lions au poil fauve, les montagnes sonores et les vallons boisés ». Cybèle est donc la déesse-mère, l'ancêtre de toutes les divinités célébrées par les religions préhistoriques. Elle porte une clef qui ouvre les portes de la Terre où sont enfermées les richesses qui surgiront à chaque printemps. Cette divinité primordiale des premières civilisations agraires symbolise la résurrection de la nature et de la végétation. Venue de la nuit des temps, Cybèle annonce déjà la résurrection de Pâques.

Le culte de Cybèle, parti d'Asie, a connu une puissante extension dans la Rome antique. On le célébrait à l'équinoxe de printemps, du 15 au 28 mars ; le cœur de ces festivités — le 24 mars — était le jour du sang, où prêtres et néophytes, au son des flûtes, des cymbales et des tambourins, se livraient à des danses sauvages, se flagellant jusqu'au sang ou s'entaillant les membres à coups de couteau. Au comble du délire, certains se castraient, offrant leurs organes en oblation à la déesse... Puis aux lamentations funèbres de la nuit succédait, le matin suivant, une explosion de joie lorsqu'on annonçait la résurrection du dieu Atys. Compagnon de Cybèle, c'est un dieu importé tardivement à Rome. Sa mort et sa résurrection périodique symbolisaient précisément la mort de l'hiver et la renaissance du printemps ; une renaissance qui, comme ici, s'est accompagnée dans maintes religions de célébrations et d'orgies.

Les festivités en l'honneur de Cybèle et d'Atys comportaient de surcroît un repas initiatique fait de pain et de vin. On conçoit que ce culte soit entré en concurrence avec le christianisme naissant, concurrence que les empereurs romains ont d'ailleurs vigoureusement encouragée. Ce furent les adeptes de Cybèle qui fomentèrent le fameux procès des chrétiens de Lyon, lequel, en l'an 177, sous le règne de Marc Aurèle, envoya au martyre plusieurs membres de la jeune communauté chrétienne de cette ville avec à sa tête sainte Blandine[1]. Puis Cybèle disparut et le buis se christianisa, se substituant pour la célébration du dimanche des Rameaux aux palmes et aux rameaux d'olivier dans les régions où ces végétaux ne poussent pas.

L'Evangile du dimanche des Rameaux décrit l'entrée triomphale du Christ à Jérusalem quelques jours avant sa Passion ; il n'évoque point le buis, mais simplement des branches coupées aux arbres dans la liesse générale et répandues sur le parcours de Jésus ; ou, dans saint Jean, des feuilles de palmiers, de palmiers-dattiers sans doute. Jésus fit cette entrée solennelle juché sur un ânon qu'il fit chercher par ses apôtres dans un village proche ; un ânon probablement très jeune puisque l'Evangile de Marc précise qu'il n'a encore été monté par personne. Cette modeste monture, Jésus la choisit lui-même, comme le relate l'Evangile de saint Matthieu où il dit à deux de ses disciples : « Allez au village en face de vous, et aussitôt vous trouverez une ânesse attachée, et près d'elle son ânon. Les ayant détachés, amenez-les-moi. Si l'on vous dit quelque chose, répondez : “ Le Seigneur en a besoin, mais les renverra sans tarder ! ” Ceci advient pour

1. *Cf.* François FONTAINE, *Blandine de Lyon.*

accomplir la parole du prophète : “ Dites à Jérusalem : voici que ton roi vient à toi, humble, monté sur un âne, un tout jeune ânon. ” »

D’un côté, un modeste petit âne, de l’autre, une foule en liesse brandissant des palmes et sans doute des rameaux d’olivier, conformément à une antique tradition orientale qui voulait que l’on acclamât les héros en agitant des rameaux verts symbolisant l’immortalité de leur gloire. Un triomphe à la romaine, en quelque sorte, mais un triomphe modeste, sans chevaux ni chars, avec seulement ce petit âne. La traditionnelle procession des Rameaux célèbre le souvenir de cette scène, d’où le nom de « Pâques fleuries » jadis donné à cette fête.

Symbole d’immortalité, le buis des Rameaux, comme la palme du dattier, préfigure donc l’immortalité, et ici, plus spécifiquement, la prochaine résurrection du Christ. Ce symbole de la palme fut ensuite dédié aux martyrs, célébrant leur élévation céleste et leur naissance dans l’éternité au jour de leur mort terrestre. C’est pourquoi le buis en France, la palme ou le rameau d’olivier en Europe méditerranéenne, mis sur un crucifix ou portés au cimetière sur les tombes, symbolisent la croyance en l’immortalité de l’âme et en la résurrection des corps. C’est avec un rameau de buis que l’on bénit le corps des défunts, rameau lui-même bénit le dimanche des Rameaux et dont le goupillon n’est qu’un pâle objet de substitution dépourvu de toute valeur symbolique. Ne vit-on pas poindre ce symbole après le déluge, lorsque la colombe revint vers l’arche de Noé, porteuse en son bec d’un rameau d’olivier, rameau signifiant le recul des eaux, la nouvelle émergence de la terre verdissante, donc la fin toute proche d’une longue épreuve débouchant sur une humanité nouvelle et réconciliée ?

La palme est aussi le symbole de l’oasis, comme le rappelle l’un des textes de la liturgie du dimanche des Rameaux extrait du livre de l’Exode. Lorsque les juifs quittèrent l’Egypte sous la direction de Moïse, ils séjournèrent dans l’oasis d’Elim : « Il y a là douze sources et soixante-dix palmiers. Ils campent près de l’eau... » Puis « toute la communauté des israélites quitte le campement d’Elim. Le quinzième jour du deuxième mois après leur sortie d'Egypte, ils pénètrent dans le désert de Sin, entre Elim et le Sinaï ». Dans le désert, le peuple d'Israël se met à murmurer contre Moïse. C'est alors que Dieu les nourrit de la fameuse manne, identifiée aujourd'hui à un lichen du désert du Sinaï. Après une longue traversée du désert qui dura quarante ans, le peuple d'Israël entra enfin dans la Terre promise. Mais une génération entière avait disparu, et ceux qui allaient découvrir la terre de Canaan n'avaient point connu la vie corrompue de l'Egypte pharaonique.

La séquence de la semaine sainte reproduit à l'identique, mais sur un temps très contracté, la même série d'événements. Un événement triomphal, d'abord : la sortie d'Egypte du peuple hébreu — l'exode — avec le célèbre engloutissement de l'armée de Pharaon dans la mer Rouge, ou l'accueil enthousiaste du Christ par les habitants de Jérusalem au jour des Rameaux ; puis vient l'épreuve de la traversée du désert pour les juifs, et, pour le Christ, celle du jardin des Oliviers, suivie de la mort sur la Croix ; enfin, le salut des Hébreux sur une terre nouvelle, cette Terre promise où coulent le lait et le miel, et, pour le Christ, sa résurrection triomphale au matin de Pâques. Dans les deux cas, enfin, une nourriture nouvelle est donnée : nourriture terrestre avec la manne ; nourriture d'immortalité avec le pain et le vin mystérieusement changés dans le « corps et le sang du Christ livré pour nous » !

Pourtant, ce caractère triomphal — encore que purement terrestre et ô combien éphémère — de l'événement des Rameaux se trouve atténué par l'apparition de l'ânon. Dans toutes les mythologies, l'âne symbolise en effet la face obscure du monde, voire même des manifestations sataniques. Les traditions de l'Inde ou de l'Egypte concordent sur ce point. Dans le culte des morts de l'Egypte ancienne, la rencontre de l'âne rouge est l'une des plus dangereuses que fera l'âme dans son voyage après la mort ; telle est l'idée qu'a conservée notre expression populaire « méchant comme un âne rouge ». La symbolique de l'âne est donc parfaitement négative : « Avoir des oreilles d'âne », « Porter un bonnet d'âne », « Etre un âne », ou, pis encore, « un âne bâté » — autant d'expressions manifestant surabondamment le peu d'estime que le pauvre animal suscite dans notre vocabulaire. L'art de la Renaissance n'a pas été plus complaisant envers les ânes : le découragement spirituel du moine, la dépression morale, la paresse, la stupidité, l'entêtement sont traditionnellement représentés sous les traits d'un âne...

Que le Christ ait choisi cette monture suscite deux interprétations : la première tendrait à y voir le symbole du triomphe de Jésus sur l'ensemble des forces maléfiques de ce monde, triomphe qui se manifestera par sa résurrection : avec lui, l'esprit chevauche la matière et en triomphe. On retrouve là l'esprit du roman d'Apulée, *L'Ane d'or,* qui raconte les avatars d'un certain Lucius, d'abord métamorphosé en âne en raison de sa vie libidineuse et dévergondée, puis recouvrant sa figure et sa personnalité humaines au fur et à mesure de sa progression spirituelle et de sa résurrection intérieure, aboutissant finalement à la contemplation mystique de la statue de la déesse Isis. Mais plus plausible est la seconde interprétation, qui tend à voir dans le choix de l'ânon — et d'un ânon très jeune — un symbole d'humilité et de simplicité. Les textes des Evangiles ne s'accordent d'ailleurs pas sur le sexe de l'animal; Matthieu, en particulier, évoque une ânesse, animal que l'on retrouve dans plusieurs textes de la Bible où on en parle avec sympathie : ces montures, plus que les fiers coursiers des riches, servirent à diverses reprises aux patriarches et aux pères d'Israël.

Ane ou ânesse, on le retrouve encore dans la crèche, mais équilibré cette fois par la présence du bœuf, animal nettement bénéfique. Puis un peu plus tard, lors de la fuite en Egypte de la Sainte Famille, quand la mère et l'Enfant cheminent à dos d'âne...

Riche symbolique, en vérité, que celle du dimanche des Rameaux, qui, seul aujourd'hui avec la Toussaint, remplit encore les églises... La plus humaine peut-être de toutes les fêtes chrétiennes, dans la mesure où elle évoque un triomphe purement terrestre, une démarche spontanée et somme toute naturelle d'un peuple en liesse vers Celui qu'il considère comme son libérateur. Le retournement qui suivra quelques jours plus tard est un épisode lui aussi prévisible, tant est légendaire la versatilité des foules, et éphémère la gloire en ce monde. Seule la Résurrection du jour de Pâques transcendera de manière abrupte et décisive misères et grandeurs, qui sont le lot humain. Elle se produira dans la plus totale discrétion, le Christ quittant ce monde avec la même modestie qu'il y était venu : presque en se cachant. Cet événement que ne perçut aucun témoin, que ne couvrit aucun média, eut lieu, comme une naissance, au cœur d'une nuit de printemps. Le christianisme ne devait commencer que bien plus tard, après la première Pentecôte, tant il est vrai que, comme le disait le philosophe, « les origines se cachent sous les commencements ».

L'huile et l'onction

On entre avec le jeudi saint dans ces fameux trois jours précédant la fête de Pâques qui changèrent aux yeux des chrétiens le destin du monde. Quatre jours après le dimanche des Rameaux, le « rameau des Rameaux » a porté son fruit, du moins s'il s'agit du rameau d'olivier. Car le jeudi d'avant Pâques est le jour de l'olivier ; il commémore l'agonie du Christ au jardin des Oliviers, toujours visible à quelques pas de Jérusalem. Et l'Eglise a choisi ce jour-là pour consacrer les « saintes huiles », toujours de l'huile d'olive destinée à l'administration des sacrements et à la consécration des prêtres et des rois.

L'olivier est le prototype de l'arbre méditerranéen. Pour les écologistes, son aire de répartition géographique coïncide exactement avec la carte du bassin méditerranéen, dont il est le symbole. Là où, en hiver, l'olivier ne tient plus par crainte du gel, là passent aussi les frontières de l'ensemble biogéographique méditerranéen ; aussi voit-on l'olivier caractériser les paysages de Provence et du Languedoc, mais aussi de Toscane, d'Ombrie, de Catalogne, etc.

Le tronc de l'olivier est trapu et tourmenté ; il se divise très vite en grosses branches tortueuses, puis en rameaux fins et élégants porteurs de feuilles persistantes opposées deux à deux, d'un vert glauque et brillant à la face supérieure, blanches et argentées en dessous. Les fleurs sont insignifiantes, d'un blanc verdâtre, disposées en courtes grappes très odorantes ; chacune est formée de quatre pétales et de deux étamines. Ces deux étamines sont une singularité propre à la famille de l'olivier, famille qui porte d'ailleurs son nom latin : les Oléacées. Les autres familles en ont généralement davantage, à l'exception des Orchidées qui n'en ont qu'une seule. Toutes les Oléacées possèdent, à de rares exceptions près — car la nature adore les exceptions pour compliquer la tâche des professeurs et embrouiller les élèves —, des fleurs à quatre pétales et deux étamines. Mais les Oléacées, si semblables par leurs fleurs, sont extraordinairement hétérogènes par leurs fruits ! L'olivier donne un fruit à noyau, comme le cerisier auquel il n'est nullement apparenté, ainsi qu'on peut le voir en comparant les fleurs de ces deux arbres singulièrement différents. En revanche, appartenant à cette même famille des Oléacées, le frêne fabrique des touffes denses de petits fruits secs pourvus d'une grande aile qui leur permet de se laisser emporter en tourbillonnant mollement au vent d'automne : on les appelle savamment des samares. Le lilas, autre Oléacée, a été moins gâté par la nature ; si ses grappes fleuries, que les botanistes appellent des thyrses en souvenir de Dionysos, étalent au printemps leur somptueuse magnificence, les petites capsules sèches porteuses de graines sont en revanche dépourvues de toute élégance ; elles doivent se débrouiller tant bien que mal pour répandre sur le sol les menues graines qu'elles contiennent. Le forsythia, autre Oléacée non moins ornementale, originaire d'Asie, fleurit très précocement comme le lilas ; et il fabrique comme lui des fruits capsulaires d'aspect insignifiant. Par contre, les troènes, ces arbustes si prompts à faire des haies, préfèrent confier leurs baies charnues aux oiseaux, efficaces disséminateurs de graines, comme le font d'ailleurs aussi certains jasmins, autres Oléacées. La disparité des fruits au sein de cette famille botanique homogène par ses autres caractères va si loin que les jasmins eux-mêmes n'ont pas su se mettre d'accord entre eux sur le type de fruit à adopter : certains forment des baies, d'autres de petites capsules s'ouvrant par un couvercle comme une boîte et dénommées pour cette raison pixydes.

Dans ce club d'Oléacées ornementales à floraison souvent précoce et toujours merveilleusement odorante (à l'exception du forsythia : toujours la fameuse exception !), l'olivier fait bonne figure. Rien de plus élégant, rien de plus distingué qu'un rameau d'olivier. Il suffit de voir la pièce d'un franc qu'il orne si délicatement et de la comparer à la lourde et laide pièce de 10 francs chargée de symboles technologiques dignes des pays de l'Est ! L'olivier actuel est un olivier sauvage amélioré par la culture — ce que nos pruniers et nos prunes sont aux pruneliers et aux prunelles. Cet ancêtre sauvage, arbre buissonnant à épines, ne porte que de très petits fruits non comestibles ; on le trouve dans l'ensemble du bassin méditerranéen : c'est l'oléastre. Et si l'oléastre a donné l'olivier, l'olivier abandonné redevient oléastre. Seul son commerce avec l'homme assure à l'olivier sa pérennité, comme c'est le cas pour bon nombre de plantes cultivées.

L'olivier donne un bois dur dû à sa croissance très lente. Il en résulte une grande longévité et l'on estime que certains très vieux oliviers dépassent le millénaire... Comme, de surcroît, ces arbres rejaillissent de souches, il est quasi impossible de dater une vieille souche d'olivier. Il n'est donc pas exclu que certains arbres très âgés du jardin des Oliviers aient rejailli de souches existant déjà au soir de l'agonie du Christ, le premier jeudi saint.

Les spécialistes ont discuté à l'infini de l'origine de l'olivier cultivé. Dans *L'Iliade,* Homère situe les premières cultures sur les côtes d'Asie Mineure, à Ephèse. De là, l'olivier cultivé, continuellement amélioré de siècle en siècle par les traditions et pratiques culturales, gagna d'abord la Grèce, puis se répandit dans l'ensemble du bassin méditerranéen.

L'olivier occupa dans l'économie de la Grèce antique une place prépondérante, qu'il est difficile d'imaginer de nos jours où les produits de la terre marquent le pas face à la montée des productions industrielles et technologiques. Pourtant, la place que lui donne la mythologie grecque permet d'imaginer ce qu'il représenta à l'époque.

La déesse Athéna, la Minerve des Romains, et le dieu Poséidon, leur Neptune, se livraient une sévère lutte d'influence pour s'attirer les faveurs des Athéniens et s'assurer la possession de l'Attique. Le conseil des dieux décréta alors que le pays appartiendrait à celui des deux qui lui offrirait le présent le plus utile. Poséidon, dieu de la Mer, intervint le premier : d'un coup de son trident, il fit jaillir une source sur l'Acropole, car la Grèce, déjà partiellement déboisée et désertifiée à l'époque, avait besoin d'eau. Hélas, le dieu de la Mer, comme la plus belle fille du monde, ne peut donner que ce qu'il a : c'est donc une source salée qui jaillit de l'Acropole ; elle menaçait de stériliser les cultures, les plantes n'appréciant guère le sel, de sorte que les Athéniens n'apprécièrent pas davantage ce cadeau ambigu. Athéna, déesse de la Pensée, fit surgir en revanche le premier olivier, qu'elle offrit à la cité. La victoire lui revint, la ville prit son nom et les Athéniens vénérèrent longtemps le vieil olivier de l'Acropole, présent d'Athéna, qui fut brûlé en tant que symbole de la cité lors du sac de la ville par les Perses. Mais l'histoire ne dit pas si les Athéniens offrirent en retour à Athéna un rameau d'olivier... A compter de ce jour, l'olivier devint symbole de victoire, de paix et de prospérité, à l'instar du laurier, attribut d'Apollon.

L'olivier et le laurier se firent dès lors une sévère concurrence, le premier appartenant en propre à Athéna, le second au dieu solaire. Ils ont aujourd'hui encore le même sens symbolique et se disputent la prééminence en couronnant les Marianne sur les timbres ou en figurant sur les pièces de monnaie.

La création et la promotion de l'olivier par Athéna rejoignait une ancienne tradition biblique rapportée au livre de la Genèse : à la fin du déluge, l'humanité rentra à nouveau en grâce devant l'Eternel lorsque la colombe, envoyée de l'arche de Noé, y revint avec un rameau d'olivier dans son bec. C'était le signe de la réémergence et du reverdissement des terres englouties sous les eaux avant l'apparition de l'arc-en-ciel, symbole de la Nouvelle Alliance. Les Hébreux donnaient donc à l'olivier la même signification symbolique que les Grecs. La statue de Jupiter l'Olympien, sculptée par Phidias, l'une des sept merveilles du monde, qui dominait les stades où se disputaient les jeux Olympiques, était ornée d'une couronne d'olivier. Les vainqueurs des jeux l'étaient de même ; c'était d'ailleurs leur seule récompense. Cette tradition ne prit corps qu'à la septième olympiade. Avant, le prix de la victoire était une branche de pommier avec une pomme.

Les onguents à base d'huile d'olive étaient censés posséder un pouvoir merveilleux : la déesse Héra s'enduisait de cette huile céleste lorsqu'elle entendait séduire Jupiter ; c'est la version noble des vertus plus prosaïques attribuées jadis au si fameux « savon Palmolive à l'huile d'olive », savon qui sut associer habilement la symbolique de la palme et de l'huile de palme à celle de l'olivier et de son huile.

C'est qu'en effet l'olivier ne tarda pas à se démocratiser ; il devint une denrée particulièrement recherchée par les Athéniens durant le grand siècle, celui de Périclès. C'est en exportant l'huile d'olive qu'Athènes payait ses importations de blé. Ces exportations s'effectuaient à un coût fort élevé, car la ville s'en était réservé le monopole. L'on trouvait déjà sur les marchés les diverses qualités d'huile d'olive encore produites et vendues actuellement. L'huile de première pression, d'abord, ou huile vierge, strictement réservée à l'alimentation, obtenue en pressant modérément les olives mûres dans des sacs de toile, les scourtins. L'huile de deuxième pression résultait d'une pression plus accentuée des olives broyées lors de la première pression ; elle servait à fabriquer des onguents. Enfin, l'huile de troisième pression était réservée aux lampes à huile, comme elle le serait aujourd'hui, *mutatis mutandis,* aux moteurs de voitures...

Pourtant, l'usage de l'huile de lampe pouvait être fort noble : c'est toujours de l'huile d'olive qui brûlait dans la Menorah, le chandelier à sept branches des israélites ; sa forme fut inspirée par celle d'une sauge sauvage très répandue en Palestine, dont le port « en candélabre » lui ressemble beaucoup. Selon certaines traditions hébraïques, la forme de maints objets aurait d'ailleurs été calquée sur des modèles végétaux : ainsi, la calotte, couvre-chef usuel du juif pieux, ne serait que l'exacte réplique de la partie supérieure du fruit sec de la jusquiame, plante toxique et conquérante proliférant en Palestine jusqu'à monter à l'assaut des murailles de Jérusalem. A maturité, ce fruit sec se « décalotte », se « décapsule » en quelque sorte. Les botanistes appellent ce fruit une capsule, terme impropre, car on voit mal une capsule se décapsuler ! Décalottée ou décapsulée, elle répand une multitude de minuscules graines en forme de reins, comme des haricots miniaturisés, et il ne reste qu'à ramasser sur le sol ces minuscules calottes. Celles-ci ont donné ensuite, par transfert du judaïsme au christianisme, les calottes blanches, rouges ou violettes du pape, des cardinaux et des évêques, qu'ils ont tant de mal à garder sur la tête et doivent sans cesse réajuster quand la pose et la dépose de la mitre ne cessent d'en déranger l'ordonnance...

Un arbre aussi célèbre et répandu que l'olivier ne pouvait rester ignoré des pharmacopées traditionnelles des peuples du bassin méditerranéen : de fait, ses feuilles sont réputées hypotensives et hypoglycémiantes ; toutefois, leur utilisation dans le traitement de l'hypertension artérielle et du diabète ne fournit certes pas à la phytothérapie ses armes les plus puissantes. Mieux vaut, pour soigner ces maladies, aller voir ailleurs ! L'olivier ne serait en fait qu'une petite plante médicinale sans prestige s'il n'avait donné l'huile par excellence : l'huile d'olive. C'est à elle seule qu'il doit l'éminence de sa réputation et sa place de premier plan aussi bien dans la mythologie grecque que dans la Bible.

On ignore souvent que le jeudi saint, les évêques du monde entier célèbrent dans leur cathédrale le rite solennel de la consécration des saintes huiles. L'Eglise ici n'a fait que reprendre à son compte la tradition des Hébreux, qui utilisaient de l'huile d'olive mêlée d'aromates pour consacrer les autels, les prêtres et les rois. Ce rite a lieu avant la messe que la liturgie prescrit de concélébrer à l'heure de la première cène. La bénédiction des saintes huiles est également une concélébration : l'évêque, entouré de douze prêtres symbolisant les douze apôtres, va consacrer trois huiles. La première est l'huile des catéchumènes ; elle est utilisée dans le rituel du baptême et il en sera fait une onction sur la poitrine du baptisé, adulte ou nouveau-né : c'est l'huile du départ dans la vie chrétienne. La deuxième est l'huile des malades ; elle servait jadis à l'administration du sacrement de l'extrême-onction, rebaptisé aujourd'hui sacrement des malades ; car, dans nos sociétés sécularisées, l'Eglise aussi s'efforce d'adoucir la mort que l'administration de l'extrême-onction annonçait jadis comme imminente. Le sacrement des malades consiste à oindre de cette huile le siège des cinq sens, à savoir les yeux, les oreilles, le nez, la bouche et le corps lui-même, qui ont pu être atteints de faiblesse ou de chute. Le « pauvre pécheur » se trouve ainsi régénéré au terme de son pèlerinage sur terre, au moment où il s'apprête à cet abandon, à ce lâcher-prise définitif et salvateur qu'est la mort. L'huile des malades marque donc l'arrivée à son terme de la vie chrétienne. Le saint chrême, enfin, est la plus solennelle des trois huiles. Mélange d'huile d'olive et de baume, il servait jadis au sacre des rois, d'abord en Israël, puis dans toute la chrétienté. Aujourd'hui, le prêtre en fait une onction sur le front du nouveau-né à l'occasion de son baptême, et l'évêque renouvelle ce rite sur le front de l'adolescent lors de sa confirmation. Il sert également au sacre des évêques et à la consécration des églises, des autels et des vases sacrés.

Si l'huile des malades et celle des catéchumènes sont toujours de l'huile d'olive, le baume est une térébenthine de couleur jaune pâle, translucide et visqueuse, provenant du tronc des mélèzes après une lésion faite soit par un insecte, soit par quelque accident... Cette térébenthine, dite de Venise, imperméabilisait fortement le bois de cet arbre utilisé pour construire des navires. Jadis, les Hébreux utilisaient sous le nom de baume la vraie térébenthine, sécrétée non par un conifère, mais par le térébinthe, sorte de pistachier sauvage répandu dans l'est du bassin méditerranéen, mais aujourd'hui fort rare dans le commerce. En vérité, ni l'une ni l'autre de ces térébenthines ne sont à proprement parler, au sens pharmaceutique du terme, un baume. Un baume doit en effet contenir deux acides. Le premier est l'acide benzoïque, initialement extrait du benjoin, arbre de Sumatra dont la sécrétion est le prototype du baume. Le nom du benjoin a d'ailleurs connu un vif succès puisqu'il a donné ensuite benzène, benzol, benzine, etc. L'autre est l'acide cinammique, présent dans l'écorce de cannelle. Par ces deux acides, les baumes dégagent une odeur forte, chaude et agréable, évoquant l'amande et la cannelle.

Mais les symboles n'ont que faire de l'objectivité scientifique, puisqu'ils illustrent l'autre pente du savoir humain : non pas la science, mais la tradition ! Qu'importe que le baume du saint chrême ne soit pas un baume mais une térébenthine, et, qui plus est, une autre térébenthine que celle initialement prescrite ! Le signifié compte évidemment plus que le signifiant. Il n'empêche que, dans chaque diocèse, un pharmacien pourvoit l'évêché en baume, que l'évêque mélangera à l'huile d'olive pour en faire le saint chrême.

Les théologiens du Moyen Age ont emprunté à la philosophie d'Aristote la théologie des Sacrements : ils distinguent soigneusement la matière et la forme. La matière est ici naturellement ce mélange d'huile et de baume ; quant à la forme, ce sont les invocations et le rituel qui conféreront à la matière son efficacité sacramentelle. Cette distinction entre un principe passif, la matière, et un principe actif, la forme, était tout à fait courante chez les Anciens. La vie elle-même n'était à leurs yeux que de la matière mise en forme, « informée » par un principe actif : le souffle de Dieu qui, à l'origine, planait sur les eaux ; ou, pour les destinées individuelles, l'*anima,* le souffle, c'est-à-dire l'âme qui anime le corps. Dans la distinction dualiste du corps et de l'âme, le corps est fait de matière, l'âme lui donne sa forme et sa force ; qu'elle vienne à le quitter et il se désorganise aussitôt, séparé du principe actif qui lui insuffle la vie.

Mais, pour que l'huile sainte produise tous ses effets, encore fallait-il qu'elle fût convenablement administrée, en l'occurrence par une onction. Ainsi les rois d'Israël étaient-ils « oints de Yahvé », acte qui leur conférait puissance, gloire et autorité ; et ces pouvoirs leur venaient directement de Dieu, reconnu comme le seul et unique auteur de l'onction qui infuse la présence divine. Déjà, au début de l'Ancien Testament, lc patriarche Jacob, à qui Dieu était apparu durant son sommeil, répandit de l'huile sur la pierre où il reposait sa tête ; il manifestait ainsi la divine présence qui l'avait visité en ce lieu. Le roi d'Israël qui a reçu l'onction se trouve comme introduit dans la sphère divine, protégé par la force du Dieu tout-puissant. Le langage courant a conservé le souvenir des vertus de l'huile et de l'onction : quand on dit de quelqu'un « c'est une huile », on désigne par là un personnage éminent, important, qu'il faut respecter et surtout ne pas offenser, car il est censé bénéficier et faire bénéficier ses proches de puissantes protections.

Le mot hébreu signifiant « oint » se traduit en grec par *christos;* il fut appliqué à Jésus, encore appelé « l'Oint du Seigneur », car le Christ est roi non plus seulement du peuple choisi, comme l'étaient les rois d'Israël, mais de tous les peuples de la terre. D'où ce nom de Jésus-Christ, qui n'est évidemment pas son véritable nom ! Car *Christ* n'est en aucune manière un « nom de famille » ; dans la tradition hébraïque, le nom était adjoint au nom du père, de sorte que Jésus s'appelait en réalité « Jésus fils de Joseph » en hébreu Ieshovà bèn Iosseph. L'addition de *christ* à ce nom est l'affirmation de l'onction spirituelle qui fait également de Jésus le Fils de Dieu et le confirme dans sa royauté universelle.

A partir de l'avènement du Christ, la promesse du salut déborde ainsi le seul peuple juif et s'étend à tous les peuples de la terre. Chaque baptisé est introduit dans ce peuple consacré, ce peuple de saints, « ce peuple de rois », comme dit la Bible. C'est pourquoi chaque chrétien reçoit à son baptême et avant sa mort l'onction du saint chrême, réservée jadis aux seuls rois d'Israël.

Le symbolisme de l'huile se superpose exactement à celui de l'olivier. Elle servait à alimenter les lampes à huile : on en fit un symbole de lumière. Elle entre dans la préparation des aliments : on en fit un symbole de richesse et de prospérité. L'huile enfin est un symbole de l'amour. On se souvient dans l'Evangile de cette parabole des vierges sages et des vierges folles. En réalité, ces dernières étaient plus étourdies que débiles. Les vierges sages avaient pris soin d'approvisionner leurs lampes en huile dans l'attente de l'arrivée de l'époux venant célébrer les noces auxquelles elles étaient conviées. Les autres n'avaient point pris cette précaution. L'époux débarquant au milieu de la nuit, les vierges étourdies ne purent allumer leurs lampes qui, entre-temps, s'étaient éteintes ; elles s'égarèrent et ne purent assister au festin… Vis-à-vis du fiancé, ces vierges avaient manqué de ces délicates attentions que l'on doit prodiguer à un ami et qui consistent en particulier à *veiller* — c'est le mot qui convient ! — au moindre détail lorsqu'on l'accueille. Bref, elles avaient manqué de ce qui est la manifestation même de l'amour, et furent donc exclues du festin qui en était la célébration.

Dans cette parabole, l'huile symbolise aussi la lumière qui permet de se diriger dans la nuit sans s'égarer. Le Coran insiste beaucoup sur ce symbolisme : il compare la lumière de Dieu « à une niche où se trouve une lampe ; la lampe est dans un verre ; le verre est comme un astre de grand éclat. Elle tient sa lumière d'un arbre béni : l'olivier, dont l'huile est claire ou peu s'en faut, sans même que le feu y touche ».

Le monde moderne a détérioré et banalisé le symbolisme de l'huile, comme tous les autres. Non point que l'huile ne serve plus à des onctions, mais parce que celles-ci ont perdu toute signification sacrée. Désormais, ce sont des préoccupations d'hygiène corporelle qu'elles visent à satisfaire : lorsque, sur une plage par exemple, on s'enduit d'huile solaire... De l'onction à la friction, il n'y avait qu'un pas, vite franchi ! Il est vrai que du saint chrême à la crème, il n'y avait également qu'un pas. Et celle-ci, puisqu'elle est « solaire », est bien malgré tout symbole de lumière ! Accordons donc quelques circonstances atténuantes à ce fâcheux glissement de sens du symbole.

Mais le jeudi saint commémore aussi la Cène, ce repas pascal prescrit par la liturgie juive et que le Christ célébra avec ses apôtres quelques heures avant sa mort. L'Evangile de saint Marc, le plus ancien, rapporte en ces termes l'institution de l'Eucharistie : « Pendant le repas, Jésus prend du pain, prononce la prière de la bénédiction, rompt le pain et le donne aux disciples en disant : “ Prenez, ceci est mon corps. ” Puis, avec la coupe, il rend grâce, la leur donne, et ils en boivent tous, tandis qu'il dit : “ Ceci est mon sang, le sang de l'alliance, qui va être répandu pour la multitude. C'est vrai, je vous le dis, désormais je ne boirai plus du produit de la vigne, jusqu'à ce jour où je boirai un vin nouveau, dans le royaume de Dieu. ” » Ce repas célèbre, immortalisé par une toile de Léonard de Vinci, est, au sens littéral du terme, la *première communion,* unissant le Christ à ses apôtres. C'est cette même Eucharistie qui, quinze siècles plus tard, divisera catholiques et protestants à l'époque des guerres de Religion, les seconds contestant, à la suite de Calvin, la réalité de cette « transsubstantiation » dans laquelle ils ne voulaient voir qu'un geste purement symbolique.

Le symbolisme du pain et du vin est d'une granche richesse. Il eût été plus logique — et plus chronologique — que, dans le cycle des saisons, cette consécration célèbre intervînt en automne, à l'heure des moissons et des vendanges. Mais Jésus, pour quitter ce monde, avait choisi son heure. Cette heure, également chargée de sens, était la fête juive de la pâque. La pâque juive évoquait le souvenir de la captivité du peuple hébreu en Egypte et sa libération par Moïse, sa traversée du désert, enfin son installation dans la Terre promise. Jésus, on l'a vu, reprend à son compte cet épisode historique qu'il contracte dans le temps et l'espace. Celui-ci va désormais se dérouler à Jérusalem en quelques jours et ne concernera plus que sa seule personne : c'est lui, le Christ, qui passera des conditionnements contraignants de la vie terrestre à la liberté du ressuscité en traversant le terrible désert de l'humiliation, de la souffrance, de la mort sur la Croix. Bref, aux yeux du Christ, la fête de la pâque, de par sa signification même, parut le moment opportun pour se laisser saisir, appréhender, arrêter, condamner, exécuter — et pour ressusciter. Jusqu'alors, il avait toujours réussi à se dérober à ses ennemis, parce qu'il l'avait voulu ainsi. On conçoit donc que, aux yeux du Christ, pénétré du sens des Ecritures et imprégné de tradition hébraïque, cette fête s'imposait tout naturellement pour la célébration de la Cène, même si le temps des moissons et des vendanges eût été théoriquement plus propice à la consécration du pain et du vin. Nous l'évoquerons donc « en ce temps-là »...

Un temps plus tardif en Europe de l'Ouest qu'en terre d'Israël, où les récoltes ont tout à redouter d'une saison sèche trop longue ou trop précoce. Ainsi lit-on dans la Bible : « Obéis donc aux commandements que je te donne aujourd'hui. Aime le Seigneur ton Dieu. Sers-le de tout ton cœur, de toute ton âme. Il donnera la pluie à la terre quand elle en aura besoin, en automne et au printemps. Tu récolteras ton blé, ton vin et ton huile. » Dans sa belle étude sur l' « écologie dans la Bible », Nogah Hareuveni commente ainsi ce texte : « Le *grain,* c'est le blé et l'orge ; le *vin,* c'est la vigne ; et l'*huile* est l'olivier dont les olives donnent l'huile. Grain, vin et huile sont non seulement les produits les plus importants de l'Israël antique, mais ils sont aussi les plus difficiles à cultiver. Chacune de ces cultures exige un équilibre délicat et spécifique entre les quantités de pluie et de soleil, et cela durant la période critique qui leur est commune dans le pays d'Israël, c'est-à-dire durant les sept semaines qui s'écoulent entre la pâque et Shavuouth (soit approximativement entre avril et la mi-juin). Lorsque le Temple existait encore, ces trois produits étaient apportés en offrandes quotidiennes et brûlés sur l'autel. Le jour de Shabbath, on apportait double mesure de farine, d'huile et de vin. Après la destruction du Second Temple, la table familiale, dans chaque foyer juif, devint le symbole de l'autel du Temple. C'est ainsi que les liens écologiques entre le peuple juif et sa patrie ont été exprimés non seulement dans l'offrande quotidienne au Temple, mais également dans chaque foyer juif lorsque les circonstances l'exigeaient. Les deux pains de Hallah, faits de farine de froment, le vin, fait de jus de raisin, et les bougies (remplaçant les lampes à huile d'olive) se trouvent encore chaque vendredi soir sur la table des familles juives, deux mille ans après que les enfants d'Israël ont été exilés de la Terre promise. »

Ainsi sont réunis le pain, le vin et l'huile du jeudi saint dans la perpétuation d'une tradition qui plonge ses racines aux origines de l'aventure du peuple d'Israël.

Le bois et la Croix

Le vendredi saint est, avec le lendemain de Noël, le seul jour de l'année à ne pas avoir le même statut dans tous les départements de la France métropolitaine. En Alsace et dans la Moselle, c'est un jour férié, chômé et payé. Ainsi l'a voulu le concordat de 1801, cosigné par Napoléon et le pape Pie VII et toujours en vigueur dans ces trois départements jadis annexés par le Deuxième, puis par le Troisième Reich. Lors de leur retour à la France en 1918, les parlementaires d'Alsace et de la Moselle, qui avaient été « protestataires » au Parlement de Berlin, protestèrent cette fois au Parlement de Paris contre l'introduction dans leurs départements des « lois laïques » votées par la IIIe République durant l'annexion. Ils pouvaient, il est vrai, invoquer un argument frappant : la loi de séparation de l'Eglise et de l'Etat n'avait été adoptée en 1906 qu'à une seule voix de majorité. Les élus alsaciens et lorrains, très attachés à leurs traditions, n'auraient certes pas voté ce texte, de sorte que, eux présents, jamais il n'aurait été adopté. Campant fermement sur leur position, les trois départements recouvrés conservèrent donc leur statut d'avant 1870, quitte à ébrécher quelque peu le dogme de la République une et indivisible. Ce statut leur vaut aujourd'hui encore deux jours fériés supplémentaires chaque année.

Les protestations des parlementaires alsaciens et lorrains en Allemagne avaient contribué au retour de l'Alsace et de la Moselle au sein de la mère patrie. Les protestations de leurs successeurs à Paris permirent aux trois départements de conserver un certain nombre de caractères propres concernant notamment le statut des cultes, l'exercice de plusieurs professions libérales... et la chasse ! Enfin, elles permirent aux protestants de voir le vendredi saint — leur plus grande fête — respecté par l'ensemble des communautés religieuses. Respect qui ne s'accommode pas toujours des exigences du mercantilisme, car à Metz et à Strasbourg les magasins sont fermés ce jour-là, alors qu'ils ne le sont pas à Nancy !... D'où, chaque année, d'homériques débats sur l'égalité républicaine entre citoyens-marchands qui aimeraient ne point voir leur clientèle leur échapper, ne fût-ce qu'un seul jour.

Mais la mort du Christ suscite depuis toujours de violentes controverses, ici comme ailleurs : Jérusalem reste au centre de vives contestations territoriales, souvent sanglantes, dont les polémiques suscitées chaque année le jour du vendredi saint dans nos villes de l'Est ne sont qu'une bien pâle image ! Polémiques néanmoins aggravées par le fait que la vieille « loi d'Empire », toujours en vigueur, stipule que la fermeture des magasins n'est obligatoire que dans les villes et cités où existe un temple protestant, ce qui condamne à la fermeture les magasins des centres-villes et autorise l'ouverture des hypermarchés, généralement implantés dans les communes périphériques. D'où des inégalités patentes et un beau charivari dans le petit Landerneau du monde du commerce, légitimement fondé à exiger plus d'égalité...

Pourtant, le vendredi saint est une fête étonnamment œcuménique : la seule, dans le culte catholique, à associer traditionnellement, autrefois, les deux langues liturgiques de l'Orient et de l'Occident, le grec et le latin. La seule aussi où, depuis des siècles — et avec beaucoup plus de délicatesse depuis Vatican II —, l'Eglise catholique prie pour les juifs, jadis encore traités de déicides pour le meurtre d'un innocent perpétré ce jour-là par leurs ancêtres.

La Croix, qui est au centre de la célébration de ce jour, aurait été, selon la tradition, faite de bois d'olivier et de cèdre. L'intention symbolique est ici manifeste : l'olivier est le symbole de la réconciliation ; le cèdre — comme tous les conifères — celui de l'immortalité et de l'incorruptibilité. Comme il s'agit du cèdre du Liban, le plus beau des conifères et le plus beau des cèdres, c'est donc aux deux arbres les plus nobles du Moyen-Orient que la Croix emprunte la matière dont elle est faite. C'est aussi une singulière coïncidence que l'huile d'olive du jeudi saint et le bois de cèdre du vendredi saint évoquent simultanément les deux essences arborescentes les plus célèbres du monde méditerranéen.

Nous avons tout dit ou presque de l'olivier, mais il reste beaucoup à dire du cèdre. Le cèdre du Liban est maintes fois évoqué dans la Bible pour la majesté de son port altier et l'élégance de son feuillage, fait de multiples aiguilles persistantes rassemblées à leur base en petites touffes. Le tronc se divise très tôt en plusieurs grosses branches qui se ramifient elles-mêmes horizontalement, formant des sortes de tables superposées ; la cime très étalée, à peine convexe, confère à ce conifère un port fort différent de celui de ses congénères, qui s'achèvent toujours par une cime plus ou moins dressée ou pointue à la manière des sapins. Les « cônes » ovales, arrondis et ramassés, ne sont nullement coniques : ils mesurent dix centimètres et sont posés délicatement à même les rameaux porteurs, comme des bougies sur un arbre de Noël ; leurs écailles se détachent spontanément et laissent subsister l'axe central qui forme alors une sorte de dard dressé, ou plutôt une sorte de bougie posée sur les écailles persistantes de la base du cône, comme sur une assiette plate. Le déshabillage du cône par chute des écailles entraîne la dissémination des graines, seul moyen pour cet arbre de se perpétuer. Car les conifères ont cette particularité de ne jamais rejaillir de souche ; de ce point de vue, ils sont beaucoup plus fragiles que les arbres à fleurs. Cette caractéristique a sans doute beaucoup joué en défaveur de la propagation du cèdre, devenu une véritable relique dans son pays d'origine, le Liban. Il n'y subsiste guère en vérité que sur les drapeaux et les avions de la compagnie nationale… Et comme le Liban est tout aussi menacé que ses cèdres, c'est toute la misère écologique et politique du Moyen-Orient que le cèdre symbolise aujourd'hui !

Encore très abondant, selon les chroniques, à l'époque de Salomon, il y a trois mille ans, les cèdres, plus que les feuillus, ont subi les effets désastreux des déboisements inconsidérés pratiqués depuis des millénaires dans l'est du bassin méditerranéen. Grâce à son bois noble et incorruptible, le cèdre servait notamment à l'édification des temples. La construction de la charpente du temple de Salomon exigea l'abattage d'un grand nombre de cèdres, si l'on en croit la légende selon laquelle Salomon dépêcha dans les forêts du Liban « quatre fois vingt mille bûcherons ». Il n'existe plus aujourd'hui au Liban que de petits ensembles relictuels disséminés çà et là. A Becharé, au lieu-dit « Les cèdres », situé à 2000 mètres d'altitude, on trouvait naguère un bel ensemble de quatre cents arbres environ ; les plus gros atteignaient quarante mètres de hauteur et près de quinze mètres de circonférence, signe d'une longévité plus de deux fois millénaire. Qu'en reste-t-il aujourd'hui, après des années d'affrontements meurtriers dans ces montagnes ?

La longévité du cèdre est légendaire, comme l'atteste la tradition selon laquelle le temple d'Apollon, à Utique, renfermait un cèdre âgé de près de deux mille ans. Le plus beau cèdre de France est sans doute celui que Bernard de Jussieu planta en 1734 dans le labyrinthe du Jardin des Plantes à Paris : il l'avait rapporté du célèbre jardin botanique de Kew, en Angleterre. La légende veut que, rentrant à Paris et se rendant à pied au Muséum, il trébucha place Maubert et renversa le pot qui tomba et se brisa. Jussieu aurait alors mis le cèdre et sa motte dans son chapeau et l'aurait apporté ainsi au Jardin des Plantes. Ce modeste incident fut naturellement amplifié par la rumeur, qui donna naissance à une légende selon laquelle Jussieu aurait rapporté ce cèdre de Syrie dans son propre chapcau, en se privant d'eau lors de la traversée du désert pour arroser son arbre bien-aimé !... Le cèdre de Jussieu, l'un des plus beaux arbres de Paris, a aujourd'hui vingt mètres de haut et quatre mètres de circonférence. Mais, comme toujours, pour tout ce qui touche à la nature et aux plantes, nous sommes devancés par les Anglais : leur plus vieux cèdre a 360 ans et est doté d'un tronc de près de huit mètres de circonférence.

Il existe au total quatre espèces de cèdres ; ceux de l'Atlas et de l'Himalaya sont les plus connus, mais leur port est différent, de sorte que le cèdre du Liban ne saurait être confondu avec aucun d'eux et reste le prototype d'un arbre unique par sa forme originale, son port majestueux et l'odeur balsamique de ses tissus et de son bois. C'est précisément cette odeur qui, dans l'Antiquité, valait au bois de cèdre sa réputation d'incorruptibilité, due à la présence d'essences et de térébenthine dans tous les tissus de l'arbre. Au temps de Salomon, les Egyptiens l'utilisaient déjà pour construire des vaisseaux et des statues dédiées à leurs divinités. Diane d'Ephèse et les portes de son temple étaient en bois de cèdre, comme la statue d'Apollon sculptée par Stosius à Rome (à moins que ce bois de cèdre n'ait été un bois de genévrier, également fort odoriférant et venant d'un arbre plus largement répandu que le cèdre ; le débat sur ce point reste ouvert !).

Les Romains utilisaient la résine de cèdre pour enduire leurs meubles afin d'en éloigner insectes et champignons. Mais ce qui contribue à ennoblir la réputation du cèdre, c'est qu'avec son bois les Egyptiens confectionnaient les cercueils de leurs momies. Fort de cette réputation d'incorruptibilité, on conçoit que le cèdre ait été retenu par la tradition comme ayant fourni aussi le bois de la Croix. On lit déjà dans le Cantique des Cantiques : « Les solives de nos maisons sont de cèdre », verset commenté par Origène en ces termes : « Le cèdre ne pourrit pas ; faire de cèdre les poutres de nos demeures, c'est préserver l'âme de la corruption. »

Mais la Croix était faite aussi de bois d'olivier, et l'on peut s'étonner de ce que ses constructeurs aient utilisé deux poutres venant de bois différents pour les assembler en forme de croix. On sait aujourd'hui que la croix n'est pas une croix, mais un *tau,* un T ; son élément vertical est un pieu fiché en terre en permanence, tandis que le condamné transporte sur son dos, jusqu'au lieu du supplice, l'élément horizontal qui ne sera qu'ensuite fixé sur le pieu. Il est donc parfaitement plausible que ces deux éléments aient été faits de bois différents. La barre transversale qui s'emboîtait à l'extrémité du pieu pour former le T s'appelait *patibulum.* Ce *patibulum* était destiné aux individus peu dignes de confiance que leur mine « patibulaire » vouait tout naturellement au gibet... La croix était l'instrument d'un supplice abominable et honteux que les Romains réservaient aux seuls étrangers ; c'est parce qu'il était citoyen romain que saint Paul lui échappa, à la différence de saint Pierre et d'autres apôtres.

Que la Croix ait été de bois ne fait évidemment aucun doute. Or le bois est une matière noble. En Chine, c'est le cinquième élément : il incarne la végétation qui sort de terre et se lève « au printemps et à l'est », travail qui s'effectue sans aucune intervention humaine et qui symbolise lui-même une sagesse et une connaissance proprement surhumaines, c'est-à-dire divines. Cette force surhumaine, le christianisme l'exprime de manière saisissante en conférant à la Croix l'honneur d'avoir porté Celui qui, par elle, à vaincu le mal à jamais. On lit par exemple dans la liturgie du jour des Rameaux que « l'ennemi victorieux par le bois [allusion à l'Arbre qui tenta nos premiers parents] fut de même vaincu par le bois [allusion au bois de la Croix] ». Un bois d'autant plus noble pour cette raison, présenté le vendredi saint à la vénération des fidèles par cette proclamation trois fois répétée : « Voici le bois de la Croix ! » L'assimilation de la Croix à un arbre associe ainsi deux des symboles les plus riches qui soient. L'excellent *Dictionnaire des symboles* de Jean Chevalier et Alain Gheerbrant consacre à l'un et à l'autre près d'une dizaine de pages : un record !

De la croix, on a pu dire qu'elle est le plus utilisé des symboles, puisqu'elle établit une relation entre trois figures fondamentales : le centre, au lieu d'intersection de ses deux axes ; le cercle et le carré dans lesquels elle peut s'inscrire s'il s'agit d'une croix grecque aux deux branches égales. En unissant ces trois figures géométriques dans leur différence essentielle, elle est à l'image du Christ lui-même : à la fois homme et Dieu, de par ses deux natures humaine et divine, et en même temps médiateur unissant ces deux natures en une seule personne.

Pour ce qui est du symbole de l'arbre, Mircea Eliade distingue sept interprétations principales, dont il ne considère d'ailleurs pas la liste comme exhaustive. Toutes s'articulent autour de l'idée du Cosmos en perpétuelle regénérescence. Dans une devinette germanique médiévale, il est question d'un arbre dont les racines plongent en Enfer, dont le sommet est le trône de Dieu et qui englobe le monde entre ses rameaux : or cet arbre est précisément la Croix.

Très tôt, les Pères de l'Eglise ont associé l'Arbre de Vie, planté au Paradis terrestre avec l'arbre de la Croix. Or l'Arbre de Vie était censé conférer à l'homme l'immortalité. Aussi croyait-on jadis que le bois de la vraie Croix ressuscitait les morts. L'Arbre de Vie jouxtait au Paradis l'Arbre de la connaissance du Bien et du Mal, arbre du fruit défendu qui perdit nos premiers parents ; cet arbre-là aussi a été associé à la Croix, car la Croix transcende le « mal » qu'est la souffrance et la mort, pour en faire naître le « bien » suprême de la Résurrection. La Croix symbolise donc ces deux arbres : celui qui donne la mort et celui qui confère l'immortalité.

De nombreuses légendes ont circulé durant tout le Moyen Age au sujet de la Croix. Ainsi, on racontait qu'Adam, après avoir vécu 932 ans, fut atteint d'une maladie mortelle ; il envoya alors son fils Seth demander à l'archange qui garde la porte du Paradis l'huile de la miséricorde, c'est-à-dire du pardon. Seth — ce nom veut dire « le remplaçant » — était le troisième fils d'Adam et Eve, né après le meurtre d'Abel. Il suit les traces des pas d'Adam et d'Eve, sur lesquelles l'herbe n'a pas repoussé, et arrive ainsi au Paradis où il fait part à l'archange du désir d'Adam. L'archange lui conseille de regarder à l'intérieur du Paradis. Il y voit un arbre s'élever jusqu'au ciel : au sommet, il porte un enfant nouveau-né et ses racines plongent jusqu'aux Enfers. L'ange explique à Seth cette vision et lui annonce la venue d'un Rédempteur. Il lui donne en outre trois graines des fruits de l'Arbre fatal auquel ses parents avaient goûté, et lui conseille de les mettre sur la langue d'Adam, qui mourra au bout de trois jours. Lorsque Adam entend ce récit, pour la première fois depuis son bannissement du Paradis il connaît la joie, car il sait désormais que l'humanité sera sauvée. A sa mort, des graines placées par Seth sur sa langue surgissent trois arbres qui poussent sans interruption sur sa tombe jusqu'au temps de Moïse. Ce dernier, connaissant leur origine divine, les transporte sur le mont Tabor où ils demeurent un millier d'années, jusqu'au jour où David reçoit l'ordre divin de les rapporter à Jérusalem ; là, les trois arbres fusionnent en un seul, dont a été faite la Croix du Rédempteur. Le sang de Jésus tombe sur le crâne d'Adam et baptise ainsi, en le rachetant de ses péchés, le père de l'humanité. L'Arbre de la Chute devient l'Arbre du Salut : la Croix.

Dans d'autres légendes orientales, le rôle joué par la Croix est tenu par un pont ou bien une échelle permettant aux âmes d'accéder à Dieu. Ce salut ainsi obtenu reprend en compte des notions très anciennes de rénovation perpétuelle, de régénération cosmique, de fécondité, de sacralité, d'immortalité, traditionnellement liées au symbole de l'arbre dans toutes les traditions d'Orient et d'Occident.

De l'arbre à l'herbe, il n'y a qu'un pas : de nombreuses traditions populaires ont voulu voir dans le mystère de la Croix l'origine des pouvoirs des plantes médicinales. Ainsi préconisait-on, dans des traditions anglo-saxonnes remontant au XVIe siècle, d'accompagner la cueillette des herbes médicinales de l'incantation suivante : « Salut, ô herbe sainte qui pousse sur la terre... Tu te trouvas d'abord sur le mont du Calvaire, tu es bonne pour plaies de toute sorte... Au nom du doux Jésus, je te cueille... » Ou encore : « Tu es sainte, verveine, comme tu croîs sur terre, car d'abord sur le mont du Calvaire tu te trouvas, tu guéris notre Rédempteur Jésus-Christ et ferma ses plaies sanglantes... Au nom du Père, du Fils, du Saint-Esprit, je te cueille ! » Ces plantes sont censées devoir leur pouvoir au fait d'avoir guéri les blessures du Christ. Car, dans la pensée préscientifique, aucune plante n'est précieuse en elle-même, mais seulement par son intégration à un rituel ou par la répétition de certains gestes et de certaines paroles qui consacrent ses propriétés en la séparant du monde profane.

Ces formules de magie populaire d'inspiration chrétienne ne font que prolonger des traditions beaucoup plus anciennes de l'Inde ou de l'Egypte. Mircea Eliade a relevé dans la poésie populaire roumaine des chansons parlant des fleurs et des herbes qui poussèrent sous la Croix ou sur la tombe de Jésus : « Et ma chair tombée..., là où elle tombait, du bon blé venait ! » « Des clous il enfonçait, mon sang jaillissait et où il s'égouttait, du bon vin coulait. » Toujours le pain et le vin, chair et sang du Christ... A l'autre bout du monde, l'ethnologue Gordon Wasson, célèbre pour avoir découvert les effets des champignons hallucinogènes du Mexique, les psilocybes, s'entend dire par une vieille Mexicaine que le nom mazatèque du champignon signifie « jailli du sang du Christ que Marie n'a pu recueillir »; elle ajoute que « le plus petit des champignons apparaît là où le Christ trébuchait sous le fardeau de la Croix ». Extraordinaire résurgence des grands mythes dans des environnements culturels pourtant radicalement différents! Bref, le sacrifice de la Croix est fécond, comme la Croix elle-même, et l'on comprend que l'on se soit tant ingénié à la retrouver.

La tradition veut que la Croix ait été jetée dans un fossé, près des remparts de Jérusalem, à vingt-cinq mètres environ du Golgotha. C'est là que sainte Hélène, mère de l'empereur Constantin, finit par la découvrir en 326. L'événement fut de taille, et une fête lui est spécialement dédiée : la fête de l' « invention de la Sainte Croix », célébrée le 3 mai, et qu'il ne faut pas confondre avec l' « exaltation de la Sainte Croix », célébrée en grande solennité le 14 septembre par toutes les églises orthodoxes. Le mot « invention » est ici à prendre dans son sens premier de « découverte » : la Croix a été découverte comme on découvre un trésor; elle ne fut pas inventée de toutes pièces ni ne fut l'objet d'une invention digne de quelque grand inventeur!

Tant que le supplice de la croix était encore, si l'on ose dire, en vigueur, les chrétiens ne représentèrent jamais la Croix. Durant les premiers siècles, le Christ était symbolisé soit par le signe du poisson, soit par les quatre lettres que Pilate fit apposer sur sa croix : INRI — Jésus de Nazareth, roi des Juifs. Les premiers crucifix n'apparurent qu'au ve ou au vi^e^ siècle, dont le célèbre christ en ivoire conservé au British Museum. La Croix y est figurée en T, portant un Christ dénudé, les pieds pendants. Mais les premiers chrétiens, par pudeur à l'égard des souffrances du Rédempteur, évitèrent longtemps encore de représenter ce symbole de dérision et de déréliction. Seuls les chrétiens d'Occident franchirent ultérieurement le pas; ceux d'Orient préférèrent s'attacher au symbole de l'agneau immolé. Lorsque, durant le haut Moyen Age, le symbole de la Croix s'imposera enfin en Orient comme en Occident, ce sera toujours un Christ glorieux qui y sera représenté, vêtu d'une longue et belle robe, les jambes libres, comme on le voit à la cathédrale d'Amiens. Puis la robe se raccourcira, et viendra l'âge du Christ roman aux jambes toujours pendantes.

Ce Christ des premiers siècles nous apparaît ainsi « en majesté », cloué à l'instrument de son supplice. Mais cet instrument est désormais une croix à traverse, et non plus une croix en T. Jean Chevalier et Alain Gheerbrant expriment admirablement sa symbolique lorsqu'ils écrivent : « Ses quatre branches symbolisent les quatre éléments qui ont été viciés dans la nature humaine, l'ensemble de l'humanité attirée au Christ des quatre parties du monde, et les quatre vertus de l'âme humaine ; le pied de la Croix enfoncé en terre signifie la foi assise sur de profondes fondations ; la branche supérieure de la Croix indique l'espérance montant vers le ciel ; la largeur de la Croix, c'est la charité qui s'étend jusqu'aux ennemis ; la longueur de la Croix, c'est la persévérance jusqu'à la fin. »

La croix grecque à quatre branches égales peut s'inscrire dans un carré ; la croix latine divise inégalement la branche verticale selon les dimensions de l'homme debout et bras étendus, et ne peut s'inscrire que dans un rectangle. L'une est idéalisée, l'autre réaliste. D'un gibet, les Grecs ont fait un ornement. Les églises grecques et latines ont généralement été dessinées pour former au sol la figure d'une croix, grecque en Orient, latine en Occident ; mais des exceptions existent.

La croix à deux traverses aurait arboré sur sa traverse supérieure l'inscription dérisoire de Pilate : « Jésus de Nazareth, roi dcs Juifs » ; la traverse inférieure serait celle où s'étendaient les bras du Christ. C'est la croix dite de Lorraine, mais qui provient en réalité de Grèce où elle se rencontre le plus souvent. La croix à trois traverses est devenue un symbole de la hiérarchie ecclésiastique, correspondant à la tiare papale, au chapeau cardinalice et à la mitre épiscopale. A partir du XVe siècle, seul le pape a eu droit à cette croix à trois traverses ; la croix double revenait au cardinal et à l'archevêque ; la croix simple à l'évêque.

On distingue également la Croix de Passion et la Croix de Résurrection. La première rappelle les souffrances et la mort du Christ, la seconde sa victoire sur la mort. C'est pourquoi celle-ci est généralement ornée d'une bannière ou d'une flamme ; elle ressemble à un étendard que le Christ brandirait en s'élançant du tombeau et dont la hampe se termine en croix au lieu de s'aiguiser en pique... Ce n'est plus un arbre, comme dans la Croix de la Passion, mais un bâton, nous dirions même un sceptre. C'est un « gibet transfiguré ».

Signe d'une contradiction radicale — celle qui afflige l'élan vertical du poids de l'horizontalité —, symbole du tiraillement de l'homme entre ciel et terre, entre la légèreté de l'éther et la glèbe du sol, la Croix résout paradoxalement la contradiction qu'elle illustre, en la dépassant et en la transcendant. Elle est ainsi, comme un guide, l'image même du parcours que la vie assigne à chaque existence humaine.

En 1238, l'empereur Baudoin II de Jérusalem fit cadeau à saint Louis de la couronne d'épines mentionnée dès 1100 parmi les reliques de la chapelle impériale de Constantinople. Saint Louis la rapporta en France l'année suivante et fit construire, pour la plus noble des reliques, la plus noble des églises : la Sainte-Chapelle. Malheureusement, les fameuses épines furent enlevées à la couronne au fil des siècles pour être dispersées aux quatre vents dans divers reliquaires, de sorte que seule demeure aujourd'hui une couronne de jonc tressé sur laquelle ces épines étaient censées être fixées.

On s'interrogea naturellement sur l'arbre, l'arbuste ou le buisson qui avait produit ces épines. De nombreuses générations d'ecclésiastiques, de botanistes amateurs et éclairés, en débattirent, mais aucune certitude ne peut être avancée. Un certain jujubier, arbre épineux aux fruits charnus comme de petites olives, a été fort souvent pressenti ; cette espèce, très courante au Moyen-Orient, s'appelle d'ailleurs « jujubier épine du Christ ». Mais on est également en droit de songer aux acacias, arbustes aux épines longues et très dures, caractéristiques des zones arides. Cette hypothèse a été souvent avancée, mais faute de documents incontestables, nul ne saurait trancher en cette affaire. Comment prouver l'historicité et l'authenticité d'un objet supposé dater de deux mille ans, sinon en montrant quelque considération pour ces traditions transmises de génération en génération et qui, bien souvent, correspondent à des réalités incontestables ?

La couronne d'épines fut donc conservée dans ce splendide écrin qu'est la Sainte-Chapelle, elle-même postérieurement encastrée dans le Palais de justice de Paris. Sous la Révolution, la relique connut toutes sortes d'avanies et de tribulations pour aboutir finalement, le 10 août 1806, au trésor de Notre-Dame de Paris où elle est aujourd'hui conservée.

Le XIIIe siècle, qui vit jaillir les cathédrales gothiques, fut aussi celui d'un réalisme parfois bouleversant. En possession de la couronne qui avait ceint la tête du Crucifié, l'on s'enhardit à le représenter décharné et hagard, le corps affaissé sur le support des pieds. Support nécessaire pour allonger le temps de survie, donc le temps du supplice, en retardant la phase finale. Car le supplicié y prend appui pour se redresser, prendre une bouffée d'air, résister ainsi à la tendance à l'affaissement, synonyme d'asphyxie et de mort. C'en est désormais fini du Christ glorieux, sereinement représenté sur la Croix « en majesté ». Voici maintenant le Christ souffrant, tel ce « dévot Christ » de Perpignan daté de 1329, chef-d'œuvre d'un artiste anonyme peut-être blessé par les persécutions de l'Inquisition.

La Renaissance marque un retour au classicisme, tandis que le Greco peint des christs impressionnistes avant la lettre. Quel peintre, d'ailleurs, n'a pas tenté de représenter dans son style et à sa manière ce grand symbole de mort et de résurrection qu'est la Croix du Christ ? Parmi les grands contemporains, Dali s'y est essayé avec un rare bonheur.

Mais la Croix a eu aussi ses détracteurs, parmi lesquels Nietzsche, le plus célèbre : il la considère dans sa dimension et sa signification tout humaines, qui incarne à ses yeux l'horreur de la mort, le mépris et le refus de l'élan vital. Le Christ, pour lui, est l'antithèse de Prométhée : l'un s'élance vers le ciel, l'autre s'affaisse vers le sol. La Croix écrase celui qui la porte, elle doit donc être écrasée à son tour, radicalement anéantie. Ce qui exige de valoriser le sentiment de puissance et de force, lequel sera exalté en particulier, dans les conditions que l'on sait, par l'Allemagne nazie. Avec

Nietzsche et les philosophes de la mort de Dieu, la Croix devient en quelque sorte un contre-symbole de la misère et de la faiblesse humaines avec lesquelles il ne convient pas de pactiser, mais qu'il faut exclure absolument !

En cette fête du vendredi saint, c'est bien de la « mort de Dieu » qu'il s'agit. Il appartiendra à chacun d'interpréter selon ses convictions le sens à donner à cette expression qui a fait fortune, mais avec des significations diamétralement opposées : la mort du Christ en croix annonce pour le chrétien la triomphale résurrection du matin de Pâques ; la mort de Dieu, depuis le siècle des Lumières et plus encore depuis le siècle dernier, implique au contraire l'évacuation définitive de l'obscurantisme religieux, notamment dans les pays de l'Est, où le marxisme, en s'enracinant, entendait déraciner la Croix.

Quelle que soit l'appréciation portée sur la Croix du Christ — pour les uns, l'une des plus spectaculaires impasses de l'histoire humaine ; pour les autres, sa plus grande espérance —, tous s'accorderont au moins sur un point : la crucifixion illustre l'abominable barbarie des civilisations antiques, que nous avons pourtant coutume d'admirer pour leurs cultures « raffinées ». La Rome antique savait exercer un pouvoir subtilement délégué, adapté à la diversité des races, des peuples et des ethnies qui la composaient ; mais elle savait aussi se montrer, au besoin, brutalement sanguinaire, ne serait-ce qu'à travers ses jeux du cirque, toile de fond sur laquelle se jouèrent la vie et la mort des premiers martyrs. Barbarie qui, hélas, est restée de toutes les civilisations, de tous les temps, mais qui, pour un croyant, sera à jamais rachetée par le mystère de la Croix.

[illegible]

[illegible] qu'il put [illegible]

[illegible] saint, c'est [illegible]

[illegible]

Dieu, celui [illegible]

[illegible] sont maintenant dans les pays [illegible]

[illegible]

avait aussi se montrer au besoin, [illegible]

[illegible]

[illegible] sur le [illegible] surtout. Le [illegible]

Les jardins de Pâques

Des lièvres, des œufs, des cloches, mais point de plante symbole pour ce jour de Pâques. Allons donc au jardin et laissons-nous guider par le jardinier dont parle le récit de la résurrection du Christ. Il nous conduira vers le plus beau jardin du monde, celui auquel chacun aspire au plus profond de lui-même !

« Marie se tenait près du tombeau et pleurait. Tout en larmes, elle se penche vers l'intérieur et voit deux messagers divins vêtus de blanc, assis l'un à la tête, l'autre au pied de l'endroit où a reposé le corps de Jésus. Ils lui demandent : " Femme, pourquoi pleures-tu ? — On a enlevé mon Seigneur. Je ne sais pas où on l'a mis. " En disant cela, elle se retourne et voit Jésus là debout, mais sans savoir que c'est lui. " Femme, pourquoi pleures-tu ? lui demande-t-il à son tour. Qui cherches-tu ? " Elle le prend pour le jardinier et répond : " Mon ami, si c'est toi qui l'as emporté, dis-moi où tu l'as mis et j'irai le prendre. " Jésus lui dit : " Marie ! " Elle le reconnaît et s'écrie en hébreu : " *Rabbouni* ", c'est-à-dire " Maître ". »

C'est en ces termes brefs et succincts que l'Evangile selon saint Jean relate l'événement que les chrétiens de toutes confessions considèrent comme le plus important de l'Histoire. Un événement dénué de tout triomphalisme. Le Christ n'apparaît pas à Marie-Madeleine transfiguré comme sur le mont Tabor, mais sous la forme d'un humble jardinier. Le triomphalisme, il est vrai, est une affaire terrestre, et l'on sait à quoi il aboutit généralement. La célébration du dimanche des Rameaux est là pour nous le rappeler ; elle symbolise l'issue proche ou lointaine de tous les triomphateurs, le sort que connaissent tôt ou tard les pouvoirs et les empires.

La réalité spirituelle est tout autre : le Christ ressuscite dans le silence de la nuit, en l'absence de tout témoin, et les Evangiles ne se hasardent pas à broder sur la Résurrection elle-même. Ils se contentent de présenter le Ressuscité et restent cois sur les modalités mêmes de la Résurrection, dont ils ne soufflent mot. Or c'est précisément sur ce point que les sindonologues se battent à coups d'arguments contradictoires autour du suaire de Turin. Car la Science est bavarde et hautaine ; l'expérience spirituelle, elle, reste intime et silencieuse, comme une permanente nostalgie de l'âme.

Le texte nous relate que Jésus se révèle d'abord à une femme de son entourage qu'il affectionnait particulièrement, Marie de Magdala, plus connue sous le nom de Marie-Madeleine, dont la tradition veut qu'elle ait été la « pécheresse », cette prostituée qui avait baigné de ses larmes et essuyé de ses cheveux les pieds du Seigneur, puis l'avait suivi. Marie-Madeleine ne reconnaît pas le Christ à son visage, puisqu'il a emprunté les traits d'un jardinier ; mais elle le reconnaît à sa voix lorsqu'il prononce son nom, « Marie ». Bouleversante rencontre de l'amour, d'un amour désormais éternel...

Peut-être s'étonnera-t-on — si l'on n'y a encore jamais songé — que le Christ ressuscité apparaisse d'abord à une femme. Marc et Jean la désignent nommément : il s'agit bien de Marie-Madeleine ; et Marc met les points sur les i en soulignant que le Christ avait chassé d'elle « sept esprits du mal... ». Pour Matthieu, Marie-Madeleine était accompagnée de l'autre Marie, la mère de Jacques. Selon Luc, enfin, ces mêmes femmes sont accueillies à leur arrivée au tombeau par deux hommes « aux vêtements éblouissants » qui leur demandent : « Pourquoi cherchez-vous parmi les morts celui qui est vivant ? Il n'est pas ici, il est ressuscité ! » — et c'est à deux autres disciples, marchant vers Emmaüs, que le Ressuscité se révèle d'abord. Si ces quatre récits évangéliques ne concordent pas exactement, ils s'accordent en revanche sur ce fait surprenant que la première manifestation de la Résurrection est réservée à des femmes, plus particulièrement à la pécheresse repentie, cette ancienne prostituée à qui il fut beaucoup pardonné parce qu'elle avait beaucoup aimé... Et cette femme eut toutes les peines du monde, toujours selon les textes, à convaincre apôtres et disciples de ce qu'elle avait vu. On lit même que Pierre « courut au tombeau, se pencha, ne vit que du linge et s'en retourna, tout étonné de ce qui était arrivé... ». Visiblement, Pierre n'avait encore rien compris — pas plus que les autres, d'ailleurs — en ces jours tragiques qui suivirent la mort du Seigneur. Aussi s'étaient-ils tous réfugiés au Cénacle, les portes fermées par crainte des Juifs ; et c'est là qu'enfin le Seigneur parut au milieu d'eux.

Curieusement, la Vierge sa mère, pourtant présente deux jours plus tôt avec l'apôtre Jean au pied de la Croix, n'apparaît pas dans les relations de la Résurrection. Quant aux apôtres et aux disciples, ils ne viennent qu'en deuxième position, et on les prie même d'entreprendre le long voyage en Galilée pour que le Ressuscité se manifeste à eux. Pierre est visiblement lent à croire, surtout à croire des femmes ! On retrouve là un trait de caractère de cet homme rude et fidèle, dérouté par les événements extraordinaires qu'il vient de vivre. Est-ce pour cela que le Ciel décida un jour de le seconder par le dernier venu du « club des Douze », saint Paul de Tarse ? Imaginons le Christ ressuscité prenant acte de l'insuffisance de ceux qu'il avait choisis, et décidant de leur adjoindre *in extremis* ce nouveau compagnon, lequel allait vite se révéler exceptionnellement performant dans l'édification et le développement de cette puissante entreprise multinationale et multiforme qu'est devenue, au cours des vingt siècles suivants, le christianisme ! Mais c'est là une fort irrévérencieuse manière de mettre son nez dans les desseins de l'Eternel, dont on sait les voies insondables...

Quant aux femmes, le fait est là : dans un univers culturel où s'affirme de tout temps la primauté de l'homme, elles n'ont qu'une place chichement mesurée ; pourtant, le Christ, bien qu'il ait choisi douze apôtres, se révèle d'abord aux « saintes femmes ». Et c'est encore une femme, la Vierge Marie, qui restitue la condition humaine parfaite qu'Eve avait défaite.

Ces deux femmes illustrent parfaitement la dualité traditionnelle de l'image féminine, tantôt séductrice, tantôt maternelle.

Pourquoi Jésus choisit-il d'apparaître sous les traits d'un jardinier ? Peut-être tout simplement parce que la scène se passe dans un jardin. Mais les Pères de l'Eglise y ont vu un symbole du jardin d'Eden. Comme Adam fut chassé du jardin pour avoir désobéi à Dieu en péchant par orgueil, le Christ nous ouvre à nouveau les portes du jardin pour avoir obéi à son père et s'être humilié jusqu'à la mort ; aussi l'a-t-on appelé le Nouvel Adam !

Le jardin d'Eden est bien évidemment le Paradis terrestre, ce jardin mythique des origines de l'humanité dont il est question non seulement dans la Bible, mais dans toutes les traditions d'Orient et d'Occident. Le mot « paradis » signifie d'ailleurs « jardin » en persan, et c'est sans doute en Perse que l'amour des jardins atteignit son paroxysme, dans ces oasis de l'immense désert iranien, à Ispahan ou Chiraz, par exemple. L'actuel drame iranien ne saurait faire oublier les roses d'Ispahan et les merveilleux poèmes d'Hafez et de Saadi chantant la beauté des jardins de Chiraz, à un millier de kilomètres au sud de Téhéran, tout près d'un golf tristement célèbre...

Dans un livre sacré des anciens Iraniens, le *Hadokht,* dont il n'existe plus que quelques fragments, le Paradis est un jardin entouré d'une muraille et qui se signale à l'âme du juste par son parfum : « L'âme se croit au milieu de plantes et a la sensation de respirer des parfums. Elle sent un vent souffler du côté du midi, des pays du Midi, bien parfumé, plus parfumé que les autres vents. Et quand ce vent se rapproche, l'âme du juste aperçoit son SOI, ayant l'apparence d'une jeune fille brillante aux bras blancs, forte, bien bâtie, élancée, noble, paraissant âgée de quinze ans, aussi jolie que les plus jolies des créatures. L'âme de l'homme juste lui demandera : " Qui es-tu, ô jeune femme, que je vois comme la plus jolie des jeunes femmes ? " Son SOI lui répondra : " Je suis, ô jeune homme aux bonnes pensées, aux bonnes paroles, aux bonnes actions, ton propre TOI. " Alors l'âme de l'homme juste monte un premier pas et arrive dans les bonnes pensées ;

elle monte un deuxième pas et arrive dans les bonnes paroles ; elle monte un troisième pas et arrive dans les lumières infinies. Et là on lui apporte, parmi les aliments, le beurre du printemps… »

Un autre texte de la tradition iranienne précise : « A l'homme ou à la femme justes, après la séparation du corps et de la conscience, on leur apporte le meilleur des aliments des *Yazat* célestes [les anges], le beurre du printemps, et on les fait asseoir sur le trône orné de tout ; ils resteront éternellement dans la joie avec les *Yazat* célestes pour les siècles des siècles. »

Ces beaux textes de l'ancienne religion iranienne expriment l'exultation du Paradis où l'homme enfin se réconcilie avec lui-même, avec ce qu'il avait de meilleur en lui, son SOI profond. Le beurre du printemps est, pour le juste, la nourriture d'après la mort ; elle lui est offerte par le grand dieu Ahura Mazda, puissance et lumière absolues — symbole qui se perpétue curieusement depuis qu'une marque d'ampoules et de piles électriques lui a emprunté son nom ! La mort est un événement heureux ; aussi pleurs et lamentations sont-ils sévèrement interdits.

De cette religion il ne reste aujourd'hui que quelques rares adeptes, à Bombay notamment, les parsis. A leur mort, leur corps est hissé dans les Tours du Silence et dévoré par les vautours. Mais la croyance des parsis en la vie éternelle a fortement marqué les grandes religions moyen-orientales, et leur vision du Paradis est particulièrement émouvante.

Le Coran brode à l'infini sur le thème du jardin de l'au-delà réservé aux élus. C'est ce jardin-là que le régime de Khomeyni promettait aux jeunes et enthousiastes combattants de la révolution islamique, et c'est pour accéder au plus vite à ce jardin qu'ils donnaient leur vie avec la ferveur des martyrs, les armes à la main, dans la plus pure et antique tradition des combattants de l'islam. Car quitter le monde d'ici-bas en combattant pour Dieu est une épreuve sans commune mesure avec les récompenses promises dans l'au-delà, conformément au chapitre 46 du Coran : « Ceux-là seront les hôtes du jardin où ils seront immortels en récompense de ce qu'ils faisaient sur terre. » L'islam est d'ailleurs beaucoup plus prolixe que le christianisme dans l'évocation des joies édéniques promises aux élus.

Certes, la parole humaine est malhabile à décrire la vision béatifique. Le judéo-christianisme s'y essaie néanmoins, et voici ce qu'en dit le prophète Ezéchiel : « Au-dessus de la voûte qui était sur leur tête, il y avait quelque chose comme une pierre de saphir en forme de trône, et sur cette forme de trône, dessus tout en haut, un être ayant l'apparence humaine. Et je vis qu'il avait l'éclat du vermeil, et près de lui il y avait quelque chose comme du feu, tout autour... Je vis quelque chose comme du feu et une lueur tout autour, semblable à l'arc qui apparaît dans les nuages les jours de pluie. C'était quelque chose ayant l'aspect de la gloire de Yahvé... »

Mais la Bible recèle un autre jardin merveilleux, et ce jardin est l'amour ! Dans le Cantique des Cantiques, le grand poème d'amour de la Bible, la bien-aimée s'adresse en ces termes à son amant : « Qu'il entre en mon verger, mon bien-aimé. Qu'il en goûte les fruits, ils sont délicieux. » L'amant répond à cette invitation : « Ma bien-aimée, ma sœur, je suis entré en mon jardin cueillir ma myrrhe et mes parfums, manger mon miel et ses rayons, boire mon vin avec mon lait. Mangez, amis, buvez, enivrez-vous. » La bien-aimée : « En son jardin, en sa terre embaumée est descendu mon bien-aimé, pour paître son troupeau et pour cueillir des lys. Je suis pour lui, il est pour moi, lui qui se plaît parmi les lys... Viens-t'en, mon bien-aimé ! Sortons aux champs. Passons la nuit dans les vergers. Tôt le matin, voyons si la vigne fleurit, si les pampres bourgeonnent, et si le cœur des grenades se forme. Puis je te comblerai de mes caresses[1] dans le parfum des mandragores, des fruits de choix qu'à toute porte, mon bien-aimé, j'ai réservés pour toi. Nourri aux mêmes seins, ah que n'es-tu mon frère ! Alors je pourrais te baiser, à toutes nos rencontres, sans être méprisée. Je saisirais ta main et t'emmè-

1. La Bible de Jérusalem commente ainsi ce verset : « Il faut donner au mot son sens le plus réaliste, que développe le verset suivant : la mandragore passait pour exciter l'amour et donner la fécondité. Les fruits réservés au bien-aimé évoquent non plus le printemps, mais l'automne, le temps de l'amour consommé. »

nerais chez ma mère. Là, tu m'enseignerais comment t'aimer. Je t'abreuverais d'un vin fort, de mon jus de grenade, l'un de tes bras replié sous ma tête, l'autre me tenant enlacée. »

Mais les jardins de l'amour ne sont pas immédiatement accessibles. Pour y pénétrer, il faut montrer « patte blanche » ! On n'y entre pas comme on veut, et n'y pénètre pas qui veut. Il faut d'abord avoir franchi la porte étroite qui, en l'occurrence, est le dur passage par le feu décapant des épreuves, et dans le christianisme par la Croix. Elle symbolise l'évolution psychique, les renoncements et les pertes à consentir pour parvenir à l'état d'humble abandon et de totale pauvreté, donc de disponibilité à l'appel de la transcendance. Au terme d'un long et lent processus de dépouillement où le moi se départit d'abord de son arrogance, puis de son avidité et de son orgueil, puis de sa substance même — à l'instar d'un artichaut qu'on effeuille pour n'en conserver que le cœur —, l'homme peut enfin accéder aux richesses spirituelles qui seules le combleront d'une indicible joie. Car la béatitude naît du dépérissement du moi.

C'est ce qu'exprime admirablement l'ordonnance du jardin d'Orient, offrant à son visiteur un itinéraire en forme de parcours initiatique : on ne peut y entrer qu'en traversant une haute muraille qui le protège et l'entoure entièrement. Mais une porte étroite et dérobée donne accès au jardin. Au fur et à mesure que l'on s'approche du centre du jardin, les arbres, d'abord hauts et denses, deviennent de plus en plus bas et s'espacent, tandis que la visibilité s'améliore ; ensuite, comme le décrit Louis Massignon, grand spécialiste de l'islam, ils sont remplacés par des fleurs odorantes, tandis qu'au centre du jardin se trouve, dans la tradition persane, un miroir d'eau au bord duquel le maître du jardin médite dans un kiosque. Ce centre du jardin — lieu de tranquille béatitude et de parfaite transparence, donc de paix et de joie intérieures — ne peut ainsi être atteint qu'à l'issue d'un long parcours. Tel est le sens de cette fête de Pâques qui est un passage — et un passage obligé — à travers les terres arides du désert du Sinaï pour le peuple d'Israël, ou par l'aridité plus grande encore du bois de la Croix afin d'atteindre à cette Terre promise qu'est le jardin d'Eden !

Ce jardin, Jean-Paul II y fait allusion dans un texte récent[1] lorsqu'il écrit : « Le rôle de l'homme est de cultiver le jardin sans manger le fruit de l'arbre » — et d'ajouter : « Il faut nous considérer comme usufruitiers et non propriétaires du monde. » Vision étonnamment progressiste, à une époque où les écologistes ont remplacé les révolutionnaires d'antan...

Pâques fut considérée de tout temps et par toutes les Eglises comme la première des fêtes chrétiennes ; elle fut célébrée à Jérusalem dès l'an 135, à Rome trente ans plus tard. La célébration dominicale lui faisait écho hebdomadairement : c'est le jour du Seigneur qui rythme l'écoulement des semaines ; prenant le relais du sabbat, le samedi faisant place au dimanche, jour de la Résurrection. Chaque dimanche est ainsi célébré dans la joie pascale.

La célébration pascale reprend les grands thèmes de la pâque juive, qui fut d'abord une fête d'offrande des prémices : l'agneau prémice du troupeau, le pain azyme prémice de la moisson d'orge au printemps (en Palestine, la moisson se fait avant la longue saison sèche estivale). Puis la fête a pris une dimension historique en commémoration du passage de la mer Rouge. La majesté de ces événements, popularisés par une superproduction hollywoodienne de Cecil B. De Mille, sur lesquels se fonde la fête de Pâques, mérite qu'on s'y attarde quelque peu.

Yahvé et le pharaon se livrent à une partie de bras de fer, le pharaon s'obstinant à empêcher la libération du peuple hébreu, prisonnier en Egypte depuis quatre cent trente ans. Mais cette résistance du pharaon, comme le dit le texte biblique, « entre dans les plans de Yahvé » pour lui donner l'occasion « de multiplier ses prodiges en Egypte ». Et, de fait, de terribles calamités s'abattent sur ce pays : les fameuses dix plaies d'Egypte. Moïse déclare au pharaon : « ... A minuit, je passerai au travers de l'Egypte, et tout fils premier-né du pays mourra, aussi bien ton fils à toi, l'héritier de ton trône, que celui de la servante qui travaille à moudre le grain et que tous les premiers-nés du bétail... Mais chez tous les Israélites, pas un chien n'aboiera contre un homme ou une

1. Encyclique *Sollicitudo rei socialis.*

bête. Vous saurez ainsi que moi, le Seigneur, j'ai distingué Israël de l'Egypte. »

Moïse réunit alors tous les responsables d'Israël et leur dit : « Allez chacun vous procurer un agneau ou un chevreau et immolez-le pour célébrer la pâque. Prenez une touffe d'hysope. Trempez-la dans le récipient qui contient le sang de l'animal et passez de ce sang sur les linteaux et les montants des portes. Puis, que personne n'en franchisse le seuil jusqu'au matin. Quand le Seigneur traversera l'Egypte pour tuer les premiers-nés du pays, il verra le sang autour des portes. Il passera outre et ne laissera pas le messager de la mort entrer pour frapper. »

A minuit, le Seigneur frappe tout premier-né d'Egypte, « aussi bien le fils aîné du pharaon dans son palais que celui du captif en sa prison et que les premiers-nés des animaux. Cette nuit-là, le roi, ses serviteurs et tous les Egyptiens se lèvent. Une immense clameur traverse le pays, car il n'y a pas une maison sans un mort ; et, cette même nuit, le roi convoque Moïse et Aaron. Il leur dit : " Sortez du milieu de mon peuple, vous et les Israélites. Allez servir le Seigneur comme vous l'avez demandé. Prenez brebis, chèvres et bœufs. Partez et bénissez-moi, moi aussi. " ».

« Le peuple d'Israël a pris la fuite », vient-on dire au roi d'Egypte. Alors, lui et ses serviteurs changent d'idée à leur sujet : « Qu'avons-nous fait, se disent-ils, de laisser ce peuple quitter notre service ! » Le pharaon fait atteler son char, rassemble ses guerriers, et, derrière lui, autour de ses six cents chars d'élite conduits par leurs équipages, l'armée s'ébranle. Le Seigneur le rend obstiné et il poursuit les Israélites qui marchent, fiers de leur liberté retrouvée... Le Seigneur dit alors à Moïse : « Lève ton bâton, étends-le sur la mer. Fends-la et les Israélites la franchiront à pied sec. Moi, je rendrai les Egyptiens si obstinés qu'ils entreront derrière vous et que ma victoire sur le roi, ses chars et son armée me glorifiera. A mon triomphe, tous sauront que c'est moi, le Seigneur. »

Moïse étend la main sur la mer, et « pendant tout ce temps le Seigneur la refoule par un puissant vent d'est. Les eaux se fendent en une double muraille et les Israélites défilent à pied sec. Les Egyptiens les poursuivent. Chevaux, chars et guerriers pénètrent derrière eux... » A l'approche du jour, le Seigneur observe les Egyptiens. Il met le désordre dans leurs rangs. Il enlise les roues de leurs chars. Leur avance est difficile et ils s'écrient : « Fuyons ! C'est le Seigneur qui combat contre nous. » Et le Seigneur dit à Moïse : « Etends la main sur la mer. Que les eaux se retournent contre les chars et leurs guerriers. » Moïse étend la main, et la mer, à l'approche du jour, reprend son lit...

Ce jour-là, « le Seigneur sauve de l'esclavage le peuple d'Israël qui voit l'Egypte morte sur le rivage et mesure la puissance du Seigneur. Chacun est saisi de crainte, croit en lui et en Moïse, son serviteur ».

La mémoire des ces événements extraordinaires donna lieu à la célébration de la fête du passage, *pessa* en hébreu, qui a donné *Pâques.* La fusion de la fête des prémices et de la fête du passage, qui sont les deux éléments constitutifs de la pâque juive, s'effectue sans doute au début de l'exil d'Israël à Babylone. La pâque juive continue d'être célébrée dans toutes les familles selon un rituel fondé par Moïse, enrichi de divers usages ajoutés par les scribes au cours des siècles. Cette célébration s'accomplit autour d'un plateau porteur de mets symboliques : des pains azymes, des herbes amères, des os rôtis. La pâque est le souvenir de la nuit de la délivrance et le texte du rituel figure dans un volume spécial : la *Haggada.* C'est un jour de Pâques, en 1943, que se soulevèrent les Juifs du ghetto de Varsovie. Et c'est au cours d'une telle célébration pascale que le Christ institua l'Eucharistie, probablement en l'an 30 de notre ère.

La célébration pascale symbolise pour les chrétiens l'attente de la venue finale du Christ en toute sa majesté, à la fin des temps. Durant les premiers siècles, ils croyaient que le Christ reviendrait une nuit de Pâques. Tertullien hésitait à autoriser une femme chrétienne à épouser un non-croyant, car il se posait la question : « La laissera-t-il sortir la nuit de la veillée pascale ? » Ce n'est qu'à partir du IIIe siècle, alors que l'avènement final du Christ semblait tarder, que la fête pascale prit une dimension « plus intime, plus intérieure », comme une invitation personnelle à réussir cette résurrection qui est d'abord renaissance, à l'instar du feu nouveau et de l'eau nouvelle célébrés cette nuit-là.

En fait, Pâques symbolise le renouvellement de la Création tout entière, coïncidant avec le recommencement printanier. Cette terre nouvelle, l'Apocalypse l'évoque en ces termes : « Alors je vois une terre nouvelle avec un ciel nouveau ; car la première terre s'en est allée, le premier ciel n'est plus et la mer s'est évanouie. Puis, descendant du ciel, d'auprès de Dieu, voici que m'apparaît la cité sainte, la nouvelle Jérusalem, apprêtée comme une fiancée pour son époux. J'entends alors, venant du trône, une voix qui clamait : " Voici parmi les hommes la demeure de Dieu. Il s'y établira, et ils seront son peuple, et lui sera leur Dieu. Il sèchera toute larme de leurs yeux. Plus de mort ni de deuil, plus de cris ni de peine, l'ancien monde s'en est allé. " Alors j'entends venant du trône une voix déclarer : " Voici, je fais toutes choses nouvelles. " »

Le jardin d'Eden intègre désormais toutes les œuvres humaines symbolisées par la « cité sainte, la nouvelle Jérusalem ». Du jardin des origines à la « ville-jardin » des accomplissements, c'est toute la longue marche de l'humanité qui se trouve réhabilitée, sacralisée. Voici, toujours selon l'Apocalypse, la description de cette Jérusalem céleste : « Alors un des sept messagers... me dit : " Viens, que je te montre la fiancée de l'Agneau. " Puis, en esprit, il se saisit de moi, me transporte sur une haute montagne et me montre la cité sainte, Jérusalem, descendant du ciel, d'auprès de Dieu, resplendissante de l'éclat de sa présence, bijou, pierre précieuse, scintillante comme le jaspe, transparente comme un cristal. Elle était sertie d'un haut rempart percé de douze portes, gardées par douze messagers de Dieu et couronnées des noms des douze tribus d'Israël. Trois portes regardent chacun des quatre horizons, et la muraille est édifiée sur douze rocs portant les noms des douze apôtres de l'Agneau. Le messager qui me parle tient un roseau d'or pour mesurer la ville, sa muraille et ses portes. La cité est carrée, aussi large que longue. Il la mesure avec le roseau et trouve douze mille stades. Longueur, largeur et hauteur sont égales. Il mesure les remparts avec le roseau, ils ont soixante-cinq mètres, selon la mesure ordinaire. Le rempart est bâti de jaspe, et la ville d'or pur brille comme du cristal. Les assises en sont rehaussées de pierres précieuses. La première est de jaspe, la deuxième de lapis-lazuli, la troisième de chalcédoine, la quatrième d'émeraude, la cinquième de sardoine, la sixième de cornaline, la septième de chrysolithe, la huitième de béryl, la neuvième de topaze, la dixième de chrysoprase, la onzième de turquoise, et la douzième d'améthyste. Les douze portes sont douze perles, chacune formée d'une seule perle. La place de la ville est d'un or pur comme un cristal translucide. Dans la cité je ne vois pas de temple, car le Seigneur Dieu tout-puissant, ainsi que l'Agneau, en sont le temple. Elle n'a besoin ni de soleil ni de lune pour lumière, car l'éclat de la présence du Seigneur l'illumine et son flambeau est l'Agneau. Les nations marcheront à sa lumière et les rois de la terre y transporteront leurs splendeurs. Les portes d'enceinte ne seront plus jamais fermées, puisqu'il n'y aura plus de nuit. La richesse et le faste des nations y afflueront, mais rien d'impur n'y pourra pénétrer, ni personne qui commette vilénie ou mensonge. Seuls entreront les inscrits au Livre de vie de l'Agneau. Le messager me montre alors le fleuve de vie, limpide comme du cristal, qui jaillit du trône de Dieu et de l'Agneau. Au milieu de la place de la cité, de part et d'autre du fleuve, se dresse un Arbre de Vie qui porte chaque année douze récoltes de fruits, une chaque mois, et dont les feuilles servent à la guérison des nations. Il ne s'y trouvera plus rien qui soit frappé par la malédiction. Le trône de Dieu et de l'Agneau y sera dressé et ses serviteurs lui rendront un culte. Ils verront son visage, et son nom sera inscrit sur leurs fronts. »

On aura reconnu le fleuve et l'arbre du jardin d'Eden, cet arbre d'immortalité dont l'approche avait été interdite à nos premiers parents et qui porte ici, en surabondance, ses fruits d'éternité. Cette ville cosmique en pyramide, forme géométrique parfaite, réconcilie l'homme avec tous les éléments du Cosmos : l'univers minéral y est présent par ses éléments les plus précieux ; le végétal est représenté par le plus noble d'entre tous : l'Arbre de Vie du jardin d'Eden ; l'animal est un agneau dont le flamboiement se substitue à l'éclat des luminaires. Et les villes de perdition, les villes maudites, dont les noms sont associés aux actes de barbarie et aux batailles qui jalonnent tout l'Ancien Testament, les voilà désormais entièrement transformées, régénérées... Quels symboles pouvaient mieux que ceux-ci manifester le pouvoir régénérateur absolu d'un homme humble, ressuscité à l'aube d'un matin de printemps ?

Le concile de Nicée fixa en 325 la date de la fête de Pâques, qui doit être célébrée chaque année le premier dimanche qui suit le quatorzième jour de la pleine lune de mars. Le début de cette lunaison se situant nécessairement entre le 8 mars et le 5 avril, Pâques ne peut tomber au plus tôt que le 22 mars et au plus tard que le 25 avril. La solennité pascale retentit sur tout le calendrier, puisque Pâques est la fête mobile dont découlent les dates de toutes les autres fêtes mobiles. Le temps de Pâques commence par le dimanche de la Septuagésime, c'est-à-dire soixante-dix jours avant Pâques. Puis les dimanches se déclinent : sexagésime, quinquagésime, quadragésime. Avec le mercredi des Cendres commence le carême. Il y eut d'abord trois jours de jeûne avant Pâques, puis une semaine ; à partir du IVe siècle, on passe à trois, puis à quatre semaines ; pour finir, le carême fut fixé à quarante jours, en mémoire des quarante jours passés par le Christ au désert. Ce nombre de quarante évoque des événements significatifs de la Bible : les eaux du déluge sont tombées pendant quarante jours, Moïse et Elie ont jeûné quarante jours comme Jésus, enfin le peuple d'Israël a erré quarante ans au désert... Les quarante jours de carême s'ouvrent par le mardi gras, date à laquelle se célèbrent les festivités du carnaval.

Jadis, les jeunes garçons effrayaient les gens en se déguisant et en portant des masques grotesques figurant souvent des têtes de mort. C'est que les morts avaient été associés aux veillées durant tout l'hiver. Des morts dont on se sentait solidaires et qu'on avait « apprivoisés ». Telle est l'origine du carnaval : son roi est le bonhomme Hiver que l'on brûlera en ce jour de la fin de l'hiver... Commence alors un temps de purification et de préparation au printemps : le carême. Comme c'est encore le cas pour le ramadan, le carême n'autorisait initialement qu'un seul repas par jour, après le coucher du soleil. A l'époque de Charlemagne, ce repas fut fixé à midi, puis une légère collation fut autorisée le soir.

Au terme du carême, c'est l'explosion de la joie pascale, où l'on fait « tout à neuf » : c'est le grand nettoyage de printemps, la maison est briquée, astiquée, repeinte... tout comme les œufs de Pâques. Vêtements neufs, chaussures neuves, chapeaux neufs apparaissent à la messe pascale. D'où cette idée répandue que bien des gens ne vont alors à la messe que pour montrer leur chapeau !

Ce grand renouveau doit se préparer et se mériter. Tel est le but du carême, avec ses jeûnes et ses privations, mais aussi ses célébrations dominicales solennelles. Car le carême s'arrête chaque samedi et reprend chaque lundi pendant ces quarante jours. Le dimanche, tout le peuple chrétien de Rome se rassemblait dans une des grandes basiliques de la ville. Cette pratique, qui remonte au IVe siècle, alors que les persécutions s'achèvent, manifeste le culte solennel et public du peuple entier, enfin sorti des catacombes. Et l'église choisie est la « station » du jour, nom d'origine militaire désignant la garde montée par les soldats. Quinze siècles plus tard, la catholicité se souvient toujours, en évoquant la station du jour, du lieu où se rassemblaient les chrétiens de Rome, de ses racines romaines et de sa profonde unité, par-delà les particularismes des Eglises locales toujours susceptibles de dégénérer en esprit de chapelle. Les grands rassemblements populaires dans ces immenses basiliques conjuraient ce risque !

Après Pâqucs commence une période aboutissant à la fête de la Pentecôte. Comme le dimanche, premier jour de la semaine pour les juifs, se trouve être le huitième jour (7 + 1), de même le terme de la cinquantaine pascale se devait d'être fixé au cinquantième jour (7 × 7 + 1). L'Ascension, fête chômée et payée, est fixée au quarantième jour, et la venue de l'Esprit-Saint qui enflamme les apôtres et marque la naissance de l'Eglise, au cinquantième : c'est la Pentecôte.

Le cycle des fêtes historiques est alors terminé ; il avait commencé avec l'Avent, quatre semaines avant Noël. Maintenant va s'égréner la longue liste des dimanches du temps ordinaire, jadis baptisés « dimanches après la Pentecôte », qui nous amènent, d'étape en étape, jusqu'à la fin novembre, où la liturgie évoquera la fin des temps et le ciel où le Christ ressuscité nous introduira un jour...

Pâques s'agrémente enfin d'un riche folklore populaire axé autour des œufs pondus par un lièvre, et non par quelque volatile !... Car, en ces jours-là, ce sont les cloches qui sont volatiles, puisqu'elles s'envolent jusqu'à Rome. Nul ne sait au juste où a lieu le colloque des cloches dans la Ville éternelle, leur annuelle rencontre au sommet. L'envol a lieu le matin du jeudi saint, le retour dans la nuit du samedi saint. Ce que l'on sait, en revanche, c'est que, pendant deux jours, elles sont remplacées par les crécelles des enfants de chœur agitées à grand bruit dans les rues avant chaque office. Le départ de ces lourdes cloches, faites pour 76 à 78 % de cuivre et pour 22 à 24 % d'étain, était évidemment un signe de deuil, en respect de la Passion du Christ. Toutes les sonneries liturgiques, celles des cloches mais aussi celles des clochettes au chœur, sont alors remplacées par le bruit plus austère des crécelles ; mais les cloches sont bonnes filles : elles apportent à leur retour, dans la joie de la messe de la Résurrection, de nombreuses friandises aux enfants. Distribution qui sera complétée par la quête qu'ils feront généralement le lundi de Pâques pour se voir rémunérer les services de « crécelleurs » qu'ils ont minutieusement remplis dans les rues des villages pendant les trois jours saints du jeudi au samedi, avant que la télévision ne substitue ses « productions » à nos traditions — cloches, crécelles et enfants de chœur compris.

Et puis il y avait le lièvre ! Le lièvre dort le jour et circule la nuit pour grignoter ; aussi, lorsqu'on le traque, faut-il le faire lever par un chien de chasse. Comme les humains — le pauvre ! —, il est une des rares espèces à être en rut toute l'année, et peut avoir jusqu'à quatre portées par an, de deux à quatre petits chacune ; sa gestation est courte et ne dure que trente jours ; d'où une extraordinaire prolificité. Cette prolificité, ses mœurs nocturnes, son aptitude à disparaître promptement, car il est craintif, puis à réapparaître toujours en silence et avec l'efficacité des ombres, ont associé dans toutes les traditions le lièvre à la lune, dont les taches bien visibles sont souvent interprétées comme des lièvres et des lapins. Et, comme la lune, il devient un symbole du renouvellement perpétuel de la vie. Pour les indiens Algonquins, Menebuch-le-grand-lapin est le seul intermédiaire entre les hommes et l'invisible Grand Manitou, divinité suprême. Après leur évangélisation, les Algonquins abandonnent l'image du lièvre pour représenter Menebuch sous la forme du Christ, lui aussi unique lien entre le Père et l'humanité. Le Christ ressuscite la nuit, quasi clandestinement et en silence, pour sauver pourtant le peuple tout entier. On retrouve ici les caractères symboliques du lièvre et de la lune : le silence de la nuit, une mission concernant toute la population dont la lune a toujours été le symbole, la discrétion de l'événement...

La prolifération du lièvre ou du lapin est un symbole ambigu, comme d'ailleurs le fait qu'il saute tantôt d'un côté, tantôt de l'autre. Abondance, exubérance et prolificité, croissance accélérée, fécondité, régénérescence : le symbole porte en lui les germes de l'incontinence, du gaspillage, de la luxure. Ne faut-il pas craindre que ces forces primordiales de la vie, biologiques et proprement infantiles, ne viennent à se retourner contre leurs propres œuvres et à détruire, par excès d'usage, ce qu'elles ont élaboré ? Aussi, lorsque les peuples atteignent l'âge de raison, le lièvre devient-il tabou... Dans la Bible, par exemple, qui le considère comme impur. Et pourtant, n'est-ce pas cette fécondité qui lui fait répandre au matin de Pâques quantité d'œufs particulièrement appréciés après la longue période des quarante jours de carême, quand il convient de sustenter les vaillants et courageux pénitents ? Ces œufs ont aussi leur signification symbolique propre : ils évoquent tantôt la création originale, où l'œuf émerge du chaos comme dans l'Egypte ancienne, tantôt la rénovation périodique de la nature qu'exprime précisément l'œuf de Pâques printanier. Mircea Eliade insiste surtout sur le deuxième sens : « L'œuf ne se rapporte pas tant à une naissance qu'à une renaissance... Il confirme et promeut la résurrection qui... n'est pas une naissance, mais un retour. » Or la Résurrection du Christ est l'acte décisif et fondateur qui ouvre à l'humanité la route du grand retour dans les jardins du Paradis. Jusque-là, elle tournait en rond, comme dans un œuf. La Résurrection brise cet œuf, et l'humanité nouvelle, fraîchement éclose, voit désormais s'ouvrir à elle les jardins du Paradis !

Le brin de muguet

Après les fêtes carillonnées, voici les fêtes républicaines.

1er mai 1986 : le nuage radioactif de Tchernobyl vient couvrir l'est de la France, marquant le point culminant des effets du terrible accident nucléaire sur l'Europe occidentale. Cent ans plus tôt, le 1er mai 1886, quatre mille travailleurs défilent dans les rues de Chicago pour obtenir la journée de huit heures ; la manifestation dégénérera quelques jours plus tard, faisant une quinzaine de morts parmi les ouvriers et les forces de l'ordre. Graves émeutes en 1886, grave accident technologique en 1986 : le 1er mai symbolise les luttes et les risques de nos sociétés industrielles. Des risques qui auraient même, pour ce qui est des centrales nucléaires, une signification prophétique. Le 8e chapitre de l'Apocalypse énumère les cataclysmes qui s'abattront sur la terre à la fin des temps, avant l'instauration de la Jérusalem céleste et le salut final. On y lit notamment[1] : « ... Et le troisième Ange sonna... Alors tomba du ciel un grand astre, brûlant comme une torche. Il tombe sur le tiers des fleuves et sur les sources ; l'astre se nomme " Absinthe " : le tiers des eaux se changea en absinthe, et bien des gens moururent de ces eaux devenues amères... » Or en ukrainien *absinthe* se traduit par... *Tchernobyl,* ville reliée à Kiev par un long réservoir d'eau, long de 95 kilomètres. Une eau dont la consommation ne pouvait

1. J'emprunte exceptionnellement ici la traduction de la Bible de Jérusalem, plus explicite sur ce point.

avoir, après la chute de l'astre brûlant, que des conséquences apocalyptiques[1] ! Signe, présage, coïncidence ? La folie du progrès porterait-elle en germe la folie de la destruction ? Il n'est en tout cas pas interdit de le penser.

Et le muguet, tellement plus rassurant que ces absinthes amères ?

Aurait-il partie liée… avec les revendications ouvrières ou les centrales nucléaires ? Certes non. Et pourtant…

Selon la légende, la tradition de l'offrir le 1er mai viendrait de la région du Tricastin, dans la Drôme, dont la France a fait depuis vingt ans la capitale mondiale de l'énergie nucléaire. En 1560, le jeune roi Charles, accompagné de sa mère Catherine de Médicis, voyageait dans cette province . Il fut reçu par la noblesse de Saint-Paul-Trois-Châteaux, parmi laquelle se trouvait le chevalier Louis de Girard qui se vit charger par la reine d'une mission secrète en Italie. A son retour, un an plus tard, le chevalier s'arrêta à Saint-Paul où il cueillit dans son jardin un bouquet de muguet. Il l'offrit au roi — alors âgé de dix ans — comme porte-bonheur. Le 1er mai de l'année suivante, le roi en offrit à son tour un brin à chacune des dames présentes en leur retournant le même vœu et en souhaitant qu'il en soit désormais ainsi chaque année.

La riche demeure du chevalier de Girard, à Saint-Paul-Trois-Châteaux, existe toujours, transformée en hôtel. Le muguet a disparu des jardins, mais la tradition de ce 1er mai historique se perpétue toujours. Quant au pauvre Charles IX il est entré malheureusement dans l'Histoire avec la Saint-Barthélemy, horrible massacre perpétré en 1572 sous la pression de sa mère et des Guises ; il mourut deux ans plus tard, à vingt-quatre ans, rongé par le remords.

Mais si le chevalier de Saint-Paul avait eu l'idée d'offrir du muguet au roi, c'est probablement que cette fleur devait déjà avoir une histoire ! En fait, dans ce chassé-croisé botanico-politico-symbolique, c'est moins le muguet que le 1er mai lui-même qui avait déjà fait parler de lui…

Le muguet était en effet inconnu des médecins de l'Anti-

1. Cet étrange rapprochement, fait en Pologne, a été rapporté par *Le Monde* du 16 mai 1986.

quité, et c'est aux guérisseurs de la vieille tradition russe que revient le mérite d'avoir découvert ses propriétés de médicament du cœur. De sorte qu'il n'a fait qu'une apparition très tardive en médecine où il n'a vraiment conquis ses lettres de noblesse qu'à la fin du XIXe siècle. Sa réputation, curieusement, vient ainsi de Russie, comme le nuage de Tchernobyl...

L'histoire du 1er mai, en revanche, remonte à la nuit des temps. Avec le 31 octobre, le 2 février et le 1er août — autrement dit la veille de la Toussaint, la Chandeleur et la fête de Saint-Pierre-aux-Liens —, la nuit du 30 avril au 1er mai est l'une des quatre dates auxquelles se tenaient, dans les traditions européennes, les grands sabbats de sorcières. Ces sabbats, qui se succèdent à quatre mois d'intervalle, coupent chaque saison à peu près en son milieu. Les deux plus importants sont le sabbat du 1er mai et le sabbat de la Toussaint, le premier marquant l'apogée de la renaissance printanière et l'entrée dans l'été, le second l'apogée de la destruction automnale et l'entrée dans l'hiver. Le christianisme a baptisé et christianisé le 2 février, devenu la Chandeleur, et la Toussaint. Laissé pour compte, le 1er mai dut attendre son baptême laïque en 1886; ce fut un baptême dans le sang, celui des victimes tombées à Chicago...

Pourtant, il y avait eu quelques tentatives plus ou moins avortées de christianisation du 1er mai. L'Eglise célèbre ce jour-là sainte Walpurgis, une religieuse anglo-saxonne du VIIIe siècle qui contribua, avec saint Boniface, à l'évangélisation de l'Allemagne. Les traditions anciennes eurent vite raison de la sainte réputation de Walpurgis, et, déjà à l'époque de Goethe, la célèbre nuit des Walpurgis à laquelle il fait allusion dans *Faust* évoque le rendez-vous nocturne des démons et des sorciers sur les montagnes d'Allemagne. On défendit alors l'honneur de la sainte en l'invoquant comme protectrice des arts magiques ou pour conjurer les maléfices et les sorts jetés par les sorciers, particulièrement actifs en cette saison de l'année où « le diable était lâché ». Récemment encore, en Bretagne, on craignait que les sorciers ne vinssent jeter des sorts sur les troupeaux, le lait et le beurre en ce jour du 1er mai. Dans le Rouergue, de même qu'en

Dauphiné ou en Maurienne, le curé passait ce jour-là bénir les troupeaux dans les étables ou sur leur parcours.

Dans la Rome antique aussi, le mois de mai était considéré comme néfaste, surtout pour la vie sexuelle. Un peu comme si la sexualité des plantes, alors à son apogée, mettait en péril celle des hommes ! D'où la coutume — aujourd'hui tombée en désuétude — de ne point se marier en mai, cependant que le christianisme en faisait le mois de Marie, donc celui de la virginité et de la continence. Ce mois de Marie, comme le dit un célèbre cantique de notre enfance, n'en est pas moins le « mois le plus beau », ne serait-ce que par l'extraordinaire floraison des aubépines et des prunelliers dont les fleurs neigeuses parsèment si généreusement la campagne de leurs bouquets.

L'aubépine — qui veut dire « épine blanche » — fut de tout temps un arbre « à pouvoirs », qu'il convenait d'approcher avec prudence, ne serait-ce qu'en raison de ses redoutables piquants. Abri sûr contre les orages (car la foudre ne l'atteignait jamais), protectrice des animaux domestiques, conjuratrice de sorts, l'aubépine était consacrée à la Vierge. Ses pouvoirs néfastes — elle en avait aussi, tant il est vrai que rien n'est jamais ni tout blanc ni tout noir — étaient passés à l'épine noire, le prunellier, arbre des sorciers et des jeteurs de sorts. Une piqûre d'aubépine ne donnait tout au plus qu'un mal blanc ; mais le prunellier ou épine noire était beaucoup plus redoutable et sa piqûre pouvait être mortelle (par tétanos peut-être ?).

Dans le calendrier celte, l'aubépine symbolisait le mois lunaire allant du 13 mai au 9 juin. Chez les Grecs, elle était consacrée à la déesse Maia, qui donna son nom au mois de mai. On préparait alors le solstice d'été par d'intenses purifications que le christianisme rétrograda à la période du carême. Dans l'Antiquité, c'était le temps des grands nettoyages de printemps : on lavait les temples, les maisons, les statues des dieux. Naturellement, la chasteté était de rigueur pendant ce mois de purification qui ne devint le mois de Marie qu'au XVIIIe siècle, grâce à la diffusion de l'ouvrage d'un jésuite, le père Lalomia, proposant la consécration du mois de mai à « la gloire de la grande Mère de Dieu ». Un peu partout, en ce 1er mai, il était d'usage de boire du lait et de manger du beurre. Le voilà donc, ce « beurre du printemps » du Paradis iranien ! Dans certaines régions, on procédait à l'élection de la reine de Mai : c'était ordinairement une petite fille couverte de fleurs que l'on fêtait sur une estrade ; mais ce pouvait être aussi un petit garçon habillé en fille, comme dans le Dauphiné. A cette occasion, on quêtait de l'argent et des victuailles pour constituer une dot à une jeune fille pauvre du village. En Alsace, des écolières vêtues de blanc allaient de maison en maison pour quémander des œufs. Cette collecte d'œufs s'est ensuite déplacée à la fête de Pâques, où l'usage s'y maintient toujours ici ou là, sans doute pour peu de temps encore.

Tous ces rituels témoignent d'une fête du Renouveau. Il n'est donc pas étonnant de retrouver en ce 1er mai un véritable culte végétal organisé autour de l' « arbre de mai », équivalent printanier de l'arbre de Noël. L'aubépine était par excellence cet « arbre de mai », l'un des multiples avatars de l' « arbre cosmique » ou « arbre du monde », arbre universel présent dans toutes les mythologies et qui relie les trois niveaux du Cosmos : le Ciel, la Terre et les Enfers. Il symbolise l'univers qui se régénère chaque année au rythme des saisons. Cette régénération apparaît avec le printemps : d'où l'arbre de mai, que l'on plantait jadis au milieu des villages. En Grande-Bretagne, où cet arbre — le *may-pole* — jouait un rôle considérable, les cérémonies organisées autour de lui ont été relatées avec soin par un certain Stubbs, auteur puritain du XVIIe siècle qui s'offusquait du laxisme toléré ce jour-là : « J'ai entendu dire de façon sûre, par des gens sérieux, crédibles et de bonne foi, que trente, quarante et parfois cinquante filles allaient au bois, mais qu'à peine un tiers revenait à la maison… » Non qu'elles y mourussent, mais parce qu'elles s'y dévergondaient. C'est pourquoi, en 1644, un acte du Parlement de Londres avait déjà interdit cette fête, se qui ne l'empêcha point de se perpétuer.

L'arbre pouvait se réduire à de simples bouquets. En Suède, les garçons cueillaient des rameaux de bouleau, l'arbre blanc et pur par excellence ; puis ils faisaient le tour du village en chantant des prières pour appeler le beau temps et la bénédiction des terres et des récoltes. En France, on ornait de feuillage, cette nuit-là, la maison des jeunes filles nubiles. Le « langage des arbres » était ici fort éloquent : le charme signifiait « tu me charmes », et le sapin désignait une putain ! Aussi les jeunes filles se levaient-elles de bon matin pour voir quel était leur symbole et pour le faire disparaître au plus vite s'il les désobligeait... D'autres traditions sont encore plus crues : en Seine-Maritime, les garçons facétieux et grivois déclaraient leur flamme en offrant à leur belle une carotte agrémentée de deux pommes de terre ; en Bretagne, pour dire à une fille qu'elle était une putain, on lui offrait du thym.

Faut-il voir dans les arbres et les herbes de mai certaines réminiscences phalliques ? De fait, en Inde et en Egypte anciennes, on célébrait ce jour-là des cérémonies liées au renouveau de la vie, à la montée de la sève, donc à la puissance sexuelle. Telle a été de tout temps la signification symbolique de l'arbre dressé. Mais si cet arbre est de réputation aussi douteuse, mieux vaut peut-être y mettre le feu : c'est ce que l'on faisait encore à Metz au début du XIXe siècle, entourant l'arbre de fagots et le brûlant lors de grandes festivités collectives.

Dans la symbolique touffue de cette fête du 1er Mai, le feu occupe une place privilégiée. Chez « nos ancêtres les Gaulois », le 1er mai celtique était la fête de Beltaine, qui veut dire en irlandais « feu de Bel », Bel étant le nom du dieu solaire gaulois. Dans sa *Vie de saint Patrick,* le moine irlandais Muirchu décrit ainsi la cérémonie : « Une coutume existait à cette occasion : ... quiconque dans le pays proche ou lointain allumerait un feu avant celui du palais du roi serait condamné à être brûlé ; il serait sacrifié en présence de tout le peuple. Or saint Patrick, qui célébrait Pâques, alluma le feu divin. La flamme vive et bénie s'éleva dans la nuit ; presque tous les habitants de la plaine la virent... Bien entendu, les païens s'étonnent, mais les druides finissent par dire au roi : " Ce feu que nous voyons a été allumé avant celui de ta demeure, le palais de Tara ; nous déclarons que s'il ne s'éteint pas la nuit même où il a été allumé, jamais plus il ne s'éteindra jusqu'à la fin des temps. " » C'est en 433, lors de la fête de Beltaine, c'est-à-dire le 1er mai, que saint Patrick alluma sur la colline de Slane, non loin de Tara, dans le Leinster, ce feu qui n'a plus cessé d'embraser l'Irlande...

Sans doute est-ce à Beltaine que la fête de Pâques a emprunté son cérémonial du *feu nouveau,* lorsque, dans la nuit pascale, toutes lumières éteintes, le prêtre allume devant la porte des églises le feu qui symbolisera, lorsqu'il aura embrasé le cierge pascal, la résurrection du Christ. Ainsi le 1er mai, s'il n'a pas réussi à devenir une fête religieuse en lui-même, en aura-t-il alimenté plusieurs autres : Pâques lui emprunte son feu et ses œufs, et Noël son arbre. Bref, le 1er mai se trouve pris entre deux feux, comme ces troupeaux irlandais que l'on faisait précisément passer entre deux feux, ce jour-là, pour les exorciser et les protéger de tout mal et de tout accident durant l'année nouvelle. Si l'on suit le calendrier celtique, Samain, la Toussaint, marque au début de l'hiver la rentrée des troupeaux ; Beltaine, au contraire, au début de la saison d'été, marque leur sortie. C'est à partir de cette date qu'ils produiront ; mais c'est aussi à compter de ce jour qu'ils seront exposés à tous les dangers, réels ou magiques. D'où la nécessité de rituels de purification et de conjuration.

Et le muguet, dans tout cela ? On rencontre bien quelques herbes ou quelques arbres conjuratoires et porte-bonheur dans les traditions du 1er mai. Mais de muguet, point. En Bourbonnais, on cueillait cette nuit-là le sceau-de-Salomon, plante des bois au rhizome souterrain, très semblable au muguet avec ses petites fleurs blanches en clochettes. A Metz, on portait à la boutonnière une branche de verveine, herbe sacrée de la Gaule, comme le gui. Dans le Nord, on célébrait la fête de l'églantine. En Périgord, on accrochait des rameaux de noyer aux murs des maisons, des granges ou des étables, tradition qui fut ensuite récupérée par la fête des Rameaux sans que celle-ci n'évacue pour autant celle-là : autre exportation d'un symbole dont se révèle particulièrement bien pourvue la besace du 1er mai ! En déplaçant vers de nombreuses autres fêtes les éléments de sa riche symbolique, le 1er mai a ainsi fini par se retrouver tout nu avec son brin de muguet ! Et il a fallu attendre le début de notre siècle pour que le muguet mette hors jeu tous ces porte-bonheur dont il est devenu le glorieux et unique héritier.

Il semble que, aux premières années de ce siècle, ce soient les couturiers qui aient été les premiers promoteurs du muguet. Ils en offraient quelques brins, le jour du 1er Mai, à leurs clientes et à leurs petites mains. Puis vinrent les traditionnelles fêtes du muguet de la région parisienne, avec l'élection de leurs reines et les romances du bois de Chaville. Quant aux ouvriers, ils abandonnèrent peu à peu l'églantine ou le coquelicot, rouges symboles du prolétariat, qu'ils arboraient lors des fêtes du 1er Mai, au profit du muguet. De sorte que, après la Première Guerre mondiale, le muguet avait définitivement triomphé de tous ses concurrents.

Ce triomphe décisif du muguet coïncide avec le triomphe de la loi sur les huit heures, votée par le Parlement français le 25 avril 1919 à l'issue de près d'un siècle de combat syndical. Cette vieille revendication des 3 × 8 — huit heures de travail, huit heures de repos, huit heures de loisir et d'éducation — avait été proposée par un patron britannique aux idées avancées, Robert Owen, dès 1840. Votée par le Congrès américain, cette loi n'avait jamais été appliquée, et, en 1884, les syndicats décidèrent de passer à l'action. Ce qui aboutit au fameux 1er mai 1886. Entre avril et mai, cinq mille grèves se déclenchèrent sur tout le territoire des Etats-Unis. Le 1er mai, la police tira sur des manifestants à Milwaukee (9 morts). Le 3, six hommes tombèrent à Chicago devant l'usine MacCormick où la grève déclenchée en février ne concernait d'ailleurs pas la journée de huit heures. Les anarchistes appelèrent alors à une manifestation, en précisant d'y venir armé. La police chargea la foule. Une bombe explosa, tuant deux agents et en blessant grièvement six autres. La police ouvrit alors le feu sur la foule, massacrant au moins une dizaine de manifestants. Le mouvement ouvrier avait ses premiers martyrs…

Du paganisme antique au christianisme, puis du christianisme au marxisme, les événements s'enchaînent selon la même logique : tout comme le christianisme avait rebaptisé les fêtes de l'Antiquité, le mouvement ouvrier reprit à son actif la fête antique du 1er Mai que le christianisme avait laissée pour compte. Et, comme toute religion nouvelle, celle-ci eut également ses martyrs, en Amérique certes, mais en France aussi bien : on se souvient du tragique 1er Mai de 1891 à Fourmies, où l'armée tira sur la foule ; on dénombra ce jour-là 9 tués, dont 4 jeunes filles, et 33 blessés, dont un enfant de 2 ans. Le sous-préfet se vit alors reprocher par le préfet du Nord de « ne s'être pas fait quelque peu blesser par les manifestants pour donner un commencement d'argument... » Remontrance cynique dont se délecta la presse conservatrice, où l'on pouvait lire des formules comme celle-ci : « Donner huit heures de réflexion et d'oraison à ces drôles paraît vraiment bouffon. » Les syndicats français qui, le 14 juillet 1889, avait proposé de faire du 1er mai, en hommage aux martyrs de Chicago, une fête internationale du travail, avaient désormais eux-mêmes leurs propres martyrs. Ils firent alors de l'églantine, que l'on célébrait dans le Nord le 1er mai, un de leurs symboles.

Parmi les 1er Mai célèbres, celui de 1936 — cinquante ans après celui de Chicago — restera dans les mémoires à cause du formidable mouvement de grèves qui suivit, aux conséquences décisives dans l'histoire du monde ouvrier et qui aboutit notamment à la fameuse semaine de 40 heures tant attendue. Cependant, l'Espagne franquiste fait du 1er mai la fête de saint Joseph ouvrier, tandis que, aux termes de la loi du 12 avril 1941, l'Etat français en fait la fête de la Concorde sociale, bientôt confondue avec la Saint-Philippe, la fête du Maréchal, célébrée le 3 mai. Ce n'est qu'en 1947 que le gouvernement reconnaîtra officiellement le 1er mai comme jour férié et chômé.

Voilà pour l'histoire. Mais la botanique ? Ce fameux muguet, il faut bien en parler tout de même un peu... En Grande-Bretagne, il s'appelle « lys de la vallée », ce qui correspond à son nom latin *Convalaria majalis*. Quant au nom français, il évoque l'odeur de muscade de ses fleurs, qui a donné successivement « mugade », puis, par déformations successives, « mugate », « muguette », et enfin muguet. On retrouve cette même racine dans le latin *muscus* (musc), évoquant l'odeur forte et entêtante de ses fleurs en clochettes.

Il serait outrecuidant d'entreprendre ici la description des fleurs de muguet : il suffit à chacun de les cueillir dans les bois et de les regarder. Encore que cet exercice soit rarement possible un 1er mai, surtout avec le notable recul du printemps constaté depuis quelques années. Aussi convient-il d'approvisionner les fleuristes par des importations généralement venues de Hollande ou grâce aux cultures de primeurs de la région nantaise. Mais les fleuristes ont, le jour du 1er Mai, de singuliers concurrents : n'importe qui, à chaque coin de rue, peut alors vendre du muguet sans contrevenir aux lois régissant l'exercice du commerce. Cette vente est en effet libre et autorisée... quoique réglementée ! Un vendeur de muguet n'a pas le droit, par exemple, d'installer une chaise et une table sur un trottoir ; il doit rester debout ; tout au plus tolérera-t-on qu'il s'installe sur un siège pliant. A cette condition, tout un chacun pourra vendre du muguet en liberté sans payer de taxe à la trésorerie municipale pour occupation de la voie publique : privilège absolument unique qui n'appartient qu'aux vendeurs de muguet du 1er Mai !

A vrai dire, dans le muguet, le plus intéressant est ce que l'on ne voit pas : sa tige souterraine, qui s'allonge d'année en année sous le sol et qui rebondit à chaque printemps pour donner une nouvelle tige aérienne, tandis que la tige de l'année précédente se fane et disparaît. Ainsi la croissance du muguet s'effectue-t-elle par à-coups, comme à saute-mouton : il progresse par un bout et périt par l'autre. Cette tige souterraine, en hiver, est toujours « entre deux tiges », l'une à venir et l'autre à mourir. Comme le mouvement se poursuit d'année en année, une question se pose et s'impose : le muguet serait-il immortel ? Certes non, mais nul ne peut dire combien de temps le petit manège des rebondissements de tiges peut durer. C'est là un des grands mystères de la botanique que celui des plantes vivaces dont les bulbes, les tubercules, les tiges souterraines ou les oignons repartent chaque année juste à côté des bulbes, des tubercules, des tiges ou des oignons de l'année précédente. Quel âge peut avoir votre brin de muguet ? Bien malin qui le dira ! Pour le savoir, il faudrait avoir suivi sa croissance en direct dans un sol artificiel et transparent pendant de nombreuses années, ce qui est beaucoup plus difficile que de compter les anneaux du bois d'un arbre pour en dater la naissance !

Le muguet est le prototype parfait des monocotylédones, ces plantes qui ne germent que par une seule feuille mince et dressée, comme l'oignon, le blé ou le poireau ; l'inverse de la laitue ou du radis, chez qui l'on voit deux pièces vertes sortir de terre, puis s'écarter l'une de l'autre. La tige est dressée, non ramifiée. Des feuilles allongées aux nervures parallèles l'engainent, car elles n'ont pas de pétioles. Les fleurs sont en grappes terminales ; chacune a une corolle en clochette faite de six pièces blanches soudées ; dans la clochette, six étamines porteuses de la semence mâle, et trois stigmates, parties réceptrices femelles de la fleur. Dans ces fleurs, tout marche par trois ; deux fois trois pièces blanches, deux fois trois étamines, trois stigmates. La règle qui veut que les monocotylédones aient des fleurs « trimères », c'est-à-dire construites sur la répétition d'un module de trois, est ici parfaitement respectée.

Ce qu'on ne voit pas non plus dans le muguet (on ne récolte jamais le muguet en automne, mais toujours au printemps), ce sont les magnifiques petites baies rouges qu'il forme en fin de saison.

Petites baies rouges dont il convient de se méfier, conformément à l'adage qui interdit de mettre une baie rouge de plante sauvage dans sa bouche. S'agissant du muguet, cet adage est parfaitement fondé ; car, malgré son allure innocente et son parfum délicat, la plante entière est toxique : quelques brins imprudemment mâchonnés peuvent provoquer de graves indispositions. Le muguet contient en effet des substances actives très proches de celles que l'on trouve dans la digitale. Celles-ci sont d'ailleurs entrées dans la thérapeutique à la fin du XIXe siècle, lorsque le muguet est devenu — aussi tardivement que le symbole de la fête du Travail — un médicament. La digitale l'avait précédé de plus d'un siècle dans la pharmacopée, et la plupart des autres grandes plantes médicinales de plusieurs millénaires. Comme la digitaline, les substances actives du muguet *r*alentissent, *r*enforcent et *r*égularisent le rythme cardiaque : c'est la fameuse règle des « 3 R » que connaissent bien les étudiants en médecine ou en pharmacie.

Le muguet est la seule plante toxique à être manipulée et diffusée sans la moindre précaution, car nul ne suspecte le moins du monde sa toxicité. Il est vrai qu'il ne vient jamais à l'esprit de personne — ou presque — d'accommoder en salade des plantes sauvages ou de mâchonner des bouquets achetés chez le fleuriste. Sage précaution, en vérité ! Car quiconque mâchonnerait imprudemment un *Diffenbachia,* par exemple, s'exposerait à l'agressivité de certaines variétés de cette espèce qui provoquent de violentes irritations de la cavité buccale, avec œdème de la gorge et asphyxie à la déglutition. Dieu merci, la plupart des *Diffenbachia* actuellement cultivés ont été sélectionnés de manière à perdre cette fâcheuse propriété. Dans la lignée des plantes agressives figurent également les *Poinsetia,* dont la sève est irritante, comme celle de toutes ses cousines de la famille des Euphorbes. Muguet, *Poinsetia, Diffenbachia,* même combat... Un combat contre l'homme ? Certes non ! *Poinsetia* et *Diffenbachia* n'ont, il est vrai, pas donné de médicaments ; le muguet, en revanche, s'est montré plus généreux, comme d'ailleurs le laurier-rose, superbe fleur très toxique, elle aussi, par ses substances actives tonicardiaques proches de celles du muguet et de la digitale. Si donc vous ne voulez pas faire partie de la cinquantaine de personnes intoxiquées chaque année par la consommation de plantes ornementales et soignées dans les centres antipoison, ne mâchonnez jamais votre brin de muguet !

Cela dit, il est tout de même curieux que l'on ait choisi, pour célébrer la fête du Travail, une plante toxique ; et, de surcroît, une plante dont la réputation de porte-bonheur semble être exclusivement française. Le travail n'est pourtant point un toxique propre à l'Hexagone ! L'enracinement du muguet dans les traditions anciennes semble fort léger, puisqu'il ne figure pas au nombre des grandes plantes symboliques ; son seul véritable enracinement tient à l'importance de son rhizome. Bref, la fête du Travail est tout aussi récente que le muguet qui l'honore.

Privé d'une lointaine tradition mythologique ou religieuse, le muguet fait en vérité bien pâle figure à côté du buis des Rameaux. Vierge de toute charge symbolique, c'est à vous qu'il appartient de lui conférer un sens lorsque vous offrez votre brin porte-bonheur : il ne signifie rien d'autre que le cœur que vous mettez à l'offrir, et c'est d'ailleurs l'essentiel !

Troisième partie

LE PLEIN ÉTÉ

Quand la nature a fait le plein

Le soleil trône à l'apogée du solstice d'été. La végétation, qui a pris son élan à l'équinoxe de mars, a déjà réalisé l'essentiel de ses gains : elle a en quelque sorte fait le plein de ses propres productions. La croissance végétale a connu une expansion prodigieuse durant tout le printemps, mais on voit maintenant cet élan s'amortir alors que la marée solaire commence à refluer avec le lent déclin des jours. La marée verte déclenchée à l'aube du printemps a submergé la terre ; elle prend désormais l'allure d'un océan de verdure, mais ne progresse plus : la végétation est étale...

L'architecture des ramures, des branches et des feuilles est en place. L'arbre et l'herbe ont revêtu leur parure d'été. Cette œuvre accomplie, la nature pense à sa propre perpétuation dans l'éternelle régénérescence des saisons : les fleurs s'affairent à élaborer fruits et graines. Les arbres édifient discrètement de minuscules bourgeons qui n'éclateront qu'au printemps suivant. Ceux-ci résultent d'une intense multiplication cellulaire, chaque cellule restant néanmoins accolée à ses voisines, indifférenciée, dans un état quasi embryonnaire. Ces discrètes ébauches restent cachées sous le riche feuillage de l'été, quasi imperceptibles. Entièrement formés à l'automne, les bourgeons s'« endormiront » durant l'hiver, accumulant la quantité de froid nécessaire à leur réveil printanier. Chacune de leurs cellules s'allongera alors et l'on assistera au merveilleux spectacle du débourrage et de la feuillaison, dont on ignore généralement qu'il se prépare déjà au cœur de l'été précédent.

Les feuilles au destin éphémère vieillissent lentement. De vert tendre, elles adoptent une tonalité plus foncée, tandis que leurs vaisseaux et leurs tissus accumulent peu à peu des déchets qui, au fur et à mesure de l'écoulement des mois d'été, puis d'automne, frapperont chacune d'une véritable artériosclérose. Ce changement est sans conséquences ni lendemain, puisque, par sa nature même, la feuille des arbres de nos forêts — à l'exclusion des conifères et de quelques exceptions déjà évoquées — est caduque et emporte en tombant l'infirmité dont l'âge l'a frappée.

Quant aux herbes, elles ont déjà donné, dès le 21 juin, le meilleur d'elles-mêmes. Afin d'éviter l' « artériosclérose » qui les rendrait peu comestibles au goût des bêtes domestiques, les foins sont coupés à la croissance maximale, mais avant que ne se développent les processus de maturation des fruits et de formation des graines. Le foin fait d'herbe tendre tranche avec la paille raide et jaune des moissons qui suivront, pour lesquelles on aura eu soin d'attendre que les céréales aient mûri leurs épis et leurs grains.

Plus pressés que les autres, quelques fruits ouvrent le cortège des mûrissements précoces en même temps que la saison des confitures : fraises, groseilles, groseilles à maquereaux, cassis, cerises. Ces fruits qui prennent l'été pour l'automne témoignent de la célérité du cycle des espèces qui les produisent. Quelques mois, parfois quelques semaines, suffisent pour qu'un cycle soit parcouru : pour les herbes annuelles de la graine à la graine, pour les arbres du bourgeon au fruit. La rose de Jéricho détient, semble-t-il, la palme en la matière : pressée de boucler son cycle dans les meilleurs délais, dès qu'une ondée humecte le désert, elle germe, lève, pousse, fleurit, fructifie et répand ses graines... en dix jours ! c'est là le prototype d'une « éphémère », comme il en existe aussi chez les insectes.

Mais les plantes ne savent guère faire deux choses à la fois ; aussi la croissance annuelle s'arrête-t-elle lorsque commence la fructification. Chaque année, en automne, les plantes font ce que font la plupart des animaux une fois pour toutes : cesser leur développement au profit de la reproduction et de l'élevage des jeunes. Même lorsqu'elles ne fleurissent que tardivement, on observe toujours un fort ralentissement de leur croissance pendant les mois les plus chauds, avec parfois une légère reprise automnale précédant la floraison. Une périodicité analogue se manifeste pour les arbres, comportant une phase de croissance très active en mars ou avril, au moment du débourrement des bourgeons, suivie parfois — c'est le cas du chêne notamment — par un ralentissement puis par une nouvelle poussée en début d'été, qui fournit les « pousses de la Saint-Jean ». Aussi le bois formé au printemps possède-t-il des vaisseaux larges et nombreux, favorisant une bonne conduction des sèves ; les vaisseaux du bois d'été sont beaucoup plus étroits. En observant les anneaux ou cernes du bois sur une section de tronc, il est aisé d'apprécier l'intensité relative de la croissance d'une année à l'autre. Il en découle d'utiles indications sur les variations climatiques, les années sèches fournissant des anneaux maigres... comme les vaches du même nom.

Si donc le printemps est la saison de la grande explosion végétale, l'été est celle de la maturation, l'automne celle des ultimes accomplissements.

Chaque année, sur la terre entière, la photosynthèse produit environ 150 milliards de tonnes de matière végétale sèche. Chaque rameau, chaque feuille, chaque fleur contribue, par son modeste poids, à ce chiffre vertigineux. Ainsi, un hectare de forêt feuillue produit annuellement treize tonnes de matière végétale sèche. Une prairie en fait exactement autant. Mais, dans le premier cas, tout est en l'air ; dans le second, tout est au sol. Les plantations de conifères, avec dix-sept tonnes à l'hectare, font nettement mieux, et les denses forêts tropicales, avec vingt-deux tonnes, mieux encore. Pourtant, le record de productivité végétale toute catégorie appartient aux marais, avec vingt-cinq tonnes à l'hectare dans les régions tempérées et quarante tonnes en zone tropicale. Ainsi, les marais tant décriés, qu'on s'empresse de drainer pour les rendre « productifs », sont en réalité les milieux naturels les plus fertiles du monde, ceux où la masse végétale annuellement produite par photosynthèse est la plus élevée et celle aussi où l'émission d'oxygène dans l'atmosphère est la plus importante : car le marais « assainit » l'air, il ne produit point ces « miasmes » si redoutés autrefois, même s'il entretient de généreuses populations d'insectes dont la fréquentation n'est guère recommandable...

Le record inverse est évidemment détenu par les grands déserts tropicaux, avec à peine cent kilos de matière végétale sèche par hectare et par an, tandis que les glaciers, avec une surface totale de 14 millions de kilomètres carrés (27 fois celle de la France) n'ont aucune productivité végétale.

Mais, dira-t-on, et les cultures ? Selon leur nature, elles produisent de douze à seize tonnes de matière sèche par hectare et par an. Quant aux villes, avec leurs parcs, leurs jardins, leurs arbres d'alignement, elles contribuent de manière non négligeable à la productivité globale de l'écosystème Terre, puisqu'elles produisent tout de même cinq tonnes à l'hectare par an (et 100 ou 1 000 fois plus de pierre et de béton !).

Ces quelques éléments d'écologie quantitative permettent d'apprécier les productions spontanées de la nature, dont certaines sont plus ou moins « encadrées » par l'homme, comme celles des champs cultivés ou des prairies de fauche. Mais toutes prennent leur source dans l'énergie solaire, capable de souder la molécule d'eau, puisée dans le sol par les racines, à la molécule de gaz carbonique aspirée par les feuilles, pour former ces substances sucrées qui font l'essentiel de la matière première végétale.

En région tempérée, chez nous, ces productions s'élaborent exclusivement au cours du printemps et des premiers mois d'été. Puis, à l'instar des entreprises du bâtiment, l'usine végétale se met pendant de longs mois en intempéries, en attendant le retour des beaux jours. Le phénomène de croissance semble donc entièrement conditionné par le rythme solaire. Mais qu'en est-il alors des pays sans hiver, des zones équatoriales où l'humidité et la chaleur ne font jamais défaut ? Tout comme chez nous, la croissance y est limitée, et l'on n'y a jamais vu un arbre monter jusqu'au ciel... Car chaque espèce possède en propre un plan de développement génétiquement programmé, plan auquel elle ne peut en aucune manière déroger. Celui-ci fixe la taille limite des individus, l'architecture générale de la plante, l'ordonnancement de ses ramifications, la forme de ses feuilles, etc. La croissance se trouve ainsi limitée « par nature » : c'est une faculté déterminée et régulée par le cadre rigide du plan de développement de chaque espèce, animale ou végétale. Que ce plan soit « neutralisé » — comme c'est le cas, par exemple, pour des cultures de tissus en milieux artificiels fondées sur une division cellulaire continue, produisant des amas de cellules nombreuses et indifférenciées —, et la disparition du principe d'organisation autorise une prolificité et une pullulation sans fin. Le cancer n'est-il pas, par excellence, le modèle d'une croissance non maîtrisée, parfaitement anarchique, avec ses tumeurs et ses métastases, ses proliférations cellulaires désordonnées et ses divisions ininterrompues de cellules nourries au détriment des tissus sains ? Mais, dès lors qu'un plan d'organisation — comme chaque espèce en possède — vient s'interposer, le développement se discipline et s'organise, comme si croissance et différenciation s'excluaient mutuellement.

Le soleil qui monte au printemps et redescend en été n'est ainsi que le facteur déclenchant d'une croissance par ailleurs régulée par les équilibres internes de la plante. Bref, ce que Goethe appelait, dans sa *Métamorphose des plantes,* le « principe formateur », corsèterait en quelque sorte la croissance, enfermant le végétal dans une forme propre et comme préétablie.

Cette forme, les plantes l'atteignent en été dans sa perfection, avec leurs organes feuillés, leurs fleurs resplendissantes, les mille « clins d'œil » qu'elles adressent aux insectes pollinisateurs. Mais cette perfection de la forme, comme le constatait Goethe, implique du même coup une « extrême fragilité ». Ce qui est beau, fin, délicat, est fragile et généralement éphémère. Pas seulement d'ailleurs chez les plantes...

L'été est donc une apothéose où le végétal s'élance vers le ciel comme le soleil, et se manifeste dans toute sa splendeur : dense feuillage, fleurs épanouies. L'hiver, au contraire, est le temps des enfouissements souterrains : la chute du soleil conduit la plante à se retirer, à se tapir dans le rude endurcissement du bulbe, de la racine ou de la graine. La superbe et généreuse magnificence du Lion, signe solaire par excellence, et l'opiniâtreté obstinée du Capricorne, signe d'hiver, illustrent parfaitement, dans la symbolique astrologique, les métamorphoses des formes végétales qui reflètent la ronde des saisons.

Feux et herbes de la Saint-Jean

La Saint-Jean se démarque assez peu du 1er Mai, sauf qu'elle vient cinquante-cinq jours plus tard. Fête du solstice d'été, elle célèbre aussi le feu, la lumière solaire à son apogée, la montée en puissance de la végétation. Faute d'avoir christianisé la fête des druides celtiques, le christianisme s'est emparé du solstice et l'a dédié à saint Jean-Baptiste.

Jean-Baptiste fut l'un de ces innombrables prophètes — on dirait aujourd'hui gourous — qui grouillaient en Palestine juste avant l'ère chrétienne. Pourtant, il se singularisa de tous les autres en désignant clairement le Messie : « Voici l'agneau de Dieu qui efface les péchés du monde. » Puis, prononçant la phrase célèbre qui mettait un terme à sa mission de précurseur, il déclara, parlant du Christ : « Il faut qu'Il grandisse et que je diminue… »

De fait, la fête de Jean-Baptiste fut fixée au solstice d'été, le 24 juin, jour à partir duquel le soleil commence à décliner, à l'opposé de la fête de Noël à partir de laquelle, comme l'Enfant Jésus, il commence à croître. Cette fête de la Saint-Jean a donc un sens parfaitement symbolique. De plus, à la différence des autres fêtes, elle célèbre la venue sur terre d'un saint, alors que toutes les autres sont fixées au jour de leur mort, c'est-à-dire de leur naissance au Ciel. On ne pouvait cependant priver Jean-Baptiste de ce privilège commun à tous les saints ; aussi lui a-t-on dédié une seconde fête en mémoire de sa décapitation — savamment nommée « décollation » —, célébrée le 29 août. Aucun pape ne canonisa Jean-Baptiste ; le

Christ ne l'avait-il pas fait lui-même en lui consacrant la plus courte et la plus percutante des bulles de canonisation : « Parmi tous les enfants des femmes, il n'y en eut jamais de plus grand que Jean-Baptiste... » ?

Jean-Baptiste fut décapité dans des circonstances mémorables. Prophète intrépide, ce « François d'Assise du Ier siècle » avait eu le courage, pour ne pas dire le culot, de reprocher publiquement au roi Hérode le scandale de son union illégitime avec Hérodiade, sa belle-sœur, dont l'époux Philippe vivait encore. Hérodiade pressa Hérode de la venger en réclamant la tête du Baptiste. Mais le prestige du prophète Jean auprès des populations était tel qu'Hérode n'osait donner satisfaction à Hérodiade. Celle-ci réussit cependant à le piéger. L'Evangile selon saint Marc relate en ces termes l'histoire de la mort du Baptiste : « Hérode offrit un banquet aux grands, aux officiers et aux notables de Galilée. La fille d'Hérodiade, étant entrée, dansa, et elle plut tellement à Hérode et à ses convives que le roi dit à la jeune fille : " Demande-moi ce que tu voudras et je te le donnerai... " Et il lui fit ce serment : " Tout ce que tu me demanderas je te le donnerai, serait-ce la moitié de mon royaume. " Etant sortie, elle dit à sa mère : " Que vais-je demander ? " Et celle-ci de répondre : " La tête de Jean-Baptiste ! " Revenant aussitôt avec empressement auprès du roi, elle fit sa demande en disant : " Je veux que tu me donnes sur-le-champ, sur un plateau, la tête de Jean-Baptiste. " Le roi fut consterné ; néanmoins, à cause de son serment et de ses convives, il ne voulut pas la contrarier ; il envoya donc un de ses gardes avec l'ordre d'apporter sur un plateau la tête de Jean. Le garde décapita Jean dans sa prison et il apporta sa tête sur un plateau, la donna à la jeune fille, et la jeune fille la remit à sa mère... » Cette « décollation » faisait de Jean-Baptiste le premier des martyrs.

Le concordat de 1801 affaiblit considérablement la Saint-Jean en la déclarant « fête non chômée ». La Saint-Jean redevint alors ce qu'elle avait toujours été : une grande fête populaire ancrée dans les plus anciennes traditions. On l'avait célébrée de tout temps par les fameux feux du solstice, devenus feux de la Saint-Jean, tandis que de nombreuses plantes médicinales, les herbes de la Saint-Jean, étaient cueillies à la fin de cette nuit solsticiale.

L'Eglise n'avait pourtant pas ménagé ses efforts pour christianiser les solstices. Elle y était magnifiquement parvenue pour le solstice d'hiver, devenu Noël. Mais, pour la Saint-Jean, les traditions ancestrales avaient opiniâtrement résisté, en dépit de sa vive opposition. Dès le VIe siècle, saint Cézaire, d'abord moine à l'abbaye de l'île de Lérins, en face de Cannes, puis évêque d'Arles, interdit à ses ouailles de se baigner dans les fontaines, les marais et les rivières durant la nuit de la Saint-Jean. Quelque temps plus tard, saint Eloi, évêque de Noyon, interdit les danses et chants diaboliques des solstices. Mais les traditions populaires persistèrent obstinément et mille ans plus tard, au concile de Trente, l'Eglise décida de tenter de les encadrer pour en extirper toute trace de paganisme : on organisa alors des processions vers les feux de la Saint-Jean pour les bénir. Dans un ouvrage consacré aux solstices, Jean Mabire et Pierre Vial rapportent comment Bossuet, évêque de Meaux, s'efforça de canaliser les tendances populaires profondes au moyen d'un catéchisme sous forme de « demandes-réponses » :

D. Pourquoi l'Eglise témoigne-t-elle tant de joie à la naissance de saint Jean-Baptiste ?

R. Elle ne fait cela que pour perpétuer la joie que l'ange avait prédite.

D. Comment ?

R. L'ange Gabriel avait prédit à son père Zacharie qu'on se réjouirait à sa naissance.

D. Est-ce pour cela qu'on allume des feux de joie ?

R. Oui, c'est pour cela.

D. L'Eglise prend-elle part à ces feux ?

R. Oui, puisque dans plusieurs diocèses, en particulier dans celui-ci, plusieurs paroisses font un feu qu'on appelle ecclésiastique.

D. Quelle raison a-t-on de faire ce feu d'une manière ecclésiastique ?

R. Pour en bannir les superstitions qu'on pratique aux feux de la Saint-Jean.

D. Quelles sont ces superstitions ?
R. Danser à l'entour du feu, jouer, faire des festins, chanter des chansons déshonnêtes, jeter des herbes par-dessus le feu, en cueillir avant midi ou à jeun, en porter sur soi, les conserver au long de l'année, garder des tisons ou des charbons du feu...

Bientôt, un ouvrage destiné à tous les diocèses de France est publié et précise la nature de ces superstitions ; on y lit notamment :

D. Quels sont les abus qui se sont introduits en la suite des temps en cette cérémonie ?
R. 1. La violation du jeûne, remplacé par des soupers publics dans les rues ; 2. Les superstitions, comme de faire certains tours ou cercles autour du feu et de faire faire la même chose aux animaux, d'en emporter de petits tisons, des charbons, de la cendre, de porter des ceintures d'herbes, de jeter et passer par-dessus le feu des faisceaux d'herbes ; 3. Les dissolutions qui se passent dans la nuit à l'occasion du feu, tant en actes qu'en paroles, des jeunes gens abusant de cette lumière pour y commettre avec insolence des œuvres de ténèbre et de péché ; 4. Les danses et chansons que l'auteur d'impureté a introduites en cette journée...

Et les auteurs de conclure : « Cette allusion au diable est très caractéristique. Depuis le Moyen Age, les traditions et symboles païens ont été catalogués automatiquement comme " démoniaques ". La description du monde de la sorcellerie apparaît, sous la plume des clercs, chargée de symboles dont le sens a été " noirci ". Le diable lui-même est le " prince des ténèbres ". S'il est " porteur de lumière " (Lucifer), c'est d'une lumière infernale, celle des flammes où brûlent les damnés. Les feux auxquels il préside sont ceux du sabbat, sous la forme d'un " grand bouc puant ", image négative du bouc de Thor et du dieu Pan, ou d'un grand cerf, souvenir du dieu celte Cernunnos. Le chaudron sacré des druides est devenu le chaudron des sorcières. Il ne sert plus à fabriquer la boisson d'immortalité, mais des philtres de mort. Les sabbats se déroulent au cœur des forêts, lieu de prédilection de la spiritualité païenne, et la sorcière, vouée au diable, est entourée d'animaux sataniques : les noirs corbeaux (compagnons d'Odin) et les chouettes (l'oiseau d'Athéna, oiseau de sagesse). Ainsi, la politique de l'Eglise à l'égard des traditions héritées du paganisme a toujours été ambivalente : répression et récupération. Mais ni l'une ni l'autre n'ont pu venir à bout des solstices : il est des racines qu'il est difficile d'extirper. » L'immémoriale célébration du solstice en est une.

Le solstice d'été célèbre le soleil, et le soleil, c'est le feu, symbole d'une très grande richesse, mais aussi d'une parfaite ambivalence. Comme le soleil par ses rayons, il symbolise par ses flammes l'action fécondante, purificatrice, illuminatrice : c'est la flamme qui monte, qui embrase et qui crépite. Mais le feu peut aussi couver sous la cendre : il symbolise alors une menace latente. Le feu qui éclaire est aussi celui qui brûle, qui dévore, qui détruit : c'est le feu des passions... ou des armes à feu ! Forme suprême du symbole : les Pères de l'Eglise y virent l'image de l'essence divine ; ainsi, selon Denys l'Aréopagite, « les saints théologiens décrivent souvent sous forme incandescente cette Essence suressentielle qui échappe à toute figuration... » — autrement dit Dieu. C'est aussi par le feu que s'effectue le grand œuvre initiatique, ce long chemin par lequel l'homme transforme sa nature pour se rapprocher de Dieu. Selon saint Martin, « l'homme est feu, sa loi, comme celle de tous les feux, est de dissoudre son enveloppe et de s'unir à la source dont il est séparé ». Ce feu purificateur de l'âme est exactement l'opposé du feu destructeur des passions ; le premier éteint le second, de sorte que, au sens propre du terme, un feu chasse l'autre ! Même symbolique du feu intérieur dans les écrits du Bouddha où on lit : « J'attise une flamme en moi, mon cœur est l'âtre, la flamme est le soi dompté... » Eternelle dialectique du jeu « à qui perd gagne », appliquée ici aux plus hautes destinés de la nature humaine, qu'on retrouve au cœur même des Evangiles : « Si le grain ne meurt... », « Qui perd sa vie la gagnera... » Mais si ce feu-là détruit l'enflure du moi, l'autosatisfaction insolente, ou, pour tout dire, l'orgueil, il en est un autre, au contraire, qui le symbolise et le magnifie : c'est le feu de Lucifer, porteur de la lumière céleste, précipité dans les flammes de l'Enfer ; un feu qui brûle sans consumer et qui exclut à jamais l'espoir d'une régénération. Paul Diel voit « dans la flamme montant vers le ciel l'élan vers la spiritualisation. L'intellect, sous sa forme évolutive, est serviteur de l'Esprit (le mot est à prendre ici dans son sens transcendant). Mais la flamme est aussi vacillante, ce qui fait que le feu se prête également à figurer l'intellect en tant qu'oublieux de l'Esprit. Le feu fumant et dévorant symbolise l'imagination exaltée, le subconscient, la cavité souterraine, le feu infernal, l'intellect sous sa forme révoltée, bref, toutes les formes de régression psychique [1] ». Voilà donc résumées dans une sorte de fondu-enchaîné les différentes formes du symbolisme du feu. A quoi s'ajoute encore la symbolique sexuelle, universellement liée aux premières techniques d'obtention du feu par frottement. Selon Mircea Eliade, le feu obtenu par frottement est considéré comme le résultat, la progéniture d'une union sexuelle, car le frottement en va-et-vient suggère l'image même de l'acte sexuel.

La symbolique du feu est donc riche et ambivalente, comme celle de l'eau qui noie ou désaltère, féconde ou inonde. L'une et l'autre sont souvent associées, comme dans la célébration successive de l'eau et du feu durant la nuit pascale. De même, pour la Saint-Jean, le premier seau tiré d'un puits, quand sonnait minuit, le 23 juin, donnait une eau réputée fortifiante pour ceux qui en buvaient.

Mais la Saint-Jean marque aussi l'apogée de la marée végétale annuelle, réglée par le soleil et célébrée par les arbres de la Saint-Jean, simple variante, décalée dans le calendrier, de l'arbre de mai. Sous l'Ancien Régime, on dressait à Paris, place de Grève, l' « arbre du feu de la Saint-Jean », et c'était le roi lui-même qui y mettait le feu ; Louis XIV fut, semble-t-il, le dernier roi de France à prendre part à cette cérémonie qu'il présida avec faste, en hommage au soleil, sur cette place qui n'était pas encore celle de la Concorde, mais celle où devait mourir guillotiné son qua-

1. J. Chevalier et A. Gheerbrant, *Dictionnaire des symboles*, R. Laffont-Jupiter, Paris, 1982.

driaïeul. Avant lui, plusieurs de ses prédécesseurs avaient embrasé le bûcher de la Saint-Jean : François Ier l'alluma en 1542 au bruit de douze pièces d'artillerie ; Charles IX inaugura en 1572 la tradition du feu d'artifice, qui devait ensuite se perpétuer après l'embrasement du bûcher ; Henri IV inaugura le feu de 1596, sans doute pour s'attirer la ferveur populaire de cette fête du solstice...

La puissance solaire, à son maximum à la Saint-Jean, confère sa force à tous les talismans constitués ou récoltés ce jour-là. Aussi les Parisiens recueillaient-ils les tisons et les cendres de l'arbre incendié et les rapportaient-ils dans leur foyer comme porte-bonheur. *Idem* pour la couronne de fleurs qui dominait les feux de la Saint-Jean. Car le bûcher n'était pas un simple tas de branches, mais une grande architecture dressée autour d'un mât central. L'on dansait autour de ces feux de joie et de prospérité ; en maints endroits, on sautait au-dessus d'eux — notamment les jeunes couples — pour se porter bonheur. En Flandre, on brûlait solennellement un mannequin sur un bûcher ; la scène se reproduisait à l'identique cinq jours plus tard pour la Saint-Pierre, mais on brûlait cette fois un mannequin représentant une femme. Peut-être faut-il voir dans cette étrange coutume une réminiscence de l'Inquisition, particulièrement sévère dans les Flandres espagnoles ?

Les processions sauvages étaient si abondantes dans nos forêts qu'il fallut une ordonnance royale de 1669 pour en limiter la prolifération. La Saint-Jean disculpait le cerisier, tenu pour suspect dans les traditions germaniques (sans doute est-ce là une réminiscence du mythe de l'arbre au fruit défendu...). De fait, le cerisier entraînait bien des chutes et bien des malheurs, puisque les cerises, comme on sait, ne tombent pas spontanément et doivent être cueillies sur l'arbre. Or, en maints endroits, il était formellement interdit de monter dans un cerisier, sauf précisément le jour de la Saint-Jean où les chutes étaient miraculeusement évitées...

En Poitou, chaque année, on entoure de paille une roue de charrette qu'on embrase avec un cierge bénit ; la roue enflammée est ensuite promenée à travers les campagnes qu'elle fertilisera. Cette vieille coutume remonte aux druides, pour qui la roue était l'image du disque solaire dont le passage au zénith féconde la terre. En Lorraine, à Sierck-les-Bains, comme en bien d'autres lieux, une tradition identique se perpétue aujourd'hui encore : une roue enflammée est lancée en direction de la Moselle ; qu'elle y parvienne, et le vin sera assurément bon cette année-là. Cette roue qui tourne symbolise la permanence du cycle solaire par-delà les vicissitudes de la vie humaine. Car, comme le dit l'adage populaire, pour nous autres hommes, « la roue tourne » et symbolise notre précarité. Comme toujours, si le symbole tourne, de la permanence à la précarité, c'est sa signification qui se retourne ; tant il est vrai que la vie est dialectique, tout comme les symboles qui l'expriment !

Toutes les fêtes de la Saint-Jean, avec leurs innombrables variantes locales, ont ceci de commun qu'elles revêtent toujours un caractère collectif et populaire. Le solstice d'été est une fête communautaire célébrée sur les places publiques. Noël, fête du solstice d'hiver, est au contraire une fête intime, familiale, dénuée de toute manifestation extérieure. A Noël, au creux de l'hiver, la vie se contracte, se concentre comme dans une graine ou dans un enfant nouveau-né. A la Saint-Jean, à l'orée de l'été, la vie explose et connaît le summum de son épanouissement. Ce qui était caché apparaît alors « au grand jour » ; les places et les rues, vides à Noël, sont envahies par les foules en liesse. Si les sociétés modernes ont inventé les bruyants embouteillages des nuits de réveillon avec leurs concerts de klaxons et leurs embrassades publiques, combien plus significative est la nouvelle prolifération, dans nos bourgs et nos villages, des fêtes et feux de la Saint-Jean, en rapide extension dans toute la France. Les innovations des sociétés industrielles n'ont pu avoir raison de ces traditions enracinées qui resurgissent de plus belle. Innovation et tradition : peut-être n'est-il pas si difficile, au fond, de tenir les deux bouts de la chaîne...

La symbolique du feu est en relation étroite avec celle de la végétation. Dans les deux cas, elle manifeste la puissance de régénération au sein des forces cosmiques. Les plantes puisent en effet l'énergie du soleil pour effectuer la photosynthèse. Et quand cette synthèse aboutit, comme c'est le cas en forêt, à la formation du bois, cette énergie peut être restituée sous forme de chaleur par le feu. Ainsi le feu solaire a-t-il été apprivoisé en feu domestique, dans l'âtre ou le fourneau, par plante interposée. De sorte que les plantes occupent, dans les festivités et rites de la Saint-Jean, une place considérable.

La nuit de la Saint-Jean est également celle où l'on cueille des herbes aux pouvoirs magiques. On n'en finirait pas de répertorier les nombreuses herbes de la Saint-Jean dont l'efficacité thérapeutique ou magique est liée à l'heure et à la date de leur récolte. Ces herbes présentent la même ambivalence symbolique que les feux allumés ce jour-là. La fougère mâle et la verveine illustrent bien cette ambiguïté.

Au Moyen Age, la fougère était considérée comme une plante peu fréquentable : les squames brunes et les amas de spores rougeâtres sous ses frondes la firent suspecter de quelque commerce sacrilège avec le Malin, dont on sait qu'il roussit tout ce qu'il touche. Les jeunes frondes enroulées en crosse étaient, il est vrai, plus rassurantes : la crosse simulait le serpent, elle devait donc protéger contre sa morsure ! En 1612, déjà, le synode de Ferrare avait frappé d'interdit ces cueillettes nocturnes de fougères pendant la Saint-Jean, qui, disait-on, pouvaient rendre invisibles leurs détenteurs. Mais, au début du XIXe siècle, les souches porteuses de jeunes crosses de fougère mâle étaient toujours vendues en Allemagne sous le nom de « mains de saint Jean » : elles étaient censées protéger leurs possesseurs contre les mauvais sorts.

Quant à la pauvre verveine, qui nous dira jamais pourquoi elle entrait, comme la fougère, dans la confection d'une autre main, franchement lugubre celle-ci : la « main de gloire » ? Laissons Gustave Le Rouge[1] nous en parler : « Voici ce qu'était la main de gloire : pour la préparer, on coupait à minuit, et un vendredi autant que possible, la main d'un pendu un peu au-dessus du poignet, puis on repliait les doigts sur la paume de façon que la main fût presque entièrement fermée. On la plongeait dans un vase de cuivre neuf contenant du salpêtre, du zinc en limaille et la substance nerveuse

1. G. LE ROUGE, *La Mandragore magique,* Belfond, Paris, 1966 (réédition).

contenue dans l'épine dorsale d'un chat. On allumait sous le bassin une poignée de fougère desséchée, mélangée de verveine fraîchement cueillie. Au bout de peu d'instants, la main était complètement desséchée et pour ainsi dire momifiée. Pour en faire usage, on plaçait dans la main, comme si elle l'eût naturellement tenue, une chandelle dont la mèche, tressée de trois brins de chanvre, devait avoir été empruntée à la corde du gibet. La chandelle elle-même était composée mi-partie de cire vierge, mi-partie de graisse humaine ; quelques auteurs disent de la graisse d'un enfant mort sans baptême, d'autres de la graisse même du pendu qui avait déjà fourni la main. Ce lugubre flambeau devait être allumé à la veilleuse même du tabernacle et celui qui s'en servait devait avoir soin — sous peine de mourir dans l'année — que le vent ne la soufflât pas pendant qu'il se rendait à l'endroit où se trouvait le trésor présumé. Une fois arrivé là, on s'avançait à pas lents et plus la flamme brûlait et pétillait, plus on était près de la cachette. La chandelle magique s'éteignait brusquement d'elle-même lorsqu'on était arrivé à l'endroit précis où se trouvait le trésor. »

La verveine, la fougère, le feu, la magie : décidément, toute la symbolique « païenne » de la Saint-Jean est dans cette main de gloire !

L'innocent drosera des tourbières, la plus commune de nos plantes carnivores, est également au cœur des traditions de la Saint-Jean. Ses minuscules feuilles rondes, rouge brunâtre, sont hérissées de longs poils habiles à piéger puis à digérer les insectes. Ses glandes sécrétrices d'enzymes digestives, hissées sur ces mâts que sont les poils porteurs, luisent au soleil, simulant une « eau de feu », une rosée de soleil, d'où le nom populaire de rosolis donné à cette plante. Qu'on la cueille à minuit la nuit de la Saint-Jean — et, pour plus de précaution, à reculons, afin d'éviter d'être suivi par le Diable —, et l'on bénéficiera de la force protectrice de cette herbe magique en s'en frottant le corps tout entier. Mais le drosera est cueilli aujourd'hui pour un tout autre usage : ses enzymes attaquent avec la même énergie les sécrétions bronchiques que le corps des insectes piégés sur ses feuilles. Aussi l'utilise-t-on comme antitussif et expectorant, ce qui a singulièrement appauvri les gîtes naturels — déjà fort restreints — de cette espèce qui ne vit que dans les tourbières.

Faute de tourbières, on trouvera toujours à proximité de chez soi une autre herbe de la Saint-Jean, fort répandue celle-ci : le millepertuis. Cette herbe aux éclatantes fleurs jaunes, solaires par excellence, est l'une des grandes herbes de la Saint-Jean : au temps des possessions et de la sorcellerie, on lui attribuait le pouvoir de chasser les démons. Ce pouvoir, elle le devait à son odeur que l'on comparait à celle de l'encens. L'encens est le parfum des sacrifices consacrés à Dieu ; il était donc normal de parer cette plante de pouvoirs protecteurs et magiques. Car dans un combat entre Dieu et diable, on sait bien d'avance qui va gagner. C'est pourquoi le millepertuis récolté le jour de la Saint-Jean était souvent accroché aux portes des maisons en guise de talisman.

Mais le millepertuis a une particularité botanique qui lui vaut son nom : ses feuilles, regardées à contre-jour, sont percées de mille petits trous, de « mille pertuis » ; d'où son emploi — conformément à la théorie des signatures, qui veut qu'une plante exprime par un signe ses propriétés — contre toutes les blessures et lésions. La thérapeutique a conservé cette dernière indication et le millepertuis est le prototype de ce qu'on appelle un vulnéraire, c'est-à-dire un médicament antiblessure (du latin *vulnus*). Il arrive qu'on l'associe à d'autres plantes, notamment l'arnica. Le tandem constitue en usage externe un médicament classique contre plaies et bosses.

Jadis, on utilisait souvent les odeurs dans les cérémonies d'exorcisme. Au XIe siècle, par exemple, lorsque les règles se faisaient trop attendre chez une femme, on y voyait l'œuvre du Malin. Il suffisait de le mettre en fuite pour rétablir des menstruations normales. Pour cela, il convenait de faire respirer à la patiente une odeur abominable. Le démon qui l'habitait fuyait naturellement et se réfugiait dans le bas du corps. On prescrivait alors à la malade des bains de siège avec fumigations agréablement odorantes de la région vaginale pour que le diable, abusé, cherchant la source de ces odeurs capiteuses, quitte enfin la malheureuse.

Au drosera et au millepertuis, il convient d'ajouter encore

l'armoise, dont un bouquet cueilli à la Saint-Jean est un puissant moyen de conjurer le mauvais œil.

Pour que les herbes de la Saint-Jean aient toute leur puissance, encore fallait-il les cueillir exactement durant les vingt-quatre heures qui commencent à l'angélus de midi, le 23 juin, et qui se terminent à la même heure le lendemain. Bref, la Saint-Jean était l'unique jour où il convenait de s'approvisionner en plantes médicinales ou magiques. C'était aussi le seul où les sorciers pouvaient cueillir les herbes nécessaires aux maléfices qu'ils auraient ensuite loisir de pratiquer toute l'année !

Voici quelques conseils en la matière, glanés dans *Le Folklore de France* de Paul Sébillot. En Provence, si, après une prière de malédiction, on jette une fève de marais bien sèche dans l'huile de la lampe qui brûle près de l'autel, dès qu'elle commence à se gonfler, celui qui a été l'objet du maléfice tombe malade, et le jour où elle se fend, il meurt sans qu'aucun remède puisse le sauver. A Liège, pour faire souffrir un amant volage, on met dans la cheminée un oignon percé de treize épingles, et on allume une chandelle dans laquelle on en a enfoncé un pareil nombre ; la personne visée dépérit au fur et à mesure que l'oignon se dessèche ou que la chandelle brûle. Dans la Vienne, une fleur de nielle offerte à une jeune fille par une vieille femme la fait mourir ou devenir folle si la tige est coupée ou cassée par le milieu. Jadis, en haute Bretagne, on accrochait une fleur de digitale à chacun des dards d'une croix d'épine que l'on tâchait de faire porter à la personne que l'on voulait maléficier : celle-ci, sans défiance, baisait la croix et par conséquent les fleurs, et mourait peu après. Aujourd'hui encore, on fait la croix, puis on retire les fleurs que l'on fait bouillir, et si l'on peut verser l'eau qui en provient dans la boisson de son ennemi, il ne tarde pas à succomber — non pas à cause des fleurs, qui ne sont pas « méchantes », mais à cause du sort jeté. Cette précision n'est pas inutile, car chacun doit bien comprendre que le pouvoir maléfique tient au sort jeté, non à la plante, fût-elle toxique comme c'est ici le cas ! La « pensée sauvage » ignore en effet le concept de toxicité : les plantes doivent leur pouvoir soit aux esprits qui les habitent, soit aux symboles qu'elles expriment, soit aux énergies positives ou négatives dont elles ont été chargées par le sorcier ou le guérisseur — jamais aux substances chimiques qu'elles recèlent, concept totalement étranger à la pensée traditionnelle ! On ne sera donc pas surpris d'apprendre qu'il n'est pas de bonnes et de mauvaises herbes : tout dépend de l'usage que l'on en fait. Comme le feu ou l'eau sont en même temps symboles de vie et de mort, de même la fougère ou la verveine apparaîtront tantôt bénéfiques, tantôt maléfiques, selon l'usage, les traditions ou les rituels mis en œuvre.

Les arbres eux-mêmes participent à cette dualité. Selon une tradition béarnaise, lorsque Jésus eut créé le laurier, le diable voulut l'imiter mais ne réussit qu'à faire le houx... qui, pour cette raison, porte des piquants. Le poirier et le pommier furent doublés par l'épine noire ; de fait, tous appartiennent à la famille des Rosacées et présentent des fleurs semblables, mais seule l'épine noire, le prunellier, arbore des piquants. Le châtaignier est doublé par le marronnier dont la graine est incomestible, la vigne par la ronce, le genêt par l'ajonc qui pique, le rosier par l'églantier ou rosier du diable, la noix par le gland... Comme on voit, le diable est partout, mais fait toujours moins bien ! De même pour les herbes : la carotte fut doublée par la ciguë, l'avoine par l'ivraie, le froment par le carex, le trèfle par la cuscute, le chou par le chardon...

Cette vision « dialectique » du bien et du mal est sous-jacente à tous les symboles de la Saint-Jean. Si l'on doit déployer tant d'efforts pour récolter des plantes précises à des heures précises ou pour dresser l'architecture des grands bûchers, c'est bien qu'il ne faut ce jour-là négliger aucun détail pour vaincre les puissances latentes du mal. La dualité même du symbole du feu qui éclaire ou qui consume — à l'instar de celui de l'eau qui régénère ou qui noie — illustre cette imbrication étroite du bien et du mal dont les initiés savent, conformément à la parabole du bon grain et de l'ivraie, qu'il est quasi impossible de les séparer complètement, tant il est vrai que « le mieux peut être l'ennemi du bien » et que « qui veut faire l'ange fait la bête ». Le jugement, la Bible nous le rappelle, n'appartient qu'à Dieu. C'est à Lui seul qu'il appartient de dire le bien et le mal. C'est d'ailleurs pour avoir goûté au fruit de l'Arbre de la connaissance du Bien et du Mal que nos premiers parents connurent le triste sort que l'on sait.

On touche ici au mystère profond de la vie qu'est la souffrance et le mal, zone d'ombre qui persiste obstinément en chacun de nous et que les traditionnelles célébrations de la lumière ne cessent de conjurer et d'exorciser. Car le mal finira par céder devant la lumière qui, à l'exemple du soleil, ne s'éteint jamais. En ce sens, l'apogée de la Saint-Jean annonce déjà la renaissance de Noël, tandis que l'année entière est jalonnée de multiples célébrations du feu, de la bûche de Noël aux cierges de la Chandeleur et de la nuit pascale, du feu nouveau de Pâques à ceux de la Saint-Jean.

Couronnes de laurier et feuilles de chêne

Chaque année, vers la fin de juin, la une des journaux est consacrée au baccalauréat. Cette célébration rituelle varie selon les aléas du calendrier scolaire, un peu comme les fêtes mobiles obéissent au calendrier lunaire qui conditionne la date de Pâques. Comme la Saint-Jean, le baccalauréat arrive ainsi lors de l'achèvement simultané d'un cycle solaire et d'un cycle scolaire. Mais le cycle scolaire n'a duré que neuf mois, interrompu par des grandes vacances si bizarrement fixées dans l'année à l'époque où l'activité biologique est à son intensité maximale, c'est-à-dire en été. On les verrait mieux, en vérité, à la période des hibernations végétales et animales, lorsque la machine biologique passe par un ralentissement qui coïncide avec la chute de la longueur des jours. Mais les rites et rythmes des civilisations urbaines ne sont plus ceux de la terre, des arbres et des fleurs ; ils sont même totalement inversés... D'où le déphasage toujours plus grand de ces vieux paysans de la France profonde qui refusent d'adopter l'heure d'été — une heure folle, disent-ils — et qui en restent obstinément à l'heure solaire, en complet décalage par rapport au gros du peloton.

Mais que vient faire le baccalauréat dans le rythme des fleurs, des fêtes et des saisons ? Et d'abord, qu'est-ce donc que ce baccalauréat-là ?

Au Moyen Age, déjà, le titre de bachelier était le premier grade conféré par les universités. Il donnait droit au port d'un rang d'hermine sur l'épitoge de la robe universitaire. Il est aujourd'hui encore de tradition de considérer le baccalauréat comme le premier grade de l'enseignement supérieur — d'où la présence d'un professeur d'université dans les jurys du bac. Venaient ensuite la licence, puis le doctorat, qui se traduisaient par un deuxième, puis un troisième rang d'hermine sur l'épitoge.

Le succès au baccalauréat mérite d'être célébré comme il convient. Dans le monde antique, la victoire était récompensée par deux plantes symboliques : la palme et le laurier. La palme était plus spécialement destinée aux martyrs qui surent remporter la plus dure de toutes les victoires, celle qui exige un total renoncement à soi-même. Quant aux guerriers victorieux, aux empereurs triomphants, c'est à la couronne de laurier que, traditionnellement, ils avaient droit. Ces couronnes étaient faites de rameaux de laurier, en latin *laurus*, avec leurs baies, en latin *bacca* — d'où le nom de baccalauréat : l'examen qui donnera des bacheliers...

Le bachelier était au Moyen Age un gentilhomme aspirant à la chevalerie. C'est faire aujourd'hui beaucoup d'honneur à l'Université que de poursuivre le parallèle. Mais la tradition a persisté çà et là dans diverses coutumes populaires : les bacheliers étaient de jeunes adolescents que la société investissait de droits réels, y compris du droit de rendre la justice. Cette promotion des bacheliers avait lieu au Luxembourg à partir du deuxième dimanche après Pâques. Les jeunes gens avaient alors le droit de porter un bâton, insigne de leurs éphémères fonctions. Leur nom de bacheliers, ils le devaient d'ailleurs au mot latin *bacculus*... Devant respecter, durant l'exercice de sa magistrature, une continence parfaite et une totale privation de boissons alcoolisées, le bachelier était en quelque sorte un chevalier en herbe à qui la société conférait, par ce stratagème, l'adolescence venue, le sens des responsabilités. Coutume à rapprocher des exercices d'initiation pratiqués dans de nombreuses sociétés primitives, qui soumettent leurs adolescents à rude épreuve et dont nos modernes bizutages, à l'entrée des facultés ou des grandes écoles, ne sont en somme qu'un prolongement. Bizutage auquel sont précisément soumis nos bacheliers...

Bachelier est aussi le nom d'un botaniste dont on parle peu

et qui a pourtant le mérite d'avoir rapporté de Constantinople le premier marronnier, planté à Paris en 1615. Mais le marronnier, trop tard venu, n'a acquis aucune signification symbolique. En revanche, la vénération dont jouit le laurier dans toutes les civilisations du bassin méditerranéen lui a valu en latin le nom de « laurier noble » que lui a conféré Linné. Avec son feuillage permanent, il est un symbole d'immortalité. Ainsi, pour les Chinois, la Lune contiendrait un laurier, et c'est au pied d'un laurier que le lièvre de la Lune broie les plantes médicinales dont il extrait la drogue d'immortalité.

La mythologie grecque dédia le laurier à Apollon, avec quelques variantes selon les récits. Apollon, dont on connaît les amours légendaires et capricieuses, s'était follement épris de la nymphe Daphné, mais celle-ci résistait obstinément à ses avances et finit par s'enfuir. Sur le point d'être rejointe, la nymphe supplia Zeus, qui la transforma en laurier pour la soustraire à la folle passion du dieu solaire. La version d'Ovide, rapportée par Pierre Delaveau[1], met cette fois en scène la déesse de la Terre et nous livre ce dialogue entre les deux protagonistes : « Détruis en me changeant cette beauté qui cause mon injure. » Sa prière est entendue et Daphné est transformée en laurier ; cependant, Apollon l'aime toujours : « Ah, dit-il, puisque tu ne peux devenir l'épouse d'Apollon, sois du moins son arbre : que désormais ton feuillage couronne mes cheveux, ma lyre, mon carquois, tu seras l'ornement des guerriers du Latium. Je veux aussi parer ton feuillage d'un printemps éternel... » Ainsi naquit le laurier, l'arbre d'Apollon, le dieu solaire !

Certes, on ne tresse plus de couronnes de laurier à nos bacheliers, mais les premières Marianne des philatélistes, comme on le voit dans les catalogues de timbres-poste, étaient tantôt « laurées », tantôt non, ce qui changeait considérablement la valeur des timbres correspondants.

Les feuilles du laurier servaient également à prédire l'avenir. Ainsi, en Grèce, la pythie et les devins mâchaient ou brûlaient ses feuilles, et ceux qui avaient obtenu de la pythie

1. P. DELAVEAU, *Histoire et renouveau des plantes médicinales,* Albin Michel, Paris, 1982.

une réponse favorable s'en retournaient chez eux couronnés de laurier. On note aussi que l'arbre possède la capacité de protéger de la foudre, ce que Corneille confirme dans deux vers célèbres d'*Horace :* « Laurier, sacré rameau qu'on veut réduire en poudre, Vous qui mettez sa tête à couvert de la foudre... » De fait, à Rome, l'empereur Tibère se couronnait la tête de laurier quand il tonnait ! Et les soldats romains, s'ils manquaient de silex, faisaient du feu en frottant du bois de lierre et de laurier. Car le laurier, arbre d'Apollon, dieu du Soleil, est l'ami du feu ; son feuillage vert brûle en crépitant dans un embrasement spectaculaire.

Cette plante proprement divine ne devait connaître aucun usage profane, qualité qu'elle perdit néanmoins au fil des siècles en se désennoblissant pour devenir le laurier commun, puis, plus platement, le laurier-sauce.

Pauvre laurier, plante déchue ! Les bacheliers ne le portent plus en couronne. Les généraux ont préféré la feuille de chêne pour orner leur képi. Tout au plus les inspecteurs généraux de la poste aux armées l'ont-ils conservé, mêlé à la feuille de chêne... Piètre consolation ! Et voici la plante symbolique traitée comme une vulgaire épice et mise à toutes les sauces ! Quant au beurre de ses fruits, il n'a plus d'autre intérêt que d'avoir donné à la chimie l'acide laurique, un « acide gras » à douze atomes de carbone, qui fait partie du B.A.-Ba de la biochimie. Pas question de substituer ce beurre-là au beurre domestique, car il a perdu aujourd'hui tout usage.

On peut s'étonner que le laurier ait connu une telle vogue alors que, parmi ses nombreux cousins, il n'est certes pas le plus beau. Ses fleurs sont petites, jaunâtres, sans attrait ; par contre, elles sont très odorantes, comme le sont également ses feuilles, surtout lorsqu'on les froisse. C'est sur ce terrain, semble-t-il, que le laurier s'est imposé et a gagné la partie.

Le laurier noble possède une impressionnante série d'homonymes dans le vaste domaine de la botanique, bien qu'aucun ne lui soit réellement apparenté. Et tout d'abord les daphnés, à qui Linné attribua le nom grec du laurier. Ces arbrisseaux nains poussent généralement dans les bois et manifestent une nette inclination pour les sols calcaires. L'un de ces daphnés, le *Daphne mezereum,* est encore appelé bois joli, ou bois gentil, bien qu'il ne soit pas gentil du tout : celui qui aurait la fâcheuse idée de mâchouiller une tige de ce « joli bois » ferait bientôt connaissance avec le mézéréol, substance propre aux daphnés, fort irritante et qui emporte promptement la bouche. Les baies de daphné, rouges ou noires selon les espèces, ne sont guère plus aimables. A cause de leurs propriétés violemment irritantes, elles figurent en bonne place dans la liste des baies dangereuses de la flore de France, ces baies dont les mamans disent à leurs petits qu' « il ne faut pas les mettre dans la bouche » !

Le laurier-tin n'est guère plus sympathique que les daphnés. Cette viorne sauvage — car c'est d'une viorne qu'il s'agit, non d'un laurier — pousse spontanément dans la région méditerranéenne ; mais on la cultive aussi comme plante ornementale, car elle garde toute l'année ses jolies feuilles vert foncé et luisantes. Ses fleurs blanches ou roses donnent des baies rondes d'un bleu-noir métallique très étrange ; ces baies sont suspectes et ne doivent pas non plus être portées à la bouche.

La série des lauriers ne s'achève pas là ! Suspect comme les deux précédents, voici le laurier-rose, abondamment planté aujourd'hui dans tout le Midi méditerranéen. Ses magnifiques fleurs en grappes rouges, roses ou blanches, très odorantes, semblent avoir séduit les ingénieurs du ministère de l'Equipement, car on voit souvent des haies de laurier-rose séparer les deux bandes des autoroutes du Midi. La plante n'est cependant pas ici chez elle ; initialement, elle colonisait le fond et les bords des oueds plus ou moins asséchés du Maghreb, et n'a été que récemment introduite au nord de la Méditerranée où elle s'est acclimatée avec bonheur. Ailleurs, on la plante en pots et on la rentre durant l'hiver, comme le véritable laurier, dont la floraison est moins spectaculaire. En Afrique du Nord, dans la tribu des Béni-Snous, les porteurs de masque s'arment d'une baguette de laurier-rose ; consacrés par le contact avec le sang d'une victime, ces rameaux deviennent un signe tangible du contrat passé entre les hommes et les invisibles, et deviennent de ce fait des talismans protecteurs, écartant toute force malfaisante.

En vérité, ce sont surtout les malaises cardiaques que ce

laurier-rose est susceptible d'écarter. Cousin par sa chimie de la digitale et du muguet, il contient des substances à propriétés cardiotoniques à faible dose, cardiotoxiques à forte dose. Si elles ne sont pas utilisées présentement en thérapeutique, il n'en demeure pas moins qu'elles confèrent à la plante une forte toxicité, et qu'il serait désastreux de confondre les feuilles de laurier-sauce avec celles du laurier-rose pour préparer un condiment...

Si, malgré ses particularités chimiques, le laurier-rose n'a pas réussi à enfanter de médicaments, il n'en est pas de même du laurier-cerise, dernier de la grande série des lauriers (grande série et non point grande famille, car tous ces lauriers appartiennent à des familles botaniques complètement différentes, et ne doivent leur nom français qu'à de vagues ressemblances, notamment la persistance automnale de leurs feuilles). En 1986, on ne dénombrait pas moins de 48 spécialités pharmaceutiques contenant des dérivés du laurier-cerise ; parmi elles, dix sirops pour la toux.

Qui ne connaît le laurier-cerise, ce magnifique arbuste à grandes feuilles ovales brillantes, coriaces, pourvues des deux petites glandes caractéristiques de tous les *Prunus,* à la limite du pétiole et du limbe ? Car le laurier-cerise est un *Prunus* et possède par conséquent les caractères de ce grand genre botanique, notamment ces deux glandes que l'on rencontre aussi sur les cerisiers, les pruniers et tous les *Prunus* ornementaux. Les fleurs blanches sont disposées en grappes dressées ; chacune donne une petite cerise, d'abord rouge, puis noire et luisante. Ces cerises ne sont pas toxiques ; en revanche, feuilles et écorces sont riches d'une substance à base d'acide cyanhydrique, ce qui explique leur forte toxicité. En distillant ces feuilles, on obtient l'eau distillée de laurier-cerise, utilisée comme calmant, sédatif et antitussif. L'odeur de cette eau distillée est proche de celle des amandes amères, qui possèdent à peu de chose près la même composition chimique.

Il existe encore plusieurs espèces de lauriers à ajouter à ce répertoire, mais à quoi bon poursuivre : le laurier ne figure pas au programme du baccalauréat ! Tout au plus est-il au programme des troisième et quatrième années d'études de pharmacie...

Curieusement, les lauriers sont d'autant plus beaux qu'ils sont plus méchants. Le laurier-cerise et le laurier-rose sont de magnifiques arbustes à feuilles persistantes, très cultivés comme plantes ornementales ; l'un et l'autre sont très toxiques. Le premier s'est ennobli en donnant un médicament ; le second en balisant les autoroutes. Mais le laurier noble, au contraire, s'est banalisé en laurier-sauce. Il n'en reste pas moins un symbole d'immortalité : d'où ces lauriers en pots, taillés en pyramides ou en boules, que les entreprises de pompes funèbres promènent de chambre mortuaire en chambre mortuaire, perpétuant le souvenir de ce symbole de victoire sur la mort que fut de tout temps le laurier. Victoire qui n'a plus rien d'évident dans le funèbre décor des pompes du même nom et dans une société où la mort a perdu son statut, la résurrection sa crédibilité.

Banalisée ou non, la noblesse du laurier appartient à toutes les traditions. On a vu que, d'après une vieille légende béarnaise, lorsque Jésus eut créé le laurier, le diable voulut en faire autant mais ne parvint qu'à une pâle imitation, et ce fut le houx doté de piquants. En Bretagne, ce même houx n'est que la contrefaçon diabolique du chêne, œuvre de Dieu, dont la feuille aux bords découpés ressemble vaguement à la sienne. Ledit chêne est en même temps un dangereux concurrent du laurier, surtout lorsqu'il s'agit du chêne vert, à feuillage persistant comme lui. Quant au grand chêne rouvre à feuilles caduques qui, par sa taille, son port majestueux et sa grande longévité, fut toujours considéré comme le roi de la forêt, il est l'arbre par excellence. Symbole de force, il appartient aujourd'hui exclusivement aux militaires qui en usent pour décorer leurs képis ou leurs uniformes. De la couronne de laurier, on glisse ainsi à la couronne de chêne.

Arbre de Jupiter, le chêne est aussi, par son fruit, symbole de fécondité. Ce fruit est un akène, c'est-à-dire un fruit sec délicatement posé sur une petite coupe, la cupule. L'ensemble forme le gland. S'enfonçant en terre comme le gland de Jupiter pénétre le sein de la terre mère, il engendrera un nouvel arbre. D'où les pouvoirs fécondants et aphrodisiaques que lui attribuait l'Antiquité. Peut-on imaginer plus noble symbole de fécondation et de regénération qu'un arbre dont la semence s'identifie à celle du premier des dieux de l'Olympe ?

Dans *Histoires et légendes des arbres de France,* Jacques Brosse note que « les statues de Zeus — nom grec de Jupiter —, en particulier celle de son sanctuaire à Dodone, étaient couronnées de rameaux de chêne portant des glands ; et il en allait de même des rois, personnification du dieu du Chêne, à Rome comme en Grèce. Le temple de Jupiter sur le Capitole passait pour avoir été construit par Romulus auprès d'un chêne sacré, naguère vénéré par les bergers et auquel " le roi suspendait les trophées qu'il avait gagnés en combattant un général ennemi ". Lorsque Rome devint république, la couronne de chêne fut attribuée au guerrier qui, dans la bataille, avait sauvé un concitoyen. C'était la plus haute distinction militaire. Pline écrit : " Le titulaire de la couronne peut la porter constamment. Aux jeux, la coutume veut que l'on se lève toujours à son entrée, même les sénateurs ; il a le droit de s'asseoir auprès d'eux ; il est exempté de toute charge, lui, son père et son grand-père paternel. " Pendant le déroulement du triomphe, au-dessus de la tête du général vainqueur (*imperator*) couronnée de laurier, un esclave portait une lourde couronne de chêne dont héritèrent les empereurs. En 27 avant Jésus-Christ, un décret du Sénat conféra à Auguste le droit d'avoir toujours une couronne de chêne suspendue au-dessus de sa porte. C'était, écrit Ovide, un honneur presque divin. »

Ce chêne était le chêne rouvre, car le prestige du chêne vert, premier symbole de la royauté, avait décliné au point qu'il était entré dans la triste compagnie des arbres funéraires, avec l'if et le cyprès, sans doute parce que son feuillage pérennant le vouait aussi à cette destinée.

Attribut du général vainqueur, symbole de la force, le chêne est devenu le symbole des forces armées dont il continue à décorer le képi des plus hauts dignitaires. Dans son ouvrage consacré à la symbolique militaire, le colonel Lassalle, conservateur du musée de l'Armée, refait ainsi l'historique de la guirlande de feuilles de chêne : « Ces guirlandes ont constitué pendant longtemps le seul insigne de grade des officiers généraux. Les étoiles qui les accompagnaient sur les tenues des généraux des armes n'avaient à l'origine qu'un rôle ornemental. L'adoption en 1914 d'une tenue moins voyante que les uniformes traditionnels a entraîné la disparition des broderies, et les étoiles sont devenues les seuls insignes de grades pour tous les officiers généraux, y compris ceux des services qui n'en avaient jamais porté jusque-là. Les broderies devaient reparaître autour du képi aussitôt après la guerre, et à partir de 1931 autour du col et des parements de manches de la grande tenue. Parce qu'il est le plus robuste de tous les végétaux, parce qu'il était l'arbre consacré à Jupiter, parce qu'il est par son gland l'image de la force virile, le chêne symbolise la puissance et, par voie de conséquence, le commandement. C'est dans cet esprit que le roi Saint Louis rendait la justice sous un chêne et qu'il avait donné pour insigne au guet de Paris la branche de chêne que les officiers de police de la capitale portent toujours sur leurs pattes de collet. C'est aussi pourquoi les guirlandes de feuilles de chêne sont l'unique broderie portée par les officiers généraux des armes, quelle que soit l'arme d'origine de chacun d'eux... Bien qu'appartenant à un service, les payeurs généraux portent aussi une broderie de feuilles de chêne sur leur képi, mais d'une largeur moindre que celle des généraux d'arme, et de plus soulignée par une soutache. Cela tient à ce que la branche de chêne est traditionnellement l'attribut distinctif du Trésor aux armées... Peut-être vient-elle rappeler le vieil adage selon lequel l'argent est le nerf de la guerre... »

Ainsi, le chêne est toujours le symbole du commandement, donc des armes, et non des services à qui sont dédiés la feuille d'acanthe pour l'intendance et le service de santé, la sauge pour le service vétérinaire, le gui pour le service des télécommunications, la vigne pour les commissaires généraux de la marine, homologues des intendants généraux de l'armée de terre. Il arrive que l'insigne comporte deux essences ; dans ce cas, le chêne est toujours présent. Mêlé à l'acanthe, il constitue la broderie spécifique des contrôleurs d'armée, parce qu'ils participent à la fois au commandement — d'où le chêne — et à l'administration — d'où l'acanthe ! Entrelacé aux feuilles de chélidoine, il désigne le service du matériel, dont le choix de l'insigne nous est rapporté en ces termes par l'auteur cité : « Créé pendant la dernière guerre par transformation de l'ancien service de l'artillerie, le service du matériel n'a songé à se donner un képi spécifique que vers 1950. A ce moment-là, les ingénieurs généraux du matériel ont d'abord pensé à mettre sur leur képi la même broderie de feuilles de chêne que les généraux des armes. Mais l'état-major de l'armée de terre leur en a refusé l'autorisation, au motif que le Matériel était un service et que le feuillage de chêne est réservé aux armes. Chargé de choisir un autre motif de broderie, l'adjoint du directeur central du matériel s'est fait apporter une encyclopédie des végétaux dans laquelle ils étaient classés par ordre alphabétique. Il a commencé par jeter un regard d'envie sur ces feuilles de chêne qui venaient de lui être refusées, et, ce faisant, il s'est avisé que les feuilles de chélidoine illustrant la page voisine avaient fort belle allure. Il a donc fixé son choix sur cette plante sans rechercher un symbolisme particulier entre elle et le service du matériel. Mais le hasard fait parfois fort bien les choses... »

Un « poème moralisé sur les propriétés des choses », dont l'origine et l'auteur se perdent dans la nuit des temps, a consacré aux vertus de la chélidoine trente-deux vers dont voici les deux premiers :

Une bonne herbe est célidoine
Moult est profitable et ydoine...

Les activités du Matériel sont si variées et si vastes qu'il est bien, comme la chélidoine, profitable et idoine à beaucoup de choses. L'ampleur même de ses attributions lui donne également quelques droits à prendre pour emblème cette plante que les Chinois appellent *Kousano Oou,* c'est-à-dire la « reine des herbes ».

Le chêne et l'érable sont les symboles du service des poudres, donc des chimistes des armées. L'érable, il est vrai, se singularise par sa sève exceptionnellement riche en sucre, la forte teneur en tannins de son écorce et le rouge vif de ses feuilles bourrées de pigments écarlates qui « éclatent » sur le drapeau canadien. De quoi intriguer les ingénieurs chimistes des armées !

Mêlé à l'olivier, qui est un symbole de paix, il désigne le service des essences. La marine a recours, dans plusieurs de ses services, à l'olivier : « Le caractère pacifique de l'olivier ne doit pas le faire considérer comme déplacé dans le domaine militaire. Dans l'Antiquité, l'olivier était dédié à Minerve, l'Athéna des Grecs, déesse de la Guerre, qui aurait présidé à sa naissance. Cette plante était alors considérée comme un symbole de sagesse, d'abondance, de gloire et de triomphe. A ce titre, une couronne d'olivier était parfois décernée aux généraux vainqueurs, comme ce fut le cas en Grèce pour Thémistocle après la bataille de Salamine et la retraite des Perses, et à Rome pour le triomphe de Paul Emile. »

Le chêne et l'aubépine composent l'emblème de la justice militaire. L'aubépine, très piquante, forme des haies difficiles à franchir ; aussi éloigne-t-elle les voleurs de la maison. De surcroît, on se méfiera, en la cueillant en fleurs, de ne point se piquer ; elle symbolise donc la prudence, vertu éminemment nécessaire aux magistrats en uniforme !

Telle est la flore militaire. Le chêne y tient le haut du pavé ! Les autres espèces font figure d'accessoires, quand elles ne font pas de la simple figuration. Seul le laurier s'en tire honorablement, car, dans la Légion d'honneur, il figure à égalité avec le chêne sur la médaille. La plus haute distinction de la nation française est attribuée, il est vrai, indifféremment aux civils et aux militaires...

Mais le chêne a une signification écologique au moins aussi riche que sa dimension symbolique. Il fait partie intégrante de l'histoire d'Abraham. Pour la bien comprendre, il convient de faire un détour par l'histoire de Jean-Baptiste, déjà évoquée au précédent chapitre pour ce qui concerne sa fin tragique par décapitation. Ici, c'est du début de cette histoire qu'il s'agit. Abraham connut en effet une aventure assez similaire à celle qui advint dix-sept siècles plus tard à Zacharie, père de Jean-Baptiste, aventure qui se produisit sous un chêne... Abraham était le premier des patriarches ; Jean-Baptiste fut le dernier des prophètes. Plus qu'aucune autre peut-être, leur vie à l'un et à l'autre fut marquée du sceau de Yahvé. La naissance de Jean-Baptiste fut en effet entourée de prodiges, comme celle d'Isaac, le fils d'Abraham : ses parents, Zacharie et Elisabeth, formaient un couple âgé, juste devant Dieu, mais stérile. Un jour que Zacharie officiait au temple de Jérusalem, l'ange Gabriel lui apparut et lui annonça que son épouse Elisabeth enfanterait un fils. Zacharie hésita à croire un message aussi invraisemblable, car Elisabeth était fort avancée en âge. Message, convenons-en, à vous laisser bouche bée... C'est ce qui arriva à Zacharie, qui perdit l'usage de la parole pour n'avoir pas cru à la parole de l'ange. De fait, quelque temps plus tard, Elisabeth fut enceinte. A peu près à la même époque, le même ange Gabriel — qui, dans la hiérarchie angélique, est un archange — annonça à Marie « qu'elle concevrait le Sauveur ». Autre prodige pour celle qui ne « connaissait point d'homme » ! Elisabeth, qui était sa cousine, vint un jour lui rendre visite. Dès que Marie la salua, l'enfant qu'Elisabeth portait en son sein tressaillit. Elisabeth s'écria alors d'une voix forte : « Tu es bénie entre toutes les femmes et le fruit de tes entrailles est béni ! » Et Marie répondit à Elisabeth par le chant du *Magnificat.* Un peu plus tard, Elisabeth mit au monde un fils ; le jour de sa circoncision, on voulut l'appeler Zacharie, comme son père, mais Elisabeth insista pour qu'on l'appelât Jean. Les proches s'étonnèrent du choix d'un tel prénom, qui ne faisait écho à celui d'aucun membre de la famille. On demanda par signe à son père quel nom il avait choisi ; celui-ci écrivit sur une tablette : « Son nom est Jean. » Aussitôt sa bouche s'ouvrit, sa langue se délia et il se mit à parler en bénissant Dieu. Ainsi naquit celui qui allait devenir le précurseur, le dernier des grands prophètes d'Israël, qui reconnut et désigna le Christ dans la foule des pèlerins venus demander le baptême sur les bords du Jourdain.

Dix-sept siècles auparavant, un épisode assez similaire s'était produit. Dieu avait demandé à Abraham d'abandonner son pays d'Ur, en Chaldée, au sud de Babylone, pour remonter l'Euphrate et se rendre sur la terre de Canaan. Abraham se mit en marche avec sa famille et ses troupeaux ; il était accompagné par sa femme Sarah, qui était stérile, et par son neveu Lot. Il s'arrêta d'abord au site de Sichem, sous le chêne de Moré, non loin d'Hébron, où l'on voit aujourd'hui encore son tombeau. Puis il atteignit le désert du Néguev, au sud de la Palestine, mais il revint plus tard et s'installa au pied des chênes de Mambré. Dieu lui apparut là sous la forme de trois jeunes gens dans lesquels les Pères de l'Eglise reconnaîtront les trois personnes de la Trinité. Il s'acquitta à leur égard des lois de l'hospitalité telles qu'on les pratique au désert, en leur offrant des galettes, de la viande et du lait. Les visiteurs annoncèrent leur retour exactement un an plus tard, date à laquelle Sarah aurait un enfant. Celle-ci ne put le croire, car elle était elle aussi d'un âge très avancé. C'est pourtant ce qui se produisit : au fils qui naquit de cette divine visite, Abraham donna le nom d'Isaac, qui veut dire « il rit », ou encore « sourire ». Mystérieuse naissance d'Isaac, deuxième maillon de la généalogie qui va d'Abraham à Joseph et à Jésus...

Cette miraculeuse naissance est annoncée par une parole divine révélée sous les chênes de Mambré. Or, dans le monde grec, déjà, le chêne était l'arbre divinatoire par excellence. L'oracle de Zeus à Dodone, célèbre dès l'époque d'Homère, consistait à interpréter le bruit du vent dans les chênes sacrés où la voix de Zeus se mêlait au bruissement des feuilles. Simple coïncidence ? Ou tradition largement répandue conférant au chêne une aptitude particulière à servir de « support » à l'art divinatoire ? A considérer les faits ou révélations souvent troublants survenus sous des chênes, il n'est pas interdit de pencher pour la seconde hypothèse. Si le chêne, dans la Bible comme dans la Grèce antique, est affecté d'une telle signification, il nous fournit aussi de précieuses indications sur l'écologie des pays et des peuples du Livre. On sait qu'Abraham arriva au pays de Canaan avec des troupeaux, de l'or et de l'argent. S'il avait établi son camp dans les vallées près des villages, ses troupeaux auraient dévasté les cultures des Cananéens, les autochtones de ce pays. Aussi va-t-il camper près du chêne de Moré, c'est-à-dire sur les collines inhabitées, sauvages et incultes. Evitant d'entrer en compétition avec les Cananéens, Abraham institua avec eux une coexistence pacifique, celle des pasteurs nomades avec les cultivateurs sédentaires vivant de l'agriculture et de l'élevage. Sept siècles plus tard, les descendants d'Abraham, devenus le peuple d'Israël, quittent l'Egypte, traversent le désert du Sinaï et reviennent au pays de Canaan. Des éclaireurs sont alors envoyés en avant-garde pour reconnaître l'état du pays. Ils rapportent à la communauté d'Israël : « Nous sommes entrés dans le pays..., il ruisselle de lait et de miel ! » Tels seront désormais les mots servant usuellement à qualifier la Terre promise, le pays d'Israël. Or, à cette époque, les anciens habitants du pays de Canaan vivaient toujours dans leur vallée où ils pratiquaient une culture extensive sur des terres irriguées et fertiles. Par contre, les collines étaient couvertes de forêts aujourd'hui totalement disparues, jadis inhabitées ; des chèvres sauvages y produisaient un lait abondant, et les abeilles ne manquaient point de fleurs pour butiner et amonceler leur miel. Une végétation dense et sauvage, dominée par le chêne vert et l'ensemble des arbres et arbustes caractéristiques du bassin méditerranéen, aujourd'hui décimées, alimentait généreusement une faune de mammifères et d'insectes où dominaient chèvres et abeilles : d'où le fameux pays où coulaient le lait et le miel.

Mais l'écologie a ses lois, et la chèvre sauvage eût proliféré si elle n'avait trouvé dans ces mêmes forêts des prédateurs à sa mesure. Mille ans avant Jésus-Christ, la Palestine comptait encore des lions, des léopards, des loups, des ours. D'où la peur de ces éclaireurs, qui ajoutent : « Le pays que nous avons parcouru est un pays qui dévore ses habitants... » Sans doute avaient-ils eu maille à partir avec quelque bête sauvage ! C'est au retour du peuple d'Israël, après son exil en Egypte, que les grandes transformations écologiques furent entreprises pour aboutir à la mise en valeur de la Palestine, à la construction de terrasses, au développement de la culture de la vigne et de l'olivier, de l'orge et du blé, des grenadiers et des figuiers ; tâche qui dut être reprise lorsque le moderne Etat d'Israël s'établit en Palestine.

Mais l'histoire d'Abraham nous offre un autre exemple de bonne compréhension des équilibres écologiques. Abraham et son neveu Lot possédaient d'immenses troupeaux de chèvres et de brebis. Le risque de surpâturage était évident, avec sa conséquence logique : la désertification des sols, selon un processus aujourd'hui encore en action dans toutes les zones arides du monde, en particulier dans le Sahel, où la végétation ne se régénère plus lorsque se multiplient hommes et troupeaux ; d'où la famine. Un jour, Abraham dit à Lot : « Sépare-toi de moi. Si tu prends la gauche, à moi la droite. Si tu prends la droite, à moi la gauche. » Lot choisit la plaine du Jourdain et s'installa près de Sodome ; Abraham va dans la direction opposée, vers les monts Hébron, et s'installe, toujours avec le même souci de ne point concurrencer les zones de culture, près des chênes de Mambré, c'est-à-dire en milieu forestier. Lot avait fait le choix de la facilité et il le paya cher : capturé, emmené en esclavage, il fut délivré par Abraham, mais connut plus tard les terribles avanies de Sodome et Gomorrhe où il perdit sa femme. Abraham, au contraire, reçut la célèbre bénédiction divine. Après que Lot se fut séparé de lui, le Seigneur lui dit : « De l'endroit où tu te trouves, regarde vers le nord et le sud, l'orient et l'occident. Tout le pays que tu vois, je te le donnerai pour toujours, à toi et à ta postérité. Je la rendrai aussi nombreuse que les grains de poussière du sol. Quand on pourra compter ces grains, alors on pourra compter tes descendants. Maintenant, parcours de long en large le pays, je te le donnerai tout entier. » Abraham déplaça son camp et alla s'établir au pied des chênes de Mambré, près d'Hébron, et là, il édifia un autel au Seigneur...

Dans l'histoire d'Abraham, le chêne apparaît donc comme l'arbre tutélaire, celui qui nourrira le troupeau et offrira son ombre au campement, celui aussi sous lequel l'Eternel manifesta sa gloire toute-puissante. Ce chêne, c'est le chêne vert, l'arbre dominant l'antique forêt méditerranéenne, aujourd'hui dégradée par le surpâturage, l'érosion, le déboisement et l'incendie. Partout, pins et eucalyptus ont remplacé le chêne vert, à leur tour décimés par les sinistres qui, chaque année, dévastent les littoraux. Et si, pour nourrir chèvres et abeilles, l'on reboisait en chêne vert ces sols méditerranéens dénudés où se remettraient peut-être à couler de nouveau le lait et le miel ? Beau sujet de méditation pour l'épreuve de philosophie du baccalauréat... à moins que ce ne soit celle de sciences naturelles !

Le bouquet et le drapeau

A mi-parcours de l'année, la commémoration de la Révolution française marque une pause dans l'évocation des traditions et des symboles, des mythologies et des religions. A la fin du siècle des Lumières, la Révolution entendait bien bannir du cœur de l'homme ces obscurantismes suspects, alliés ou prétextes de toutes les oppressions. On confisqua les églises, on décapita les statues, on rebaptisa les places et les rues. Le 14 Juillet n'a donc d'autres racines dans la tradition populaire que son entrée dans l'Histoire en ce jour mémorable de la prise de la Bastille par le peuple de Paris, le 14 juillet 1789. C'est pour manifester l'avènement de l'ère nouvelle qu'on planta en quelques années des dizaines de milliers d'« arbres de la liberté » ! Ce nouvel avatar de l'arbre de mai fut aussitôt chargé d'un caractère sacré, tant il est vrai qu'un symbole chasse l'autre ou le réinvestit. L'arbre de la liberté devint promptement le symbole de l'esprit révolutionnaire. Tout irrespect, toute agression à son encontre se devaient d'être sévèrement sanctionnés. Ainsi le petit village de Bédoin, au pied du mont Ventoux, fut cruellement châtié sous la Terreur pour n'avoir point su protéger son arbre de la liberté, abattu nuitamment : soixante-trois habitants furent guillotinés et le village incendié, de sorte que Bédoin s'inscrivit sur la liste des villages martyrs dont on voudrait croire qu'Oradour-sur-Glane restera à jamais le dernier.

Admirons au passage l'habileté des Gaulois à blanchir leur passé, habileté dans laquelle d'autres peuples réussirent moins bien que nous ! De 1789, il reste aujourd'hui le souvenir impérissable de la première Déclaration des droits de l'homme et du citoyen, proclamée cette année-là. Mais les actes de barbarie perpétrés après coup, les 2 632 têtes tombées à Paris — bilan somme toute modeste ! — ont été plus ou moins oubliés ou excusés par ceux qui, dans le monde entier, se réfèrent à l'épopée révolutionnaire et à cette idée de liberté qui n'appartient qu'à la France. Notons au passage que les Français ont su blanchir avec le même talent les multiples exactions de l'épopée napoléonienne, bien plus coûteuses en vies humaines et parfaitement illégitimes : qu'avions-nous donc à faire en Espagne, en Italie, en Allemagne, en Autriche, ou en Russie ? Pourtant, l'Arc de triomphe détaille avec complaisance la longue liste des batailles et des hommes de guerre qui illustrèrent ces sanglantes aventures militaires. On imaginerait volontiers que, pour célébrer dignement l'avènement de l'Europe, le 1er janvier 1993, le président de la République inaugure un Arc de triomphe restauré et ravalé, à son tour blanchi des souvenirs de ces campagnes fort peu respectueuses des droits de l'homme proclamés quelques années auparavant. La présence autour du Président de ses onze collègues des Etats membres de la Communauté, en particulier de l'Espagnol, de l'Italien et de l'Allemand, pourrait être le point de départ symbolique et spectaculaire d'une nouvelle histoire de l'Europe qui reste à écrire. On « blanchirait » du même coup la porte de Brandebourg à Berlin, même si la mémoire collective, pour ce qui concerne les exactions germaniques, reste fort acérée. On pourrait même imaginer, hypothèse inouïe, que les Anglais débaptisent Trafalgar Square pour nous être agréables, ainsi qu'aux Espagnols... A cet instant précis, l'Europe serait faite !

A peine bicentenaire, notre fête nationale n'a certes pu jusqu'ici récupérer ou investir des plantes symboliques ; laissons donc libre cours à notre imagination pour composer en ce jour un bouquet à nos trois couleurs nationales.

Le blanc est la couleur immémoriale de la nation française ; mais ce blanc couleur de lis vient en fait d'un jaune couleur d'iris..., plus exactement de l'*Iris pseudacore*. Pourquoi « pseudacore » ? Tout simplement parce que cet iris n'est pas un acore, même s'il ressemble beaucoup, avant de fleurir, à cette plante aquatique. Et cet acore, à quoi ressemble-t-il, lui ? A un faux roseau, comme l'iris ressemble à un faux acore. Voilà qui est clair ! Et pour être encore plus clair, il suffit de retenir que cet iris s'appelle plus communément iris jaune ou iris des marais. La légende veut que Clovis trouvât une généreuse population de ces iris jaunes dans un gué de la Vienne, près de Châtellerault ; il y vit un heureux présage et, de fait, ayant franchi ce gué, il remporta sur les Wisigoths conduits par leur roi Alaric la mémorable victoire de Vouillé, en 507. L'iris des marais fut donc déclaré « fleur de la victoire ». Clovis en fit coudre des représentations stylisées qui devinrent dès lors le symbole de la royauté. Comment la fleur d'iris est-elle devenue la fleur de lis ? Ici, les avis divergent. En tout cas, à comparer la fleur de lis et la fleur d'iris, il apparaît d'emblée que la fleur des écussons et des emblèmes ressemble plus à la seconde qu'à la première, ne serait-ce que par ses pétales recourbés vers le bas et ses trois languettes à allure de pétales, les stigmates, dressés vers le haut au centre de la fleur. Ce n'est jamais le cas des fleurs du lis blanc où tous les pétales sont orientés vers le haut. Mais ce qui cloche dans notre affaire, c'est que les iris sont tantôt bleus, tantôt violets, tantôt jaunes, mais rarement d'un blanc immaculé. Qu'un iris jaune ait donné la couleur blanche du drapeau, voilà bien une contradiction typiquement gauloise ! Il est vrai qu'Iris, comme le rappelle avec humour Jean-Pierre Cuny[1], « était pour les Grecs la déesse de l'arc-en-ciel ; que, dans ce spectre irisé, on trouve toutes les couleurs, et qu'enfin la somme de toutes ces couleurs n'est autre que la lumière blanche qui en est la résultante ». Habile sophisme pour faire passer l'iris du jaune au blanc, par déesse grecque interposée, dont l'arc-en-ciel était l'écharpe. Voilà une subtile démonstration qui vous en aura fait voir de toutes les couleurs... de l'arc-en-ciel, s'entend !

Cette histoire tirée par les cheveux n'est que l'une des innombrables interprétations de l'origine de la fleur de lis des armoiries, au sujet de laquelle tous les auteurs s'accordent

1. J.-P. CUNY, *L'Aventure des plantes,* Fixot, Paris, 1987.

néanmoins sur un point : c'est qu'elle ne ressemble en rien à une fleur de lis et que, par conséquent, elle est tout sauf une fleur de lis. Que le symbole de la Maison de France remonte à Clovis est cependant une opinion couramment admise. D'après le discours adressé au roi Charles V par Raoul de Presle, l'écu de France aurait été apporté par un ange à Clovis afin de combattre le roi sarrasin Candat qui assiégeait à l'époque Conflans-Sainte-Honorine. Une autre interprétation voudrait que la fleur de lis soit en réalité la francisque, cette double hache prolongée en son centre par une pointe en forme de fer de lance, dont se servaient les guerriers francs et que le régime de Vichy remit à l'honneur. A l'appui de cette interprétation, le fait que les trois pièces de la francisque étaient réunies par une clavette que l'on remarque également dans la fleur de lis des armoiries. Malheureusement, la fleur de lis se retrouve aussi chez les empereurs romains, grecs, allemands, chez les rois lombards, d'Espagne ou d'Angleterre, qui, eux, n'utilisaient point de francisque et dont beaucoup ont régné bien avant la période franque. Voilà donc la francisque aussi contestée que la fleur de lis... botaniquement parlant !

Une autre thèse veut qu'au XIIe siècle, le roi Louis le Jeune, surnommé Florus en raison de sa beauté, fît graver une fleur au revers de ses médailles. Le pape Alexandre III, venu à Paris le quatrième dimanche de carême — dimanche où les papes bénissent chaque année les roses d'or —, offrit à ce roi de France une rose d'or, faisant allusion par là à son surnom de Flore ou Florus. Mais les roses d'or bénites par les papes ne ressemblent pas forcément à des roses ; elles peuvent évoquer aussi d'autres fleurs. Il n'est pas impossible d'imaginer que celle-ci ait ressemblé à un lis et que Louis VII le Jeune en ait fait son blason. D'autant que c'est sous ce roi que les armoiries ont commencé à se fixer, prenant le relais du déjà lointain aigle romain.

D'autres interprétations encore sont avancées, en foi de quoi on ne sait toujours pas pourquoi la fleur de lis est devenue l'emblème des rois de France. En fait, la bannière de France déployée par Charles VII précède de quelques siècles notre drapeau national. Elle était d'azur, à fleurs de lis d'or.

Voilà bien où pointe le jaune de l'iris... Cette composition figure toujours dans les armoiries de la Ville de Paris, encadrée d'un rameau de chêne et d'un rameau de laurier, emblème de la Légion d'honneur conférée à la ville par décret du 9 octobre 1900.

La veille de la prise de la Bastille, le 13 juillet 1789, le pouvoir révolutionnaire municipal créa une milice de Paris dont l'emblème devint la cocarde bleu et rouge, couleurs de la ville. Louis XVI la reçut le 17 des mains du maire Bailly et la plaça à son chapeau. Associée à la cocarde blanche du roi, elle constitua les prémices de ce qui allait composer plus tard les trois couleurs. Cette association fut présentée par Louis XVI comme le symbole de l'alliance du roi et du peuple de Paris, alliance éphémère, comme on sait. Mais ce qu'on ne sait pas au juste, c'est si le bleu, le blanc et le rouge s'associèrent ainsi « par hasard », le 17 juillet 1789, sur le chapeau du roi, ou si on lui avait déjà présenté la veille une cocarde bleu, blanc, rouge. Car celle-ci avait été imaginée dès le 16 juillet par La Fayette, commandant général de la milice. Cet emblème révolutionnaire qui allait devenir l'emblème national correspondait curieusement aux trois couleurs de l'habit des Bourbons : le blanc, couleur de la nation française, le bleu du « champ d'azur » des armes des rois de France, magnifié dans le manteau du sacre, le rouge, enfin, emprunté au pavillon des galères. Ces trois couleurs avaient déjà été agencées par Henri IV, roi de Navarre, de sorte que le drapeau républicain est en fait l'exact prolongement de la tenue des rois : autre habileté typiquement gauloise dans l'art d'associer les contraires...

D'autres pays, en pareilles circonstances, eussent déployé et conservé le drapeau rouge. Mais il fallait bien que la France se souvînt de sa monarchie plus que millénaire. La révolution de 1848 faillit bien emporter nos trois couleurs, brillamment défendues par une énergique intervention de Lamartine, face à une tentative d'adoption du drapeau rouge : « Le drapeau tricolore a fait le tour du monde avec vos libertés et vos gloires, tandis que le drapeau rouge n'a fait que le tour du Champ-de-Mars, traîné dans les flots de sang du peuple... » Initialement, depuis la loi du 20 octobre 1789, le drapeau rouge était déployé, pour annoncer l'imminente proclamation de la loi martiale et l'intervention des forces armées. La Fayette le fit déployer au Champ-de-Mars le 17 juillet 1791. Ce n'est qu'au XIXe siècle qu'il devint le symbole de l'insurrection révolutionnaire, puis, en 1918, l'emblème de la Russie soviétique.

Voilà pour les couleurs ! Et maintenant, le bouquet...

Dans la France anémiée des années de l'Occupation, alors que la République n'était plus qu'un état d'esprit, le 14 Juillet faisait fleurir des bouquets bleu, blanc, rouge. Protestation muette de l'identité nationale ? Pour composer un tel bouquet, il suffit d'aller dans un champ de blé et de cueillir bleuets, coquelicots et marguerites...

Le bleuet — ou *bluet,* car le dictionnaire autorise les deux orthographes — fut l'une des victimes des herbicides si abondamment épandus sur les champs de céréales, au point qu'il avait pratiquement disparu de nos paysages. Mais les plantes, comme tous les êtres vivants, possèdent la merveilleuse propriété de s'adapter, faculté que ne possède évidemment pas une molécule chimique. Aussi vit-on le bleuet poindre de nouveau çà et là, et, avec lui, les coquelicots qui s'étaient totalement éclipsés pendant une bonne décennie sans que personne ne s'en aperçoive. Car les plantes vont et viennent par vagues successives, comme les épidémies, à cette différence près que, s'agissant de plantes sauvages, nul ne s'en émeut. Bleuets et coquelicots sont après tout des mauvaises herbes ; il convient donc de les extirper purement et simplement. Qui se souvient encore de ces champs de céréales rouge sang, marquant le paysage d'un quadrillage saisissant, comme le font aujourd'hui les jaunes champs de colza au printemps ? Qui se souvient de ces champs bleu ciel, plus rares certes, mais rencontrés là où le bleuet avait proliféré à l'envi ? Et de ces autres, tout blancs, de marguerites ?

Certes, le rendement en souffrait, mais l'esthétique et la poétique des paysages y gagnaient beaucoup. Encore que, sur le rendement, il y aurait beaucoup à dire... De récentes recherches soviétiques ont montré que les plantes amies des moissons, pour cela baptisées « messicoles » — le bleuet, le coquelicot, et naturellement la moutarde qui additionne le jaune de ses fleurs à ce spectre chromatique —, peuvent être des facteurs de nature à augmenter le rendement lorsqu'elles sont présentes en quantités modérées. La compétition déclenchée par leur présence tourne en faveur des céréales qui, ainsi stimulées, y puisent un regain de robustesse et de santé, un fructueux « esprit d'émulation », en quelque sorte.

Dans notre flore européenne, les bleuets sont le rarissime prototype d'une fleur nettement bleu ciel ; les autres fleurs bleues sont plus foncées, voire violacées. Une telle fleur, si elle était tropicale, serait sans nul doute pollinisée par les oiseaux qui adorent ce bleu-là ; ici, le travail de pollinisation est effectué par des insectes en quête du nectar qu'elle offre abondamment. Le bleu du bleuet est plus clair que celui du drapeau français, mais il correspond parfaitement au bleu tendre du drapeau luxembourgeois. Pour nous, le bleu éclatant des gentianes naines de montagne conviendrait mieux. Notre bleu national est celui du manteau du sacre des rois de France. Dédions donc le bleuet à la droite française — mais à la droite républicaine, car le bleu est aussi la couleur de l'uniforme des soldats de la Révolution, l'habit bleu passant alors du roi au soldat comme l'appellation « madame » de la reine à la bergère. Démocratie oblige !

Voici maintenant la blanche marguerite. Comme le bleuet ou le coquelicot, on la trouve dans les champs de céréales, bien que son habitat soit beaucoup plus large. Elle abonde au bord des chemins, sur les terrains vagues et dans les prés, car c'est l'une des espèces les plus répandues de notre flore. Observons bien une marguerite : d'abord ses nombreux sépales verts, puis ses nombreux pétales blancs — qu'on effeuille en disant : « Je t'aime un peu, beaucoup, passionnément, à la folie, pas du tout... » —, enfin ses nombreuses étamines jaune vif. Mais où est donc le pistil ? En fait, nous avons mal regardé ! A chercher à la loupe le pistil, on s'aperçoit que ces petites protubérances jaunes ne sont point des étamines, mais bien de minuscules fleurs serrées les unes contre les autres. Il advient fréquemment que celles du centre soient encore fermées, tandis que celles de la périphérie sont déjà ouvertes, proposant aux abeilles leur nectar et leur pollen. Quant aux pseudo-pétales dûment effeuillés, à y regarder de près, toujours à la loupe, on s'aperçoit qu'ils portent à leur base une sorte de petite fleur avortée : eux aussi sont des fleurs !

La marguerite est donc une république de fleurs toutes solidaires où se pratique, comme dans chaque société, une judicieuse répartition des tâches ; elle est le prototype d'une « fleur sociale. » Elle aurait pu être offerte pour emblème au Parti socialiste mais n'a, pour ce faire, qu'un seul défaut : celui de ne point être rose. Rose ? Et pourquoi pas rouge ? Parce que la rose rouge et qui pique n'est plus de saison ! La rose rouge est d'ailleurs un emblème bien ambigu : d'abord parce qu'elle a des épines, ce qui est fort fâcheux pour une fleur destinée à être saisie à pleine main, poing fermé ; ensuite parce que les roses sont éphémères et perdent promptement leurs pétales. Aussi se gardera-t-on de conseiller aux socialistes de conserver la rose comme emblème, fût-elle une rose rose.

Certes, la marguerite simule, avec son disque doré et ses blancs rayons, un soleil éclatant, immémorial symbole de la divinité, qui serait particulièrement bienvenu au Parti socialiste, en cet an de grâce 1988, où l'éclat de son chef charismatique est à son apogée... Hélas, ces rayons sont blancs, alors que la symbolique politique exigerait, sinon un rouge franc, du moins un petit rosé. Faut-il donc troquer la marguerite pour la pâquerette, sa version miniaturisée ? Mais elle vole un peu bas, et n'honorerait guère un parti qui entend bien camper au plus haut de sa forme ! Pourquoi pas un gerbera rose ? Le gerbera, cousin oriental de la marguerite, si abondant aujourd'hui chez les fleuristes, pratique, comme toutes les plantes de sa parenté, une solidarité sans faille entre ses fleurs. Les fleurs externes possèdent souvent, de surcroît, une couleur d'un rose doux et tendre qui conviendrait parfaitement en l'occurrence...

La troisième fleur du 14 Juillet affiche une couleur on ne peut plus voyante. Le coquelicot est aussi une fleur émouvante : ses deux sépales verts, hérissés de poils raides, tombent du bouton lorsqu'il commence à s'épanouir ; il se décoiffe alors en ôtant son bonnet de sépales à l'allure très républicaine. Puis les pétales chiffonnés se déploient et se repassent spontanément pour perdre leur flétrissure dès que la fleur s'ouvre. Le sort de ces pétales froissés rouge vif est un peu celui des affiches qu'on déplie, qu'on colle aux murs et qu'on lisse ensuite au balai. Les étamines toutes noires font avec les pétales rouge vif une composition rarissime dans la nature. Emu par leur beauté, Kazantzakis, dans son admirable biographie de François d'Assise, voyait les coquelicots « vêtus de pourpre comme les princes, une croix noire sur la poitrine[1] ». Pourtant, malgré ce déploiement de fastes, les coquelicots ne sont pas vus par les insectes qui les pollinisent. Ceux-ci ne sont attirés que par le rayonnement ultraviolet émis par ces fleurs, imperceptible aux yeux humains qui n'en perçoivent que le reflet sur un col blanc, par exemple dans les cabarets où les ultraviolets — la « lumière noire » — contribuent à créer l'ambiance. Nous ne saurons donc jamais comment l'abeille voit le coquelicot.

Le coquelicot a l'étonnante propriété de pouvoir conserver longtemps ses graines dans le sol sans qu'elles germent. Mais que la terre vienne à être retournée, que l'air et la lumière entrent alors en contact avec ses graines, et voilà que se manifeste une dense floraison de coquelicots marquant le paysage de leur intense couleur. Les tranchées de Verdun ne rougissaient pas seulement du sang des poilus, mais de ces incroyables floraisons de coquelicots que déclenchaient l'action du génie militaire ou, plus tard, l'abominable labourage des terre par les bombardements. Autour de chaque trou de bombe, une auréole de coquelicots manifestait la permanence de la vie aux heures les plus sombres. Leur rouge sang tranchait avec le bleu horizon de l'uniforme des poilus et une blanche marguerite venait çà et là compléter les couleurs de la patrie.

Une anecdote savoureuse, survenue à Thionville au cours de l'été 1977, illustre bien cette ardeur à fleurir des coquelicots. On venait de dégager à grands coups de bulldozers et de scrapers le profil d'un nouveau tronçon du périphérique urbain. Trois mois après l'accession du Parti communiste à la mairie de la ville, voici que l'intense rougissement de ce grand

1. Nikos KAZANTZAKIS, *Le Pauvre d'Assise,* Plon, Paris, 1957.

chantier mettait en quelque sorte à l'unisson les retournements opérés dans la nature et ceux, non moins inattendus, du corps électoral... Mais le coquelicot serait un bien mauvais emblème pour le Parti communiste : plus encore que la rose, lui aussi est éphémère et perd rapidement ses pétales, de sorte qu'on ne voit jamais un bouquet de coquelicots durer plus de quelques heures. Comment pourrait-il prétendre symboliser un mouvement qui, à l'instar d'une Eglise, entend avoir toute l'éternité devant lui ? Comment, de surcroît, en faire l'emblème d'un parti qui a choisi pour symbole la faucille, l'outil destiné à le faucher ?

Dans les champs de blé, coquelicots, bleuets et marguerites sont destinés à la faux ou à la lame du moissonneur. Leur sort est bien celui des têtes qui, après le 14 juillet, commencèrent à tomber durant la Révolution Française. D'ailleurs, toutes les fleurs coupées — et Dieu sait qu'il s'en coupe ! — sont de parfaits symboles de la révolution. Les fleurs coupées, et parmi elles notre trio voué à la faux du moissonneur, sont d'ailleurs aussi éphémères que les révolutions elles-mêmes. Dès le mois de messidor — dixième mois du calendrier républicain, qui allait du 20 juin au 20 juillet —, elles commencent à porter leurs graines, mais elles ne seront fauchées qu'en thermidor — mois de la chaleur —, voire même en fructidor — mois des fruits —, en même temps que les blés, l'orge, le seigle et l'avoine qu'elles accompagnent et concurrencent. Concurrence fort démocratique où la céréale, incitée par elles à défendre son propre territoire, développe un effort particulièrement vigoureux pour se poser... en s'opposant. Il existe en fait une étroite solidarité entre les céréales et leurs concurrentes : le cycle végétal des unes et des autres se déroule au même rythme, de sorte que leurs graines arrivent à maturité en même temps et suivent le même sort. Que les systèmes de criblage, de triage, de battage ne soient pas parfaitement au point et l'on verra leurs graines se mélanger, de sorte qu'à la saison suivante, la mauvaise herbe sera semée en même temps que la bonne. Ce type de croissance à rythme accordé est très spectaculaire chez le riz qui, dans les régions tropicales, est généralement accompagné de divers riz sauvages, compétiteurs particulièrement sévères dont il est difficile de se débarrasser. Nul doute que le Christ eût choisi cet exemple pour illustrer la fameuse parabole du bon grain et de l'ivraie destinés à n'être séparés qu'après la moisson, tant on a de mal à les distinguer lorsqu'ils croissent simultanément dans le même champ. Autre exemple de l'étroite imbrication du Bien et du Mal, à l'image de cette Révolution française dont sont sortis et le meilleur et le pire...

Les roses de la Vierge

C'est au VIIe siècle qu'apparaît la fête de l'Assomption. La statue de la Vierge est alors solennellement portée en procession comme elle l'est encore de nos jours. La fête est d'abord célébrée en Orient, le 15 août, puis elle s'étend sous Charlemagne à tout l'Occident. Le culte marial, relativement tardif, prend cependant aux XIIe et XIIIe siècles un essor extraordinaire avec saint Bernard et saint Bonaventure. C'est alors que se répand le *Je vous salue Marie.* En 1638, Louis XIII choisit ce jour du 15 août pour consacrer son royaume à Notre-Dame de l'Assomption qui devient la patronne de la France (elle est secondée dans ce rôle par Jeanne d'Arc depuis 1922). C'était la conséquence du fameux vœu de Louis XIII par lequel le roi avait demandé à la Vierge de lui donner un fils — vœu exaucé, puisque Louis XIV naquit peu après, le 5 septembre 1638. Bien qu'appartenant au signe de la Vierge, le Roi-Soleil avait donc été « spirituellement conçu » un 15 août, c'est-à-dire sous le signe du Lion, signe astrologique du Soleil, précisément ! Napoléon, plus solaire encore et plus insolent que le Roi-Soleil, naquit purement et simplement un 15 août, en 1769. Avec la modestie qu'on lui connaît, il fit de ce jour-là sa propre fête dans l'évident souci de pérenniser son nom au calendrier des saints qui ne comportait aucun Napoléon. On y trouvait seulement, au 2 mai, un certain « saint Néopolis, mort à Rome pour la Foi », sans plus. On débaptisa donc ce Néopolis pour en faire un Napoléon, et on fixa la fête de ce Néopolis « napoléonisé » au 15 août, date de naissance de l'Empereur, qu'on déclara fériée et chômée. Après le désastre de Waterloo, Napoléon partit pour Sainte-Hélène, et saint Néopolis réintègre le 2 mai avec son nom d'origine. Le 15 août, quant à lui, revenait à la Vierge un instant éclipsée par la fastueuse mégalomanie de l'empereur des Français.

Le 1er novembre 1950, le pape Pie XII proclama solennellement le dogme de l'assomption, consacrant ainsi une fête déjà célébrée en Orient depuis le IVe siècle sous le nom de fête de la Dormition de la Vierge. D'après cette très antique croyance transformée en dogme catholique, la Vierge Marie fut enlevée au ciel et glorifiée aussitôt après sa mort, sans que son corps ne connaisse ni souillure ni corruption, puisqu'il avait été « conçu sans péché ». Le dogme de l'assomption est donc la conséquence logique du dogme de l'immaculée conception proclamé par le pape Pie IX le 8 décembre 1854 et que la Vierge ratifia elle-même en se nommant ainsi à Bernadette Soubirous, le 25 mars 1858, lors de la seizième apparition de Lourdes... On confond souvent l'immaculée conception et la maternité virginale, deux notions pourtant différentes : la première signifie que la Vierge Marie a été conçue de ses parents, dans le sein de sa mère Anne, sans hériter comme tous les mortels du péché originel ; la seconde, que son fils Jésus fut conçu dans son propre sein sans contact physique avec un homme. Cette double virginité affirmée par la tradition chrétienne débouche tout naturellement sur l'assomption, immédiatement après la mort, d'un corps non corruptible et glorieux : ainsi Marie est vierge dès son origine terrestre et de toute éternité. Elle efface en elle le péché d'Eve, et écrase de son pied le serpent. Par ce complet retournement de l'Histoire, le nom d'EVA devient AVE...

Avec Eve, le péché d'orgueil avait conduit à la désobéissance. Après avoir « croqué la pomme », Adam et Eve, nous dit la Bible, virent qu'ils étaient nus : « Ils cousent des feuilles de figuier et s'en font des pagnes. » Voilà que les tabous de la nudité et de la sexualité font irruption dans la condition humaine, vouée jusque-là à l'innocence du jardin d'Eden. Et le texte biblique poursuit : « Or, ils entendent le pas du Seigneur Dieu qui marche à travers le jardin dans le souffle du jour. Ils se cachent tous deux parmi les arbres. Mais le Seigneur Dieu appelle l'homme et demande : " Où es-tu ? " Il répond : " Je t'ai entendu dans le jardin, et j'ai eu peur parce que je suis nu. Je me suis caché — Et qui t'a fait connaître que tu es nu ? Aurais-tu goûté des fruits de l'arbre dont je t'avais interdit de manger ? "... Alors le Seigneur Dieu dit à Adam : " ... C'est à la sueur de ton visage que tu gagneras ton pain jusqu'à ce que tu retournes à la terre d'où tu fus tiré, car tu es poussière et tu retourneras à la poussière ". » La sexualité entre donc dans l'Histoire en même temps que la mort, l'une et l'autre étant intimement liées, comme l'illustre le récent ouvrage de l'éminent biologiste Jacques Ruffié *Le Sexe et la Mort*[1]. Sans doute est-ce ce lien intime entre les nécessités de la reproduction de l'espèce et celles du remplacement des générations qui est au cœur du péché originel, ce péché d'orgueil qui entraîna la déchéance de la race humaine. Mais ce qu'Eve a défait, Marie le restitue ; son immaculée conception la met à l'abri du péché originel et de ses conséquences : plus de reproduction sexuée — c'est la maternité virginale ; plus de mort et de retour en poussière — c'est l'assomption.

C'est que l'aventure humaine de Marie ne se fonde point, à l'origine, sur un péché d'orgueil, mais sur un acte d'humilité, paisible et joyeux abandon aux desseins du Très-Haut. Le destin de Marie s'exprime en une phrase toute simple : « Je te bénis, Seigneur, et suis d'accord qu'en tout, ta volonté soit faite. » C'est le *Magnificat* et le *Fiat.* Plus d'orgueil par le *Fiat,* plus de péché originel par l'immaculée conception, plus de sexualité par la maternité virginale, plus de mort ni de corruption par la dormition et l'assomption : le passage d'Eve à Marie est celui de l'éternel féminin à la femme éternelle !

Mais il est un bon et un mauvais usage de la virginité : ou elle transforme totalement, et ce sont alors ces regards transfigurés d'êtres visiblement habités par le Tout autre, dont émane un rayonnement quasi divin ; ou elle exprime un obscur complexe d'inhibition, de frustration, de peur, et ce sont alors ces cœurs secs, cet intellect dévorant, ces amer-

1. J. RUFFIÉ, *Le Sexe et la Mort,* Odile Jacob — Seuil, Paris, 1986.

tumes et ces aigreurs découlant de carences affectives, ces vocations avortées... Il est à craindre que ces cas ne soient les plus nombreux ! Toujours ce faible rendement des réussites dans les choses de la vie, fût-elle spirituelle... Le rendement de la photosynthèse n'est que de 1 % ; et celui de la grande mutation humaine, du complet décentrement, de la victoire sur l'enflure du moi, de la capacité de se donner librement et sans réserve à un être, à une cause, à Dieu — bref, de la sainteté ? Sans doute bien moins encore !

Ce dogme de l'assomption, auquel les saints participent modestement par la non-corruptibilité de leur corps terrestre après la mort, fait de Marie la première des créatures déifiées et glorifiées dans l'éternité bienheureuse. On conçoit que cette fête soit placée à mi-chemin de l'ascension du Christ et de la céleste glorification des élus, des saints connus et inconnus : la Toussaint. Le Christ ouvre la marche, puis vient Marie, et ensuite l'immense cortège des élus. Le 15 août marque donc une sorte de mi-temps dans les célébrations des bienheureuses résurrections. Il remplace aussi d'anciennes fêtes estivales, dont celle de Diane, déesse des Bois, célébrée dans l'Antiquité le 13 août.

Mais le 15 août évoque d'abord la montée au Ciel de Marie avec son corps. Reprenant en cela la tradition hébraïque, les chrétiens ne pouvaient imaginer une survie de l'âme définitivement séparée du corps. L'amour terrestre, conjugal ou filial, amical ou fraternel, est d'abord vécu par les expressions du corps ; chaque être est unique et se manifeste par une certaine présence de son corps : inflexions et tonalités de la voix ou du rire, expression du visage, éclat du regard, tendresse du sourire... Lorsque deux êtres s'aiment profondément, lorsqu'ils vivent de longues années l'un avec l'autre, l'un pour l'autre et l'un par l'autre dans le don mutuel, leur existence corporelle prend valeur d'éternité. C'est ce que le peuple chrétien avait senti dès l'origine ; aussi ne pouvait-il imaginer que Marie pût être séparée de son fils, leur amour mutuel symbolisant la perfection même de l'amour. La « séparation de corps » est un concept étranger à l'idée que se font du Ciel les chrétiens ; car c'est à la totalité de l'être humain qu'est promis le renouveau de la résurrection. Et l'assomption fait ici de Marie la pionnière de l'humanité entière !

Les symboles de la Vierge sont si abondants qu'ils recouvriraient à eux seuls l'ensemble de la symbolique traditionnelle, d'autant qu'ils intègrent celle de l'enfant dans les nombreuses représentations de la Vierge à l'Enfant. Le caractère cosmique du personnage de Marie est affirmé par les étoiles qui la couronnent en signe de victoire sur le monde. On la voit alors portant une couronne de douze étoiles — douze comme les douze tribus d'Israël... Les symboles botaniques sont tout aussi nombreux que les symboles cosmiques, par exemple dans cette célèbre *Vierge au buisson de roses* du peintre allemand Lochner, remontant au XVe siècle et que l'on peut admirer au musée de Cologne. Ce symbole de la rose, inspiré du Cantique des Cantiques, est également présent à Lourdes où la Vierge apparaît dans une anfractuosité de la grotte de Massabielle occupée par un églantier. Un églantier que le curé de Lourdes, l'abbé Peyramale, aurait bien aimé voir fleurir, en ce mois de mars 1858, pour avoir enfin une preuve de la réalité de ces apparitions qui le laissent sceptique. Mais la Vierge se contenta de sourire à Bernadette qui lui formulait cette demande, et l'églantier ne fleurit point. Il n'est pas, semble-t-il, dans les usages de la Vierge Marie de répondre aux injonctions, fussent-elles émises avec les meilleures intentions du monde par le curé de Lourdes ! En revanche, cent trente ans plus tard, l'églantier continue à fleurir naturellement chaque année au pied de la statue de Notre-Dame de Lourdes : c'est pourquoi la Vierge de Lourdes est d'ailleurs représentée avec deux roses à ses pieds.

Dans ses litanies, la Vierge est qualifiée de rose mystique, tandis qu'en Inde la rose cosmique symbolise la beauté de la mère divine, et qu'en Iran, le poète Saadi fait du jardin de roses un lieu de contemplation mystique. Ces roses mystiques — c'est-à-dire intemporelles, immortelles — peuvent se tresser en une grande couronne : le *rosaire*. Cette couronne est composée de quinze dizaines de petits grains que séparent des grains un peu plus gros ; en égrenant ce rosaire, on récitera cent cinquante *Ave Maria*. Cette prière au long cours est réservée aux coureurs de fond de la piété ! L'orthodoxie russe est peut-être plus réaliste, en même temps que plus performante, lorsqu'elle conseille une prière plus courte et répétitive, « jaculatoire », c'est-à-dire littéralement projetée au-dehors : « Seigneur Jésus-Christ, Fils de Dieu, prends pitié de moi, pécheur. » En fait, cette phrase est pensée et non prononcée ; elle peut se caler sur deux ou quatre mouvements d'inspiration et d'expiration ; c'est la prière du cœur, sur laquelle les pères grecs ont beaucoup écrit et qui rejoint les *mantra* des traditions de l'Inde, ces formules sacrées indéfiniment répétées où la syllabe « *om* » jouait un rôle si important, avant d'être intégrée aux prières de l'Occident chrétien dans le fameux *Dominus vobiscum.* On trouve d'ailleurs en Inde une très ancienne pratique de prières accompagnées des grains d'un rosaire ; ces grains sont tous liés les uns aux autres, comme le sont les inspirations et les expirations du souffle de vie : l'*atma;* une phrase devait être prononcée sur chacun d'eux, liée au rythme de la respiration. Ce rosaire hindou comportait cinquante grains correspondant aux cinquante lettres de l'alphabet sanskrit : c'était en quelque sorte une guirlande de lettres. Dans le monde bouddhique, il en comportait cent huit, soit douze fois neuf grains. Les musulmans, enfin, ont un rosaire à quatre-vingt-dix-neuf grains ; le centième est « réservé », non manifesté : il exprime le retour du multiple à l'unique, de la manifestation extérieure au principe transcendant et immuable. Dans tous ces rosaires, la répétition des mêmes mots possède une valeur propre qui apaise l'esprit en chassant les mille « petits démons » qui sans cesse le distraient et le troublent. L'agitation des pensées et des émotions s'apaise peu à peu dans la pratique répétée d'un exercice qui fait partie du trésor commun à toutes les religions. Un exercice qui, lié à la méditation, conduit sur les chemins de la profondeur. Car la récitation suivie des mêmes phrases recentre l'activité psychique en émondant les productions parasites du mental, en dehors même de tout support symbolique, y compris de l'objet tenu en main et qu'on égrène entre ses doigts.

La tradition chrétienne dédia à la récitation du rosaire une fête populaire, d'abord fixée au premier dimanche d'octobre en souvenir de la victoire des chrétiens sur les Turcs à

Lépante, en Grèce, le 7 octobre 1571 ; victoire décisive qui marqua la fin de la progression de l'islam en Europe et qu'on attribua à l'intense récitation du rosaire par les soldats du Christ. A partir de 1913, Pie X fixa cette fête au 7 octobre et consacra le mois d'octobre à la récitation du rosaire.

Chez les catholiques, le rosaire est généralement décomposé en trois chapelets de cinquante *Ave.* Le chapelet — en allemand *Rosenkranz :* couronne de roses — évoque la couronne de fleurs dont on décorait jadis les nobles qu'on entendait distinguer. Cette couronne, ou petit chapeau, était un *chapel.* La coutume s'imposa d'en placer aussi sur la tête des statues de la Vierge ; ces chapels se terminaient par une croix. Le chapel se fit chapelet lorsque chacune de ses fleurs devint un grain symbolisant une rose mystique : l'*Ave Maria.* Ainsi, avec le chapelet, passons-nous de la couronne d'étoiles à la couronne de fleurs, du symbole cosmique au symbole botanique, enfin du symbole botanique au symbole mystique. Le chapelet symbolise la prière tout comme le *capet,* la petite cape de Hugues Ier, roi de France, symbolisa la monarchie capétienne durant près d'un millénaire.

Ce chapelet, diadème et couronne de la Vierge, symbolise enfin la Jérusalem céleste, le Ciel dont le prophète Isaïe écrit : « Tu seras une couronne brillante dans la main du Seigneur, un diadème royal entre les doigts de ton Dieu. »

De la couronne de la Vierge à celle de la mariée, il n'y a qu'un pas, allègrement franchi quand on sait qu'elles symbolisent l'une et l'autre la virginité. La couronne de mariée est faite de fleurs d'oranger dont la blancheur immaculée s'accompagne d'un parfum suave et délicat. Emblème et symbole de l'innocence, cette couronne ne peut servir qu'une fois dans la vie, pour orner le front chaste et pudique d'une jeune fille vierge conduite à l'autel. Tel est en tout cas le sens que lui reconnaît saint Jean Chrysotome au IVe siècle, alors que Tertullien, autre Père de l'Eglise, la critiquait fort, deux siècles plus tôt, en y dénonçant un manque de discrétion et de modestie. Avait-il oublié qu'en Grèce et à Rome, la couronne était un signe de consécration aux dieux appelant sur ceux qui la portaient les vertus et bénédictions célestes ? D'ailleurs, la couronne est ronde et s'agrémente parfois d'une calotte en forme de dôme, comme le chapel. Ronde et en dôme : la couronne symbolise la voûte céleste, le Ciel auquel elle relie celui ou celle qui la porte.

Mais le 15 août a aussi christianisé des traditions beaucoup plus anciennes, qui célébraient aux alentours de cette date les prémices des moissons et des vendanges. Aussi voit-on dans les processions du 15 août la Vierge porter généralement à sa main gauche — puisque l'Enfant Jésus est posé sur son bras droit — une grappe de raisin et un bouquet constitué d'herbes médicinales, de légumes et d'épis. Comme celles de la Saint-Jean, les herbes cueillies le 15 août, voire durant tout le mois d'août, sont réputées jouir d'un grand pouvoir. Dans les Alpes, on bénit encore ce jour-là les herbes médicinales. Quant aux épis déjà avancés et aux raisins pas encore mûrs, ils appellent prospérité et bénédiction sur les moissons en cours et sur les vendanges à venir.

Moissons et vendanges

Les céréales sont la première des grandes conquêtes de l'homme sur le monde végétal. La culture des plantes céréalières — toutes de hautes herbes appartenant à la famille des Graminées — marque le point d'articulation entre la Préhistoire et l'Histoire. Il y a environ douze mille ans, quand les glaciers reculent, la terre n'est encore peuplée que de pasteurs nomades cultivant de leurs mains, afin de ne point blesser la terre, de petits jardins éphémères. Ces jardins ne sont souvent cultivés que par les femmes, et vite abandonnés lorsque les pluies appellent ailleurs les troupeaux. Quand les pasteurs se sédentarisent en petites communautés jouissant d'un climat déjà plus favorable, ils commencent à pratiquer la culture des céréales. Ces pratiques marquent le début de l'agriculture, mais aussi de la culture au sens de civilisation.

Car les céréales présentent sur toutes les autres productions agricoles le privilège de pouvoir se conserver sous forme de graines pendant des temps très longs. Elles permettent par conséquent le stockage, l'accumulation de surplus (dont on voit, avec les délicats mécanismes du Marché commun agricole, combien la gestion peut se révéler difficile !). Les communautés humaines acquièrent alors une sécurité encore inconnue quant à l'avenir. Désormais, elles pourront faire des provisions avec ces surplus accumulés pour nourrir des populations importantes, celles qui précisément se concentrent et vivent dans ces nouvelles communautés que sont les bourgs, puis les villes. Cette révolution néolithique est lente et s'accomplit étape par étape. L'avenir étant assuré, des projets s'élaborent : les provisions autorisent les prévisions ! Entre cités, des échanges s'établissent, commerciaux et culturels, dont l'invention de l'écriture conserve les traces ; mais aussi des tensions et des guerres. Les événements marquants sont désormais consignés par écrit, formant des stocks de connaissances — voire des livres — comparables aux stocks de vivres. D'aléa en aléa, de guerre en guerre et de civilisation en civilisation, l'humanité explose, se multiplie, « progresse ».

Du monde des pasteurs et des nomades, il ne reste plus çà et là que quelques vestiges : ces populations indiennes qui vivent en contact étroit avec la nature, se nourrissent de chasse, de pêche et de cueillette, s'approvisionnent au jour le jour ; pour elles, les provisions n'existent pas : l'Indien se contente de son « pain quotidien » chaque jour renouvelé avec bienveillance par la terre mère. Vivant sans passé et sans futur, ces peuples, aux yeux des historiens, n'ont pas d'histoire. Seraient-ce eux qu'évoque justement l'adage selon lequel « les peuples heureux n'ont pas d'histoire » ? Mais qui d'entre nous n'aspirerait à « vivre sans histoire », à « ne pas avoir d'histoire », à « ne pas faire d'histoires » !

La culture des céréales a changé la face du monde. Il y a ce qui se passait avant et ce qui s'est passé après : l'âge d'or et l'ère du progrès. Deux cultures, deux types d'hommes. Le premier, c'est l'Indien ; c'est aussi l'écologiste qui sommeille en chacun de nous et qui rêve au jardin de son enfance, à l'âge d'or, au jardin d'Eden ; il vit de la nature au jour le jour et se contente de ce qu'elle lui offre, certain qu'elle renouvellera quotidiennement ses dons : fruits, racines, volaille, gibier ou poisson. L'autre, c'est l'urbain ; il vit dans les villes, mais aussi dans les fermes, produit au maximum, cherche à avoir plus encore, et veut généralement ce qu'il n'a pas ; pour le satisfaire, il lui faut le « progrès », celui que promettent les hommes politiques, avec ses deux variantes indissociables : le « progrès scientifique et technique » et le « progrès économique et social »...

Cette dualité ressentie au tréfonds de l'âme humaine s'exprime parfaitement dans le fameux mythe de Prométhée. On connaît ce grand classique de la mythologie grecque, mais on connaît moins ses deux interprétations contradictoires, celle d'Hésiode et celle d'Eschyle.

Prométhée a libéré l'humanité asservie et déclenché le progrès en volant le feu à Zeus, maître du Ciel. Zeus le punit en l'enchaînant à un rocher et en lançant sur lui un aigle qui lui dévore le foie. Mais ce foie se reforme chaque nuit et l'aigle le dévore à nouveau chaque jour, de sorte que le tourment de Prométhée est un tourment éternel, exprimant sans doute une culpabilité refoulée — il se ronge le foie !... Mais voici qu'Héraclès — l'Hercule des Romains — le délivre en tuant l'aigle d'une flèche. Mieux, il lui confère l'immortalité, cadeau du débonnaire centaure Chiron, blessé par erreur d'une flèche lui aussi, et qui, pour mettre un terme à ses souffrances (désormais éternelles, puisque ses plaies sont inguérissables), appelle la mort et transfère sur Prométhée, le mortel, sa propre immortalité, devenue proprement insupportable.

Un acte d'orgueil vis-à-vis du maître des dieux : Zeus ; un fruit défendu et dérobé : le feu ; un châtiment, une longue souffrance, une délivrance ; enfin l'immortalité qui permet à Prométhée d'accéder au rang des dieux : le mythe de Prométhée évoque étrangement les points essentiels de l'anthropologie judéo-chrétienne. Au départ, l'homme vit dans un jardin ; puis il dérobe, par acte d'orgueil, le fruit de l'Arbre de la Connaissance, le fruit défendu. Cette connaissance acquise rend désormais possible le progrès par la science. Mais ce fruit attire aussi la foudre céleste et le châtiment : c'est l'exclusion du Paradis. Commence alors une longue période d'expiation où l'homme devra gagner son pain à la sueur de son front. Puis vient le Christ et, avec lui, la délivrance, la promesse du retour au Paradis perdu, de l'immortalité au royaume de Dieu. Singulière convergence entre deux grandes mythologies nées sur le pourtour de l'Est méditerranéen — à ceci près que, dans le second cas, le mythe s'incarne dans l'Histoire, de l'épopée d'Abraham à celle de Jésus qui, à l'instar du centaure Chiron, donne sa vie pour nous ouvrir les portes de l'immortalité !

Mais le mythe de Prométhée nous parvient sous deux éclairages tout différents. Pour Hésiode, au VIIIe siècle avant

Jésus-Christ, Prométhée est un être suspect, aux pensées perfides. Son aventure est intempestive. Elle rompt l'équilibre ancestral de l'homme avec la nature et les dieux traditionnels, et met un terme au fameux âge d'or des débuts de l'histoire humaine. La transgression prométhéenne peut être lourde d'imprévisibles conséquences ; elle éveille la jalousie des dieux et, en se présentant comme un défi, risque d'engendrer ruptures et déchirements. Bref, désormais, l'avenir ne peut qu'assombrir le présent.

Trois siècles plus tard, au ve siècle, grand siècle de la Grèce antique, Eschyle, dans son *Prométhée enchaîné,* fait au contraire le panégyrique de Prométhée, promu au rang de bienfaiteur de l'humanité. Sans lui, l'homme n'aurait jamais dominé les forces naturelles grâce à l'invention de la métallurgie et des outils, directement liés à la maîtrise du feu. Bref, Prométhée est devenu en trois siècles le père du progrès. Entre Hésiode et Eschyle, la Grèce a congédié le rêve de l'âge d'or pour parier définitivement sur l'avenir, un avenir prométhéen.

Prométhée rejoint Adam dont la révolte, qui est celle de l'esprit, modifie radicalement le cours de l'Histoire. Mais Prométhée ne cherche pas la spiritualisation du moi intérieur ; il cherche la connaissance nécessaire pour dominer la terre, la nature et la vie. Il fonde la science objective, non la conscience morale. Pour Paul Dies, « le feu dérobé symbolise l'intellect réduit à n'être que le moyen de satisfaction des désirs multipliés dont l'exaltation est contraire au sens évolutif de la vie. L'intellect révolté a préféré la terre à l'esprit ; il a déchaîné les désirs terrestres, et ce déchaînement n'est qu'un enchaînement à la terre [1] ». Propos on ne peut plus actuels dans l'effervescence de nos sociétés de consommation, de médiatisation et de gadgétisation...

Prométhée libéré par Héraclès trouvera l'immortalité en recevant la vie du centaure Chiron. Or les centaures symbolisaient la vie charnelle, la poussée de l'instinct dans tous ses débordements ; et Prométhée, bien qu'immortel, se trouve

1. Jean CHEVALIER et Alain GHEERBRANT, *Dictionnaire des symboles,* R. Laffont-Jupiter, Paris, 1982.

ainsi confronté au dilemme proprement humain de la chair et de l'esprit, de l'instinct et de la raison. Mais Chiron était un « centaure modéré », presque sage, dont la mort peut signifier aussi la sublimation du désir et le triomphe de l'esprit. Gaston Bachelard nous donne sa propre version du mythe en écrivant : « Le mythe de Prométhée illustre la volonté humaine d'intellectualité ; mais d'une vie intellectuelle, à l'instar de celle des dieux, qui ne soit pas sous la dépendance absolue du principe d'utilité. » Il propose donc de « ranger sous le nom de complexe de Prométhée toutes les tendances qui nous poussent à savoir autant que nos pères, plus que nos pères, autant que nos maîtres, plus que nos maîtres. Or... c'est en perfectionnant notre connaissance objective que nous pouvons espérer nous mettre plus clairement au niveau intellectuel que nous avons admiré chez nos parents et nos maîtres. La suprématie par des instincts plus puissants tente naturellement un bien plus grand nombre d'individus. Si l'intellectualité pure est exceptionnelle, elle n'en est pas moins très caractéristique d'une évolution spécifiquement humaine. Le complexe de Prométhée est le complexe d'Œdipe de la vie intellectuelle ».

Le mythe de Prométhée résume en fait l'épopée de l'homme néolithique. Dans son *Prométhée enchaîné,* Eschyle, dans une langue d'une grande beauté, fait l'inventaire de tout ce qui a libéré l'homme de sa condition première pour lui ouvrir les chemins de l'avenir ; il énumère les multiples outils intellectuels ou mécaniques qui ont permis l'avènement des civilisations urbaines. Parmi ces apports, les céréales et les plantes médicinales fondent, grâce à Prométhée, l'agriculture et la médecine.

Vingt-cinq siècles plus tard, le mythe de Prométhée reste d'une surprenante actualité. Le rythme accéléré du progrès mène l'humanité sur des sentiers inexplorés qui aboutiront pour les uns à des lendemains qui chantent, pour d'autres à quelque apocalypse. Disciple de Nietzsche ou de Marx, l'homme prométhéen affronte les dieux en un duel singulier, constate leur défaite et annonce l'avènement d'un homme nouveau, promis à régner aux lieu et place des dieux d'antan. La statuaire soviétique campe le geste et l'expression de cet homme prométhéen sur chaque place de chaque ville de l'immense empire de l'Est. Son élan enthousiaste n'est pas sans nous surprendre lorsque notre voiture cahotante s'embourbe sur les routes défoncées de l'Oural...

Si la nourriture s'accumule dans les greniers des pays riches, si les surplus céréaliers sont devenus le cauchemar de nos économistes et de nos politiques, la faim menace ailleurs un milliard d'hommes, dont cent millions sont déjà quasiment condamnés à mort. Car Prométhée n'a point inventé un juste système de redistribution des biens dont il pourvoit les mortels. En résultent ces affrontements et ces guerres qui font la déjà longue histoire des peuples civilisés depuis la sédentarisation et l'avènement de l'agriculture, puis de l'industrie. Aussi les tenants du Prométhée d'Hésiode ne manquent-ils pas de faire valoir leurs arguments et de faire entendre leurs mises en garde ; ils plaident pour le respect des grands équilibres écologiques, pour l'amour de notre mère la Terre ; ils insistent sur l'urgence qu'il y a à promouvoir la dimension spirituelle de l'homme. Pour les uns, ce ne sont que des écologistes ; pour les autres, les prophètes d'aujourd'hui.

La Bible, qui illustre si parfaitement la problématique du défi prométhéen par la désobéissance et la chute d'Adam, va plus loin encore. Entre la chute et le salut, elle relate une longue histoire, l' « histoire sainte », dont le tout premier épisode, juste après la chute, est un crime : le meurtre d'Abel par Caïn, son frère. Abel, fils d'Adam, avait sacrifié à Dieu une brebis, car c'était un nomade ; son sacrifice fut accueilli, et la fumée de son autel monta droit vers le ciel. Caïn, l'agriculteur, avait sacrifié des céréales : son sacrifice fut rejeté, car la fumée se rabattit vers la terre. Tout se passe comme si Dieu avait vu dans l'histoire à venir le destin tragique des premières civilisations sédentaires et urbaines issues de Caïn et de sa descendance : elles aboutirent à la tour de Babel, à la confusion des langues et à l'extinction finale par le déluge. En acceptant le sacrifice d'Abel le pasteur, et non celui de Caïn le cultivateur, Dieu marquait sa préférence pour la vie nomade sur la vie sédentaire. Il récidivera d'ailleurs en choisissant Abraham, le pasteur, pour être le père de son peuple, Israël. Et il commencera par le déloger de sa terre d'Ur, en Chaldée, pour l'amener vers Canaan. Plus tard enfin, il traitera Israël de la même façon !

De la même manière, le Nouveau Testament tient en grande suspicion l'homme qui engrange. Jésus, ce prophète nomade « qui n'avait pas une pierre où reposer sa tête », propose à ce sujet l'un des plus beaux textes des Evangiles : « Les terres d'un homme riche avaient beaucoup rapporté et il se demandait : " Que vais-je faire, car je n'ai pas de place pour engranger ? Eh bien voilà, je démolirai mes greniers ; j'en élèverai de plus grands, j'y entasserai mon blé et mes biens. Alors je me dirai : Mon ami, tu as des réserves pour de nombreuses années, repose-toi, mange, bois, prends du bon temps. " Mais Dieu lui dit : " Insensé, cette nuit même, on va te redemander ta vie. Ce que tu as mis de côté, qui l'aura ? " Ainsi en est-il de celui qui thésaurise pour lui-même au lieu de s'enrichir en vue de Dieu... " Voilà pourquoi, je vous le dis, déclare-t-il à ses disciples, ne vous inquiétez pas pour votre vie de ce que vous mangerez, ni pour le corps de ce que vous revêtirez, car la vie est plus que la nourriture, et le corps plus que le vêtement. Observez les corbeaux : ils ne sèment ni ne moissonnent, ils n'ont ni cave ni grenier, et cependant Dieu les nourrit. Combien plus valez-vous ! Qui d'entre vous, à force de soucis, peut ajouter une coudée à sa longueur de vie ? Si donc la plus petite chose dépasse votre pouvoir, pourquoi être en souci des autres ? Considérez les lys, eux qui ne filent ni ne tissent ; pourtant, je vous le dis, Salomon, dans toute sa gloire, n'a pas été vêtu comme l'un d'eux. Si donc Dieu habille de la sorte l'herbe des champs, qui est là aujourd'hui et qui demain sera jetée au feu, combien plus vous comblera-t-il, hommes de peu de foi ! Vous, n'ayez pas souci de ce que vous mangerez et boirez. Ne vous tourmentez pas, car cela, ce sont les étrangers qui s'acharnent à l'obtenir, mais votre Père sait ce qu'il vous faut. Cherchez donc son royaume, et tout cela vous sera surajouté. " »

De ce texte admirable émane comme un parfum d'Eden. Avant la chute, il n'y a point de calcul : les dons de la nature sont gratuits et Dieu les donne en abondance. Mais vient la chute et Dieu dit à l'homme : « Parce que tu as écouté la voix de la femme et que tu as mangé le fruit de l'arbre défendu, le sol sera maudit. C'est dans la peine que tu en tireras ta nourriture tous les jours de ta vie. La terre fera germer pour toi épines et chardons et tu n'obtiendras ta nourriture qu'en cultivant des champs. C'est à la sueur de ton visage que tu gagneras ton pain... » Désormais, tout coûte cher, en effort ou en prix. On marchande, on calcule, on débat, on se bat pour acquérir la rareté. A moins de tout lâcher, de se laisser couler corps et biens, de se laisser noyer dans l'eau baptismale pour renaître avec le Christ dans la liberté et l'innocence première des enfants. Règle évangélique : il faut toujours donner et savoir s'abandonner. Celle de ce monde : il faut toujours payer et être souvent abandonné.

Cette suspicion à l'égard de celui qui engrange, qui amasse et croit pouvoir tout se payer est déjà celle qui pèse sur Caïn l'agriculteur, meurtrier de son frère Abel. Le sacrifice de Caïn ne pouvait être agréable à Dieu, pas plus que le sang d'Abel le juste. Dans de nombreuses traditions, un sacrifice humain est imposé à l'heure des moissons comme récompense normale des dieux pour leur don des fruits de la terre. La condamnation du meurtre d'Abel — ce meurtre primordial que l'on retrouve, comme l'a montré René Girard, dans toutes les mythologies — condamne du même coup tout sacrifice humain, encore si fréquent à l'époque où ces textes furent consignés. Viendra ensuite, mais beaucoup plus tard, le sang du Christ offert pour le rachat de tous, et, avec lui, la promesse de délivrance et d'immortalité.

Des céréales, on passe naturellement au pain, symbole de la nourriture. De la nourriture spirituelle lorsque le Christ dit de ce même pain : « Ceci est mon corps. » Dans la célébration eucharistique, le pain et le vin symbolisent traditionnellement la vie active et la vie contemplative. Le pain évoque le miracle de la multiplication, miracle d'essence quantitative manifestant l'accroissement d'une ressource, d'une nourriture matérielle ; le vin évoque au contraire le miracle de Cana, de l'eau transformée en vin, transformation qualitative symbolisant l'accès à une nourriture d'essence supérieure, spirituelle.

Le pain reprend donc à son compte le symbolisme de la multiplication des ressources alimentaires, implicitement contenu dans celui des céréales. Celles-ci doivent leur nom à la déesse romaine Cérès, la Déméter de la mythologie grecque, qui a prêté son profil à nos premiers timbres-poste. C'est elle qui livra aux hommes les secrets de la culture du blé, de ce grain qui, mis en terre, rapporte le centuple.

Cette idée de la multiplication du grain initial, on la retrouve dans une célèbre anecdote rapportée par Marc Doudon. Un brahmane, prêtre hindou, présente à un prince le jeu qu'il a inventé : l'échiquier. « Extasié par les combinaisons infinies et merveilleuses qu'offrent la disposition et la marche des pièces sur les soixante-quatre cases de l'échiquier, y trouvant une distraction comme il n'en avait encore jamais connue, le radjah offre au brahmane de choisir lui-même sa récompense.

« — Ô mon seigneur, dit le brahmane, modeste en apparence, je ne te demanderai qu'une chose. Peut-être te paraîtra-t-elle simple, mais, tout de même, réfléchis bien avant de me l'accorder.

« — Dis toujours, nous verrons bien.

« — Ceci : une quantité de blé égale à la somme des grains obtenue en mettant un grain sur la première case, deux grains sur la seconde case, quatre grains sur la troisième, huit sur la quatrième, et ainsi de suite en doublant à chaque case jusqu'à la soixante-quatrième.

« — Quoi ? C'est là tout ce que tu désires pour l'invention d'un jeu si merveilleux dont on n'a jamais fini d'épuiser les extraordinaires manœuvres, qui donne de si agréables frissons intellectuels, dont la postérité parlera pendant des siècles après moi ? Vraiment, c'est bien là la seule récompense que tu souhaites ?

« — Oui, seigneur, la seule. Mais, comme avant de déplacer une pièce pour jouer ton coup avant celui de ton adversaire, imagine un peu la conséquence de ton geste.

« — Mais, brahmane, ignores-tu que je suis très riche ? Que, du blé, j'en ai plein mes greniers, que la récolte qui se prépare est tellement belle cette année que je vais être obligé d'en faire construire de nouveaux. Prends donc la mesure qui sera sur l'échiquier comme tu l'auras calculée. Elle est pour toi.

« Dure leçon pour le puissant seigneur qui ne pouvait

imaginer jusqu'où pouvait aller la progression géométrique pourtant d'une « raison » faible. A la trente-huitième case déjà, il devait déposer plus de 6000 tonnes de blé ! Quand il arriva à la dernière, le trop généreux — et trop ignare — donateur n'en croyait pas ses oreilles qui lui faisaient entendre les résultats des calculs de l'inventeur. Le total de l'échiquier (imaginaire) atteignait — prenez votre souffle : 18 446 744 073 709 551 615 grains de blé ! Ce qui ferait, à raison d'un poids moyen de chaque grain de 45 mg, le poids respectable et incroyable de 800 milliards de tonnes ! Sachant que la production mondiale actuelle tourne aux alentours de 300 millions de tonnes, il faudrait engranger la totalité de ce que produit le monde entier pendant 2 667 ans ! »

La notion de multiplication, ou, comme ici, de démultiplication, fait partie de l'essence même de l'histoire des céréales. Dans l'Evangile, on l'a vu, elle affecte même le pain qui en dérive. Mais, dans le pain, les graines se fondent comme les individus d'une communauté fraternelle. Et c'est en rompant le pain que l'on nourrira cette communauté ; le pain devient alors le symbole même de la fraternité, ce pain partagé où chaque grain disparaît pour ne former qu'une seule pâte.

Mais le pain peut être avec ou sans levain, et le levain devient à son tour un symbole de transformation spirituelle. Cependant, son absence dans les pains azymes — ces pains « sans enzymes » que les Juifs avaient mangé à la première pâque avant de quitter l'Egypte, et qui ont donné les plates hosties blanches de naguère — symbolise une privation, un sacrifice, donc aussi la pureté immaculée.

Le levain tient son pouvoir de la levure qu'il contient, ce petit champignon microscopique agent de la fermentation. Additionné à la pâte, il la fait monter en conservant en son sein le gaz carbonique qu'elle dégage : le pain gonfle et se parsème de poches gazeuses. Additionné au jus de raisin (le moût), il produit en surface un fort dégagement de gaz carbonique sous forme de mousse, tandis que l'alcool — autre produit de la fermentation — le transformera en vin. Le pain et le vin ont donc même origine : ce sont des fruits de la terre transformés par la même levure. Spirituellement, cette levure, ce « ferment dans la pâte », c'est le Christ.

Il eût été logique d'évoquer le pain et le vin à l'occasion de la fête du jeudi saint où Jésus institua l'Eucharistie lors de la dernière cène. Mais celle-ci eut lieu au printemps, peut-être le jeudi 6 avril de l'an 30. L'on n'était point encore au temps des moissons, même en Palestine. En ce temps déjà, la célébration pascale avait le pas sur toute autre considération de calendrier. Et c'est l'avant-veille de la très solennelle pâque juive que la cène fut célébrée par le Christ et ses apôtres.

Le symbolisme du pain et du vin n'est pas propre au christianisme. On le trouve dans bien des religions à mystère de l'Antiquité, en particulier dans la religion de Mithra, où l'on pratiquait le partage du pain sacré. Plusieurs siècles plus tôt, le judaïsme a mis en scène l'énigmatique personnage de Melchisédech, roi de Salem, la ville qui allait devenir Jérusalem. La Bible nous dit à son sujet : « ... Lui qui était prêtre du Dieu Très-Haut, apporte alors du pain et du vin. Il bénit Abram en ces termes : " Que le Dieu Très-Haut, créateur des cieux et de la terre, bénisse Abram. Et qu'Il soit loué, Lui qui a mis tes ennemis en ton pouvoir... " »

La riche symbolique du pain et du vin vient de bénéficier d'un rebondissement inattendu : une publicité mille fois répétée y associe désormais une marque de fromage ! Pour ceux qui aiment lire, proposons cette autre onomatopée : « Du pain, du vin... et un bouquin ! » Quelle que soit la formule retenue, un tel menu reste au demeurant singulièrement frugal, en tout cas incompatible avec les plantureuses agapes qui concluaient jadis la fête des moissons ou des battages.

Dans la plupart des traditions, la moisson exige en effet le respect d'un certain nombre de rites remontant aux temps les plus reculés, destinés à ne point s'aliéner l'esprit du blé ou des céréales récoltés. A Madagascar, par exemple, on coupait le riz avec des couteaux dont les lames restaient cachées dans les mains des moissonneurs afin de n'effrayer l'esprit du riz qu'au tout dernier moment : on le décapitait alors à l'improviste, sans qu'il s'en rendît compte ! Sir James Frazer, qui a consacré sa vie à observer et recueillir les traditions du monde entier, note que les peuples cultivant le riz ont plus que les autres gardé leurs traditions d'origine. Mais, il n'y a pas si longtemps, on consommait encore « le blé de la dernière gerbe, considéré comme le corps de l'esprit du blé », de manière quasi sacramentelle. Ce blé méritait un sort particulier, car l'esprit du blé reculait devant les moissonneurs jusqu'à se réfugier dans cette gerbe-là dont la section risquait de le mettre à mort. On disait encore que cet esprit pouvait passer dans un animal : lièvre ou perdrix s'échappant de la gerbe... Ou bien on préférait conserver cette gerbe sur la porte de la grange, d'une année sur l'autre, afin que l'esprit du blé eût toujours une demeure où se perpétuer... De ces traditions il ne reste plus rien. Les rites sacrificiels — sacrifices d'animaux, voire sacrifices humains — qui accompagnaient jadis les moissons ont disparu de longue date. Ces sacrifices avaient toujours la même signification : celle de l'échange. On ne pouvait recueillir les dons de la terre qu'à condition de lui offrir quelque chose en retour : le sacrifice rituel, en l'occurrence, qui vous ménageait de surcroît la bienveillance de l'esprit du blé.

Avec l'hypermécanisation des moissons, il ne reste plus aujourd'hui le moindre lieu où l'esprit du blé pourrait se réfugier. Avec les herbicides abondamment répandus, les « pensées sauvages », accessoirement repérables dans les champs de céréales, ne sont pas mieux loties. Elles aussi sont en fuite, avec les nielles, les spéculaires, les dauphinelles, les bleuets... Car ce XXe siècle aura débusqué la pensée sauvage en même temps que le système de pensée des sauvages tout comme la moissonneuse débusque le lièvre et la perdrix. La céréale seule demeure, orgueilleuse et solitaire, surtout s'il s'agit du maïs dont le désherbage est particulièrement agressif et sélectif. Mais le maïs vient d'Amérique, alors que le blé, reine des céréales, nous vient d'Orient. Les recherches sur les origines et l'histoire du blé ont débuté dès le XVIIIe siècle et n'ont jamais cessé depuis lors. En 1735, Linné regroupait dans le même genre latin, *Triticum,* les blés et les chiendents, à cause de la grande ressemblance des caractères botaniques des uns et des autres. Quiconque a cependant tenté, au moins une fois dans sa vie, de les arracher, sait pourtant qu'il existe une différence fondamentale entre le blé et le chiendent : la tige de blé « lâche prise » et vient immédiatement avec son faisceau de racines, car il s'agit d'une plante annuelle, alors que le chiendent résiste obstinément, avec son dense réseau de tiges souterraines, car il s'agit d'une plante vivace. Aussi la distinction fut-elle officiellement faite dès 1812 par Palisot de Beauvois, qui classa les chiendents dans le genre latin *Agropyrum* et conserva pour le blé le genre *Triticum*. A compter de ce jour, ces deux groupes de plantes firent une carrière séparée, ce qui n'empêche pas qu'on les trouve souvent mélangées, comme le rappelle si opportunément la parabole du « bon grain et de l'ivraie ». Parabole que l'on comprend mieux encore lorsqu'on sait la profondeur de l'enracinement des chiendents, botaniquement très proches de l'ivraie, elle-même généralement vivace : à désherber un champ d'ivraie ou de chiendent, on ne manquerait pas d'arracher du même coup les fragiles épis de blé. D'où le conseil prodigué par le Christ aux moissonneurs de « ne séparer le bon grain de la mauvaise herbe qu'après la moisson », ce qui évite de piétiner le champ et d'arracher en même temps l'un et l'autre.

L'étape suivante de l'histoire du blé se passe en Palestine, la botanique relayant la symbolique des paraboles. Dans le courant de l'été 1906, le botaniste israélite Aaronsohn explorait la haute Galilée, entre le lac de Tibériade et le mont Hermon, au Liban. A quelques kilomètres des ruines de la synagogue de Capharnaüm, au bord du lac, à Rosch Pinah, il découvrit des plants de blé sauvage vivant en des lieux arides à l'écart de toute culture. Ce blé sauvage est ainsi défini par Aaronsohn : « C'est, semble-t-il, une plante des terrains rocheux, qui évite les larges plaines et les vastes steppes ; elle ne craint pas davantage les conditions climatiques extrêmes, puisque son extension verticale s'étend sur plus de 2000 mètres, de 100 à 150 mètres au-dessous de la Méditerranée aux environs du Jourdain, jusqu'à 1800 à 1900 mètres d'altitude au Hermon. » Ce blé sauvage « est localisé sur les calcaires durs, les grès compacts, les dolomies, les basaltes ; il évite les calcaires crayeux et tendres ». Cet ancêtre de la plupart des blés cultivés fut retrouvé plus tard en Syrie, en Turquie du nord-est, en Iran et en Arménie, la Palestine étant le point le plus méridional de son aire de répartition. Il s'agit d'un blé très rustique, qui n'est cultivé aujourd'hui que dans des zones particulièrement déshéritées et qui, depuis l'époque gréco-romaine, a été peu à peu remplacé par des blés tendres ou durs, plus fragiles, mais plus productifs.

A la suite de nombreuses recherches menées au cours de ce siècle, notamment par le Soviétique Vavilov, éminent spécialiste de l'histoire des plantes cultivées, on dénombrerait deux espèces de blé sauvage, toutes deux spontanées au Proche et au Moyen-Orient, comportant chacune deux variétés ou sous-espèces, correspondant à des aires géographiques distinctes. Si les auteurs ne sont pas tous d'accord sur le nombre et la définition des espèces de *Triticum* — mot dérivé de *tritus :* écrasé, moulu, d'où dérive aussi triturer, et qui désigne toutes les espèces de blé —, tous admettent, avec le généticien allemand Kajanus, que ces espèces se regroupent en trois sections : les blés tendres à 42 chromosomes dans chaque noyau cellulaire, dont *T. vulgare* est de loin l'espèce la plus couramment cultivée en Europe ; les blés durs à 28 chromosomes, dont le prototype est *T. durum,* abondamment cultivé dans le bassin méditerranéen ; enfin le blé engrain à 14 chromosomes, descendant direct d'une des deux espèces sauvages ancêtres du blé ; l'autre est le *T. dicoccoides,* découvert par Aaronsohn et qui ressemble beaucoup, dans sa jeunesse, à un chiendent.

Les agronomes, prenant le relais des botanistes, n'ont cessé, après ces découvertes, de créer et de sélectionner de nouvelles variétés, d'améliorer les rendements et d'adapter les qualités des multiples variétés aux goûts et aux besoins des consommateurs.

Des moissons aux vendanges, il n'y a que quelques semaines à franchir. Avec l'olivier et le figuier, la vigne symbolise, dans l'Ancien et le Nouveau Testament, les fruits de la terre. Bienheureux le père de famille qui possédait dans son jardin ces trois richesses, accompagnées d'une fontaine d'eau douce ! Il vivait alors dans l'abondance, la paix et la prospérité.

Les origines de la vigne cultivée remontent à la nuit des temps. Elle figure déjà, ainsi que le vin, dans des documents vieux de plus de deux mille ans avant Jésus-Christ. Pour les Grecs, elle est une création du dieu Dionysos, le dieu du vin, qui, accompagné de sa cohorte de faunes et de satyres, tient les hommes en son pouvoir, soit en les enivrant, soit en les enlaçant de son lierre ou de sa vigne.

La mythologie grecque est particulièrement prolixe sur cette naissance de la vigne, à laquelle Dionysos est toujours associé, mais de multiples façons. N'est-il pas d'ailleurs le plus facétieux des dieux, celui dont les prestations revêtent les formes les plus variées ? D'après l'une de ces légendes, Dionysos, sans doute bisexuel, comme tant de divinités grecques, s'était amouraché du jeune Ampelos (mot grec signifiant « la vigne » et que les botanistes utilisèrent pour baptiser la famille de la vigne : les Ampélidacées). Lors d'un combat avec un taureau, Ampelos fut blessé, saigna abondamment et mourut. Selon la tradition, une mort accidentelle ne pouvait conduire le défunt aux Enfers : Ampelos fut donc métamorphosé et transformé par Dionysos en pied de vigne... De même, Daphné, poursuivie par les assiduités d'Apollon, et Leuké, convoitée quant à elle par Hadès, se métamorphosèrent de la même façon, Daphné en laurier, Leuké en peuplier ; la chaste Pitys n'échappa à la lubricité du dieu Pan, dieu de la sexualité sauvage, qu'en se métamorphosant en pin noir ; Philyra conçut de Chronos, père de Zeus, un enfant monstrueux, et, de honte, fut métamorphosée en tilleul...

Les botanistes se font de l'origine des plantes cultivées une tout autre idée. Ils s'accordent à penser que la vigne vient de l'Asie montagneuse : Caucase, Chine ou Afghanistan. Dans les montagnes de l'Hindou Kouch, il n'est pas rare de voir la vigne enlacer les arbres à la manière du lierre dans nos pays, sans qu'il soit possible de dire s'il s'agit d'une vigne retournée à l'état sauvage ou, au contraire, de l'ancêtre de nos vignes cultivées. Elle forme parfois des massifs compacts d'un seul tenant, sorte de fourrés impénétrables où les sarments vigoureux escaladent les arbres les plus hauts et produisent des grappes abondantes, sans taille ni culture.

L'Europe possède également une vigne sauvage, répandue en région méditerranéenne et qui remonte par la vallée du Rhin jusqu'au nord de Strasbourg. Toutes nos vignes cultivées descendent de ces ancêtres au terme d'un long et permanent effort de sélection mené depuis des millénaires.

La vigne offre, entre autres paradoxes, le contraste entre la magnificence de ses fruits et l'insignifiance de ses fleurs. Ces dernières sont minuscules : les pétales verdâtres sont soudés entre eux, formant une espèce de couvercle sur la fleur avant de s'en détacher. Donc, pas de tape-à-l'œil, pas de racolage des insectes ! En revanche, ces fleurs sont très odorantes, et c'est par ce stratagème que la vigne séduit ses pollinisateurs. Séduction impérieusement imposée pour la vigne sauvage, dont les fleurs sont souvent unisexuées, ce qui annule toute possibilité d'autofécondation des fleurs femelles, puisque celles-ci ne possèdent aucune étamine. Les vignes cultivées, en revanche, sont bisexuelles.

Homère a chanté la vigne, considérant comme barbares les peuples qui ne connaissaient pas le vin. Car, pour les Grecs, le vin est le complément indispensable de tout repas ou banquet digne de ce nom. Encore que, très prudemment, ils déconseillaient de le consommer pur ; la proportion recommandée était une partie de vin pour trois parties d'eau : signe de sagesse de nos Anciens qui avaient su passer avec les drogues et autres boissons enivrantes des contrats de bonne intelligence. Les Grecs connaissaient naturellement les vins rouges, les vins blancs et les vins capiteux. Ils se méfiaient tout spécialement de ces derniers pour les maux de tête qu'ils engendrent. On recommandait aux femmes des boissons sans alcool, tel le chiléon de la déesse Déméter : mélange d'eau, de menthe et de farine d'orge, qui a donné l'orgeat. Boisson sans risque, que Bacchus — alias Dionysos — ne tolérait pas dans ses orgies !

Afin de blanchir quelque peu la réputation de ce malheureux Dionysos, une autre légende rapporte son séjour en Eolie où il fut accueilli par Œnée. Poussant l'hospitalité jusqu'au bout, celui-ci « prêta » au célèbre visiteur sa femme Althée. Sensible à cette délicate attention, Dionysos apprit à son hôte à cultiver la vigne que son grand-père avait découverte afin de produire un vin de qualité : c'est ainsi qu'Œnée devint le premier œnologue ! Marc Doudon rapporte avec humour qu'il se fit aider par un ouvrier agricole, un certain

Staphylos. Chevrier malicieux, celui-ci avait observé qu'une chèvre dont il avait la garde avait bu le jus qui s'écoulait d'une vigne sauvage, et que de ce jus, l'on pouvait précisément tirer un bien agréable breuvage. « Ce modeste pâtre ne se doutait pas qu'il attacherait son nom à ce que les botanistes appellent l'inflorescence en grappe et que les disciples de Pasteur appliquèrent, par analogie, à certains microbes sphériques qui s'agglomèrent en forme de grappe : les staphylocoques ! »

L'agréable breuvage en question fit dans l'Histoire de fameux dégâts. Dans la Bible, déjà, l'on voit Noé, à peine sorti de l'arche, s'empresser de planter une vigne. Il s'enivra et se dénuda à l'intérieur de sa tente ; ses fils, marchant à reculons, le vêtirent pudiquement d'un manteau... L'humanité nouvelle issue de Noé connut là son premier accroc. Il y en eut bien d'autres, si bien que le Coran prit la décision catégorique d'interdire toute boisson alcoolisée à ses fidèles. Mais la vigne continua à se fort bien porter ! Mieux, elle contre-attaqua et a entrepris récemment une seconde carrière en pharmacie. Ses feuilles rougissent à l'automne — en particulier celles de vigne vierge — et laissent apparaître leurs nervures ramifiées en forme de réseaux veineux. En vertu de la fameuse théorie des signatures, elles se devaient d'être conseillées en cas de mauvaise circulation sanguine. C'est bien ce qu'il advint, puisque les feuilles de variété rouge, dites « teinturier », de la région bordelaise, riches en substances appelées « anthocyanes », sont employées pour les troubles de la ménopause et dans le traitement des affections veineuses.

Mais toute la symbolique de la vigne chante plutôt l'ivresse de l'amour. Dans l'Ancien Testament, la vigne est un symbole de premier plan : elle représente le peuple choisi, Israël, que Dieu a planté avec amour, qu'il a protégé d'un mur et patiemment éduqué. Le dialogue de Dieu avec son peuple devient alors celui du propriétaire d'une vigne avec ses vignerons. Plusieurs paraboles s'inspirent de ce thème : celle des vignerons infidèles qui tuent les envoyés du maître, les prophètes d'Israël, et même son fils, le Messie, pour conserver la récolte ; celle de l'ouvrier de la onzième heure qui perçoit le même salaire que ses collègues qui ont peiné tout le jour aux vendanges, parce que Dieu est libre de donner « plus qu'à devoir », comme disent les juristes ; celle du père qui envoie ses deux fils dans sa vigne : l'un dit oui, mais n'y va pas — il symbolise les pharisiens ; l'autre refuse, mais se repent et y va — il symbolise « les collecteurs d'impôts et les prostituées ». (Pas très gentille pour les percepteurs, cette collusion avec les prostituées... Ils travaillaient, il est vrai, pour les occupants romains, mais ils entreront malgré tout dans le Royaume, après s'être convertis !)

Tout au sommet du symbolisme de la vigne, dans l'Evangile selon saint Jean, le Christ n'est plus propriétaire, il est la vigne elle-même, et les fidèles sont les sarments. Les sarments y puisent leur sève et ne peuvent vivre séparés. A la fin de l'histoire du salut, cet enracinement en Dieu fait de la vigne le symbole même du royaume de Dieu : elle symbolise le corps du Christ, la communauté humaine tout entière, plantée par Dieu dès l'origine, et qui remplit progressivement le Paradis.

Les mystiques musulmans ont consacré au vin leurs plus ardents poèmes. Car le vin est symbole de l'amour et de l'amour divin. Ainsi, Faridh écrit : « Nous avons bu à la mémoire du bien-aimé / Un vin qui nous a enivré avant la création de la vigne... » On lit chez un autre mystique soufi : « Avant qu'en ce monde il y eût un jardin, une vigne, du raisin, notre âme était enivrée du vin immortel... » Ce symbolisme du vin qui enivre comme l'amour appartient aussi à la Bible. On lit dans le Cantique des Cantiques : « Introduisez-moi dans la maison du vin... » Le vin est un nectar, comme l'amour divin. Considéré comme le sang de la plante, il est un breuvage de vie, un gage d'immortalité. Pourtant, le vin enivre et l'alcool tue. Faire du vin un symbole du divin, c'est donc accepter la radicale transcendance de Dieu qui contredit les évidences terrestres. Dieu ne craint pas que l'on compare son amour à l'ivresse ; mais l'accueillir suppose des dispositions intérieures, une certaine disponibilité, une qualité d'âme que l'on aura tout loisir de rapporter aux mille et une subtiles qualités des multiples crus de nos vins. Ainsi l'image du vin rend-elle compte de la diversité des chemins conduisant à l'amour divin !

Avec le christianisme, le pain et le vin deviennent l'essence même de cet amour divin, corps et sang du Christ, chair même de Dieu. En offrant aux hommes, juste avant sa mort, cette nourriture d'immortalité, le Christ déchire en effet le voile du Temple et brise la frontière qui, depuis la chute, tenait les hommes éloignés de Dieu. La mythologie grecque est parfaitement explicite sur ce point, qui lie à une nourriture spécifique l'immortalité dont les dieux seuls ont le privilège. Ce privilège remonterait, selon Hésiode, au jour où Prométhée — toujours lui ! — partagea avec les dieux sa nourriture, conservant pour lui la chair de l'animal sacrifié et abandonnant aux dieux, non sans quelques artifices destinés à les tromper, les os et les abattis. Les dieux se vengèrent en se réservant jalousement l'aliment d'immortalité qui, dans la mythologie, est toujours une herbe inaccessible aux hommes ; dans la Bible, il s'agit du fruit de l'Arbre de Vie auquel Adam ne toucha pas, car il fut chassé du Paradis avant d'avoir eu le temps de le découvrir.

Empruntons à l'helléniste Bernard Deforge de fort intéressantes réflexions sur cette herbe d'immortalité. Dans sa lutte contre les Titans, Zeus fait appel aux Cent-Bras et commence par offrir « ce qui était séant, le nectar et l'ambroisie dont les dieux sont seuls à goûter ». Tout a été dit sur l'ambroisie, à coup sûr de nature végétale, mais dont l'exacte identité nous échappe : miel ? champignon vénéneux ? herbe ? Le mystère demeure, et seul le symbole est explicite : l'ambroisie est la nourriture des dieux. D'ailleurs, toujours selon Hésiode, en cas de parjure, un dieu « reste gisant sans souffle une année entière. Jamais plus il n'approche de ses lèvres, pour s'en nourrir, l'ambroisie ni le nectar ». Après cette année de sevrage, il reste encore neuf ans loin des banquets des dieux. Le terrible supplice de Tantale, incapable de boire l'eau qui pourtant est à portée de ses lèvres, ou de saisir les fruits succulents qui pourtant sont à portée de ses mains, lui est infligé pour avoir livré aux hommes le nectar et l'ambroisie auxquels il devait son immortalité. Les dieux défendent donc âprement leur privilège, qui distingue leur destinée de celle des mortels.

Lorsque la Terre enfante les Géants, une prédiction révèle qu'aucun d'eux ne peut mourir du fait des dieux, mais seulement sous le coup d'un mortel. Les dieux redoutèrent cette concurrence potentielle et cherchèrent un moyen de détruire ces créatures. Mais la Terre, « s'en étant avisée, cherchait le remède propre à empêcher qu'ils pussent mourir du fait d'un mortel ; Zeus alors interdit à l'aurore, à la lune et au soleil de paraître, et, prenant les devants, il coupa le remède ». Le remède, c'est bien évidemment la plante médicinale par excellence, la plante de vie, d'immortalité.

On sait combien Hésiode s'est inspiré — comme d'ailleurs les auteurs de la Bible — des grands textes de la civilisation babylonienne, en particulier de la fameuse épopée de Gilgamesh. L'on y voit le héros, bouleversé par la mort de son ami Eukidon, se mettre à la recherche d'un moyen d'échapper à la mort. Il sait que le survivant du déluge, Outa Napistitim, a obtenu des dieux le don d'immortalité. Après un long voyage au-delà des mers, il exprime son désir à Outa Napistitim qui lui répond : « Je vais te révéler, Gilgamesh, un mystère et te dire à toi une chose que ne savent pas les humains ; il s'agit d'une plante : sa racine est comme celle du lycium épineux, son épine, comme celle de la rose, te piquera les mains, mais si tes mains arrivent à prendre cette plante, tu auras trouvé la vie éternelle. » L'on voit alors le héros aller quérir cette plante piquante au fond de la mer où elle croissait ; mais, sur le point d'acquérir ainsi l'immortalité, il se la fait ravir par un serpent qui l'emporte et, sur-le-champ, rejette sa vieille peau ; le serpent devient ainsi symbole de l'immortalité, tandis que, dit le texte, « Gilgamesh reste là et pleure, et le long de son nez coulent ses larmes... ». Cet épisode profite donc au serpent, attribut bien connu d'Esculape, père de la médecine, qui en a fait son emblème, le caducée : c'est lui qui détient désormais le don d'immortalité.

Dans trois drames différents, Eschyle nous présente l'histoire d'un mortel plus heureux que Gilgamesh : Glaucos, appelé, grâce à la magie de la plante qu'il a pu s'approprier, à partager le destin des dieux. Glaucos est marin et va lui aussi chercher la plante au fond de l'eau. Comme dans l'histoire de Gilgamesh, pour l'acquérir, il lui faut accomplir un long voyage outre-mer et une immersion analogue au plongeon dans l'eau baptismale qui ouvre le chemin de la vie éternelle...

Babylone, la Crète, la Grèce, la Bible : surprenant parallélisme des grands symboles !

Chez les anciens Aryens, Indra, le dieu créateur du monde, tire ses pouvoirs d'un breuvage sacré : le *soma,* souvent assimilé à l'amanite tue-mouches, champignon à chapeau rouge ponctué de points blancs, effectivement enivrant... Mais le destin commun de l'humanité, c'est Adam ou Gilgamesh qui l'illustrent le mieux. Lorsque ce dernier, en route vers le pays des dieux, en quête de l'herbe sacrée, rencontre Sidouri, la cabaretière, celle-ci lui déclare : « La vie que tu poursuis, tu ne la trouveras pas. Lorsque les dieux créèrent l'humanité, c'est la mort qu'ils ont donnée à l'humanité. La vie, c'est dans leurs mains qu'ils l'ont gardée... » Glaucos seul aurait échappé à la dure loi commune. Sa plante, selon Aischron de Samos, serait « le chiendent des dieux ». Elle poussait dans les îles des Bienheureux, identifiées par Pline à la Crète. Pour y atteindre, une traversée est bien nécessaire. La vie éternelle est donc sur l' « autre rive ». Elle s'identifie ici à un chiendent que Linné considérait comme un très proche parent du froment.

A la veille de sa mort, le Christ offre à l'humanité une nourriture : le froment, précisément, et la vigne, assimilés à son corps et à son sang. La nourriture de vie, frauduleusement volée aux dieux par Prométhée, la voilà librement restituée aux hommes. Et c'est d'une chair divine qu'il s'agit désormais, vrai gage d'immortalité. Les paroles de Jésus sont parfaitement explicites : sur la route du Ciel, qui veut vivre de Dieu et en Dieu doit manger la chair du Christ. Et cela est dit dès le lendemain de la multiplication des pains : « Celui qui consomme ma chair et boit mon sang demeure en moi, et moi en lui ; de même que le Père qui est vivant m'a envoyé et que je vis, moi, par le Père, ainsi celui qui se nourrit de moi vivra également par moi. Tel est le pain venu du ciel ; non pas comme le pain mangé par nos ancêtres, eux qui sont morts. Celui qui se nourrit de ce pain, pour toute éternité aura la vie. »

La nouvelle alliance est scellée : Dieu et les hommes sont à présent réconciliés par une fête — un banquet —, autre image traditionnelle du Paradis et de la vie éternelle.

Le temps des fruits

Comment séparer la vigne du figuier ? Le premier vêtement de nos premiers parents, après le fatal accident qui les laissa tout nus, et nous avec, était une feuille de figuier, que la tradition populaire et l'iconographie ont transformée en feuille de vigne. A bien y réfléchir, celle-ci, par sa taille plus modeste, était moins fonctionnelle dans son aptitude à parer au plus pressé. Mais la Bible est explicite : c'est bien une feuille de figuier qui masqua la différence, devenue subitement évidente, entre l'homme et la femme. Désormais radicalement distincts, les voilà condamnés à être perpétuellement à la recherche l'un de l'autre, ce qu'ils font sans désemparer depuis lors. Si la feuille de figuier, de dimension plus importante, offre un vêtement plus convenable, elle est aussi de consistance plus raide et évoque d'emblée le cilice qu'utiliseront plus tard les ascètes comme si la vie après la chute, telle qu'elle s'est perpétuée jusqu'à nous, n'était pas en elle-même une sorte de cilice moral à porter ou supporter jusqu'au bout… Une condition que les croyants acceptent dans la lumière de la foi, mais qui laisse la plupart des agnostiques ou des athées mi-figue, mi-raisin (autre locution populaire associant vigne et figuier, ces fruits de l'automne).

Les raisins, tantôt d'or, tantôt violets, symbolisent par leurs couleurs le passage de l'été à l'automne. Les figues, toujours violettes, sont l'archétype du cycle végétal accompli. Le jaune, surtout lorsqu'il est brillant comme l'or, exprime la puissance du disque solaire et devient la plus ardente des couleurs. Aussi est-il l'attribut des princes, des empereurs et des rois dont il proclame l'origine divine des pouvoirs. Il est aussi la couleur du plein été, du plein soleil, de la plénitude des moissons et des fruits. Le premier des fruits d'or est la pomme d'or du jardin des Hespérides, dont la nature est discutée : s'agit-il d'une pomme ou d'un agrume ? Les botanistes, qui classent les agrumes dans le groupe des Hespéridées, semblent pencher pour cette dernière thèse. Mais connaissent-ils suffisamment la mythologie pour que leur avis soit entendu ? Et puis, n'y a-t-il pas les pommes *golden :* tout en or ? Hercule réussit à conquérir ces pommes d'or appartenant à la déesse Héra, épouse de Jupiter, après avoir abattu le dragon Lâdon ; victorieux de cette onzième épreuve, il put alors entreprendre la douzième : descendre aux Enfers et en remonter vivant, c'est-à-dire devenir immortel. Aussi a-t-on assimilé cette pomme d'or au fruit de l'Arbre de Vie du Paradis terrestre, celui auquel nos premiers parents n'ont pas touché ; il les aurait rendus immortels, à l'instar de Dieu. C'est bien cette pomme-là qu'il eût fallu croquer !

A ces blondes moissons, à ces pampres d'or, à ces fruits jaunes, s'opposent les raisins « noirs » et les figues violettes. Si, dans les traditions occidentales, le jaune est la reine des couleurs, celle du soleil et de l'or, celle aussi des vêtements liturgiques des jours de grande fête, le violet est au contraire une couleur tout en nuances, puisque faite à parts égales de rouge et de bleu. Le quatorzième arcane du tarot, nommé tempérance, représente un ange portant dans ses mains un vase bleu et un vase rouge entre lesquels s'échange un liquide incolore. Le violet, invisible sur cette image, est le résultat de ce dosage, de cet échange, de cette subtile alchimie ; il exprime le rouge jailli de la terre, comme le feu du volcan, force impulsive et instinctive, qui s'apaise en venant mourir dans le bleu de l'azur céleste. Le violet est donc le symbole d'une force vive mais atténuée comme les derniers rayons qui s'éteignent au couchant, d'énergies à ne mettre en œuvre que parcimonieusement en ce début d'automne où le soleil décroît et commence à se faire rare, de la vie qui en apparence s'éteint — en apparence seulement, car la mort éternelle est étrangère à toutes les traditions ; la mort est toujours transformation, passage d'un état à un autre. C'est pourquoi la liturgie associe le violet au culte des défunts comme à la mort du Christ. La pourpre écarlate des cardinaux exprime leur vocation à verser leur sang pour la foi, vocation qui, aujourd'hui, a rarement l'occasion de s'exercer... Mais la robe violette des évêques symbolise aussi la sagesse et la tempérance nécessaires au pasteur pour veiller sur son troupeau. Conduire un peuple exige en effet sens de la mesure, maîtrise des émotions, prudence dans les jugements.

Le vert témoigne de la résurrection de la vie et de la végétation ; il exprime l'impulsion et la montée de l'évolution. Le jaune évoque la plénitude, la vie à son apogée, le soleil à son zénith. Le violet traduit la décroissance, l'involution. En associant le jaune et le violet, les figues et les raisins, on exprime parfaitement la décroissance du soleil solsticial de l'été et la venue de l'automne — ce que, notons-le, n'exprime nullement le jaunissement des feuilles en cette même saison : la symbolique préférerait en vérité les voir virer au violet avant leur chute... Mais les feuilles, à la différence des fruits, ne sont pas destinées à renaître et échappent par là à toute interprétation symbolique. Il n'en est pas de même du figuier qui, avec la vigne et l'olivier, forme la grande trilogie des plantes du symbolisme évangélique.

Le figuier est exclusivement méditerranéen. Comme l'olivier était apparu sur ordre d'Athéna, le figuier est fils de Déméter, déesse des moissons et des produits de la terre. Il symbolise toutes les étapes du cycle de la végétation et, par là, toutes les étapes de la vie elle-même. On le voit, à la différence de la plupart des arbres méditerranéens, se couvrir de feuilles au printemps — d'où cet enseignement tiré du figuier dont le Christ dit que « lorsqu'il se couvre de bourgeons, l'on sait que le printemps est proche ». Phrase qui peut surprendre un habitant de l'Europe tempérée où tous les arbres marquent la pause en hiver et repartent au printemps. Mais il n'en est pas ainsi dans le bassin méditerranéen dont la végétation, pour l'essentiel toujours verte, ne comporte que de rares espèces à feuilles caduques en hiver, dont l'amandier et le figuier précisément. On conçoit que le Christ ait choisi cet arbre pour cette comparaison qui prend dès lors tout son sens. En Palestine, le figuier est un « indicateur écologique » annonçant le printemps. Mais seul celui qui sait lire les signes des temps en fera son profit. A l'autre bout de son cycle, il est, avec ses figues violettes, le parfait symbole de l'automne.

Comme la marguerite n'est pas une fleur, malgré ses apparences, mais une république de fleurs, la figue n'est pas un fruit, mais une coupe de fruit. Ses fruits, ce sont les multiples petits pépins « qui craquent sous la dent ». Chacun est issu d'une fleur minuscule posée au fond de cette coupe complètement refermée sur elle-même. Les fleurs sont mâles et femelles dans la même coupe, ou mâles ou femelles dans des coupes différentes ; elles apparaissent aussi à des saisons différentes selon les variétés, sauvages ou cultivées. Il en résulte un jeu très compliqué où des insectes spécialisés, habiles à pénétrer dans le minuscule orifice qui ouvre la figue sur l'extérieur, assurent la pollinisation tout en se servant de l'abri que constitue la figue pour pondre leurs œufs et nourrir leurs larves. Mais les fleurs et les fruits du figuier sont minuscules par rapport au volume de la figue, de sorte que les hormones émises par les minuscules fruits en cours de maturation ne suffisent pas toujours à déclencher la transformation de la coupe porteuse de fruit en figue mûre et adulte. Or ce sont toujours des hormones liées à l'activité reproductrice qui déclenchent la formation des tissus charnus protecteurs des graines. Ce déficit est ici compensé par une production d'hormones supplémentaires, déclenchée par les piqûres pratiquées par les insectes dans les tissus de la jeune figue. Bel exemple d'échange de bons et loyaux services entre un insecte habile et une plante aux mœurs particulièrement sophistiquées !

Il arrive toutefois que le figuier se refuse à porter des fruits. Et nous voyons le Christ, parce qu'il a faim, punir cet arbre de faire aussi mal son travail de plante. D'un mot, il le dessèche sur pied ! Cet épisode arboricide intervient au lendemain du jour des Rameaux et à proximité immédiate de Jérusalem. Aussi peut-on voir dans cette malédiction une sainte colère qui s'adresse moins au pauvre figuier, devenu brusquement stérile, qu'à la ville de Jérusalem, elle aussi maudite parce qu'elle « tue ses prophètes et lapide ceux qui lui sont envoyés. ».

La Grèce dédia le figuier à Dionysos, comme le lierre et la

vigne. Visiblement, cette parenté s'est établie par la forme des feuilles de ces trois espèces, dont les nervures palmées évoquent les pattes d'un canard. Platon, dit-on, portait aux figues sèches un amour immodéré, ce qui lui valut le nom de *philoficos,* amateur de figues. Il la conseillait aux philosophes, pensant qu'elle les rendraient intelligents ! On raconte même que le roi des Perses Xerxès, qui avait goûté des figues en provenance de Grèce, en fut émerveillé au point qu'il décida de conquérir le pays où elles poussaient... Quant aux Romains, ils tenaient en grande vénération un figuier censé avoir abrité les premiers jours des divins jumeaux Romulus et Remus : son état de santé était suivi avec le plus vif intérêt. Qu'il commençât à dépérir et l'on y voyait aussitôt le malencontreux présage de malheurs à venir ; les prêtres avaient alors soin de planter rapidement un nouvel arbre pour conjurer le sort — ce qu'aucun prêtre ne fit, semble-t-il, à Jérusalem pour remplacer le figuier rendu stérile par le Christ en colère... Et Jérusalem fut détruite par les armées romaines en l'an 70 de notre ère !

La France aussi a ses figuiers, non seulement dans son aire méditerranéenne, mais aussi sur sa façade atlantique, là où la relative clémence de l'hiver autorise sa croissance. Le plus célèbre fut planté en 1610 à Roscoff ; il envoyait vers le sol des racines aériennes, attestant ainsi son appartenance au genre *Ficus* dont les représentants tropicaux excellent dans l'art de se faire ainsi des racines-supports, ce qui leur permet de couvrir des surfaces impressionnantes, tels par exemple les fameux banyans. Le figuier de Roscoff couvrait 700 mètres carrés ; il a été coupé en 1986, alors que deux hivers successifs particulièrement rudes l'avaient sévèrement malmené. Ainsi la maison bretonne de l'Œuvre des orphelins d'Auteuil, où poussait cet arbre célèbre, est-elle devenue orpheline du plus beau figuier de France, non sans quelques remous dans l'opinion publique, comme il advient généralement en pareille circonstance.

Mais l'Europe n'est pas que méditerranéenne, et il convient d'accorder une place aux fruits du centre, du nord et de l'ouest du Vieux Continent, où pommiers et poiriers prolifèrent à foison. Pareils à l'esprit qui, selon l'Evangile, « souffle comme le vent et dont on ne sait ni d'où il vient, ni où il va », nos deux beaux fruitiers ont su garder le secret de leurs origines ; quant à leur destination, c'est naturellement celle que décideront les horticulteurs du futur. Le premier réflexe est donc de décréter, conformément à l'usage quand il s'agit de situer l'origine des plantes cultivées, qu'ils viennent l'un et l'autre du Caucase et de Transcaucasie : Arménie, Géorgie, Azerbaïdjan. Au début de ce siècle, on y dénombrait plus de quatre-vingts espèces espèces d'arbres ou arbustes fruitiers sauvages, au rang desquels pommier et poirier figuraient en bonne place, accompagnés du cerisier, du prunier, du cognassier, du grenadier, du noyer, etc. Tel est du moins l'avis de Vavilov, maître incontesté de la recherche concernant les plantes cultivées. Selon ce célèbre chercheur russe, ami de Lénine, l'on trouve toujours leurs ancêtres sauvages entre la mer Noire et la Caspienne, aux confins méridionaux et agités de l'empire des Soviets. Serait-ce là une des premières manifestations d'un chauvinisme soviétique, version remise au goût du jour du panslavisme, ou plus simplement le fruit de recherches très actives, menées avec des moyens considérables par un grand savant soviétique qui dut subir ensuite, sous Staline, le joug de Lyssenko ? Cette seconde hypothèse paraît la plus plausible. De sorte que l'Eden se situerait quelque part dans le Caucase ou l'Arménie. Après tout, l'arche de Noé atterrit tout près de là, au sommet du mont Ararat, à plus de cinq mille mètres d'altitude, là où, selon le célèbre mythe, tout recommença effectivement !

Quoi qu'il en soit des origines mystérieuses des variétés sauvages de poiriers et de pommiers, ce que l'on sait à coup sûr, c'est que ces pommiers et poiriers sauvages existent sous de multiples formes dans ce fameux Caucase. En dire davantage serait déjà prendre parti, et on laissera aux spécialistes le soin d'élucider ce point de botanique appliquée dans un domaine où une sélection constante et multimillénaire a entraîné une impressionnante profusion d'espèces et de variétés horticoles.

Le pommier a engendré une liste édifiante de locutions populaires : on est petit quand on est « haut comme trois pommes » ; les hommes politiques hypermédiatisés ne reçoivent plus de « pommes cuites », comme les comédiens d'autrefois, quand la pièce qu'ils jouent se révèle de piètre qualité. Et pourtant, combien d'entre eux nous semblent des « pommes à l'eau », avec leur riche sottisier ! En argot, l'oignon et la pomme se marient, car on est « aux pommes » quand on est « aux petits oignons ». Si être aux pommes est un état heureux, il n'en est pas de même quand on « va aux pommes », autrement dit quand on est convié à aller se faire voir ! Et si vous êtes paumés, évitez de « tomber dans les pommes » : car si paumé vient de pâmer, « tomber dans les pommes » signifie tomber en pâmoison, ce qui est toujours moins dangereux que de mourir de mâle mort. La profusion de ces expressions populaires mettant en scène la pomme montre assez la place qu'elle occupe dans notre folklore.

Avant l'invasion romaine, les Gaulois avaient baptisé la pomme « aval » : Avallon est donc la ville des pommes. Mais elle fut d'abord l' « île des pommes », que les Anciens ne situaient pas dans le Morvan, mais dans la Baltique d'où Apollon, le dieu grec « importé » du Nord, était aussi originaire. C'est là que vivaient les fameux Hyperboréens, ces mystérieux gens du Nord qui intriguaient tant la Grèce antique.

Le pommier séduit par la beauté de sa floraison et intrigue par l'originalité de sa fructification. Il est le plus tardif des fruitiers printaniers pour sa floraison, qui a lieu en mai, quelques courtes semaines après celle du poirier. Cette dernière est blanche comme neige, tandis que le pommier ouvre ses boutons rouges et déploie ses pétales blancs sur leur face supérieure ; d'où une floraison rosée du plus merveilleux effet. Dans *A la recherche du temps perdu,* Marcel Proust évoque ces pommiers « en pleine floraison..., le plus merveilleux satin rose qu'on eût jamais vu... ». Et il ajoute : « L'horizon lointain de la mer fournissait aux pommiers comme un arrière-plan d'estampes japonaises. »

Quant à la pomme, elle laisse toujours apparaître dans sa chair une sorte de ligne de démarcation séparant deux zones pourtant identiques à la vue et au goût. C'est qu'elle n'est pas un fruit ordinaire, mais un fruit aristocratique résultant d'une architecture florale très sophistiquée, savamment baptisée

« ovaire infère et adhérent ». Pour les botanistes, les ovaires sont infères et supères, ce qui ne signifie nullement que les premiers soient « débiles » et les autres « géniaux » ! En fait, les ovaires infères caractérisent les fleurs dont le pistil, l'organe femelle, est inséré en dessous du point d'insertion des pétales ; alors que les ovaires supères, moins évolués, insèrent le pistil au-dessus du cercle d'insertion desdits pétales. L'ovaire infère se trouve protégé au fond d'une coupe qui, dans le cas du pommier, l'engloutit comme dans un ventre ; il est donc ici adhérent à la coupe qui le protège : surcroît de protection pour les jeunes graines que cette tunique supplémentaire dont la nature revêt le jeune embryon de la pomme. Après la fécondation, les sécrétions hormonales déclenchent un gonflement simultané des parois du pistil et des parois de la coupe. Il en résulte un fruit « mixte » et charnu provenant en partie des tissus de la coupe (ceci jusqu'à la ligne frontière interne) et en partie des parois du pistil (ceci jusqu'à ces petites pièces blanches, lisses, luisantes et raides qui se prennent à coup sûr dans les dents si l'on ne jette pas le trognon, et qui sont l'équivalent chez le pommier de ce qu'est le noyau chez le prunier ou le cerisier). Enfin, tout au centre, les graines dans leurs logettes qui, jetées avec le trognon, engendreront — si tout va bien — un nouveau pommier.

Le symbolisme de la pomme est excessivement riche. Elle nous est littéralement tombée du ciel, non point seulement aux pieds de Newton — à qui elle inspira les lois de la gravité —, mais déjà lorsqu'elle nous vint de la fameuse île d'Avallon chère aux mythologies celtiques, qui n'est autre que le royaume des morts. Quiconque en mange ne connaît plus ni la faim, ni la soif, ni la souffrance, ni la maladie. Est-ce pour cette raison qu'au jardin des Hespérides, situé aux confins de la Terre, le pommier de la déesse Héra, épouse de Zeus, était si jalousement gardé par le terrible dragon Lâdon ? Hercule, on l'a dit — et ce fut son onzième exploit —, abattit ce dragon à coups de flèche et conquit le fruit d'immortalité qui lui permit d'accomplir sa douzième performance : descendre aux Enfers et en remonter vivant. La pomme est donc symbole d'immortalité. Pourtant, c'est de l'avoir croquée que nous sont venus tous nos ennuis ! Mais dans le récit de la chute, au livre de la Genèse, il n'est jamais question que du fruit de l'Arbre de la connaissance du Bien et du Mal, un fruit que nous avons identifié à la pomme, devenue du coup symbole de la connaissance et de la liberté, mais que d'autres identifient à quelque autre fruit de la terre : une noix de kola, par exemple, en Afrique de l'Ouest. Pour l'avoir si mal avalée, elle nous resta accrochée comme un mauvais souvenir en travers de la gorge ; d'où la fameuse pomme d'Adam que nous voyons bouger quand nous déglutissons. Là où il s'agit d'une noix de kola, Eve a eu plus de chance qu'Adam et a réussi à l'avaler complètement ; mais comme il s'agissait d'une noix de kola rouge (il en existe aussi de blanches), elle fut affligée, pour l'avoir croquée, d'un flux menstruel réglé selon les phases de la Lune (et selon les subtiles variations du tempérament féminin, typiquement lunaire, d'où des expressions comme « lunatiques » et « plus ou moins bien luné »). Telle est en tout cas l'histoire qu'on raconte aux petits enfants musulmans du Mali. Quant au Coran, il ne parle pas plus de la kola — inexistante en Arabie — que la Bible ne parle de la pomme.

Pour les vraies pommes, il ne nous reste plus que notre île d'Avallon, peuplée de « pommiers celtes », là où vit toujours l'enchanteur Merlin et d'où le roi Arthur viendra un jour délivrer les Bretons... de l'impérialisme parisien ! Ainsi le veut la tradition...

La pomme et son jus semblent avoir été considérés comme un élixir de jeunesse, sinon d'éternité. Ainsi lit-on dans le Cantique des Cantiques cet hymne de la bien-aimée à son amant : « Une pomme entre les baies des arbres de la forêt, tel est mon bien-aimé parmi les jeunes gens. En mon désir, je m'étends à son ombre. Son fruit est suave à mon palais. Il m'a menée à son festin, et couverte de son amour comme d'un étendard. Restaurez-moi de gâteaux de raisins, ranimez-moi avec des pommes, je suis malade, et c'est d'amour... »

On notera que la pomme, et la poire plus encore, évoque vaguement un cœur. Qu'Eros y décoche une flèche et voici qu'apparaît le traditionnel symbole de l'amour sculpté sur l'écorce des arbres par les amoureux transis. Amour sempiternel, quand ce doux graffiti s'accompagne de formules richement inspirées, comme le très prosaïque : « A Lili pour la vie ! »

Mais regagnons vite les sommets : là, la pomme ronde symbolise par sa forme la Terre ; la détenir, c'est posséder le pouvoir. Aussi vit-on les empereurs chrétiens d'Orient, puis Charlemagne, la tenir en main, surmontée d'une croix, jusqu'à ce que les Turcs emportent et l'empereur et la pomme et la croix. Dieu merci, Napoléon vint et restaura, le temps de l'immortaliser sur quelques peintures célèbres, le globe sacré, symbole de l'Empire ; Empire qui devait finir en poire blette...

C'est alors que la pomme, ou plutôt son symbole, traversa l'Atlantique où l'on vit les populations humaines proliférer à une vitesse vertigineuse sur l'île de Manhattan. Et ce fut New York, « *the big Apple* », la grosse pomme, dans laquelle chaque conquérant du Nouveau Monde était censé croquer à belles dents. New York, fruit juteux pour les uns, vénéneux pour les autres : c'est bien le Nouveau Monde, si différent d'Eden, où l'on ne va qu'après avoir croqué la pomme !

Les poiriers ne se distinguent des pommiers que par deux caractères visibles sur les arbres sauvages : les poires possèdent des cellules dures qui rendent leur chair croquante, et les feuilles jeunes sont toujours couvertes d'un doux duvet. Botaniquement parlant, il serait donc plus exact de dire « croquer la poire » que « croquer la pomme ». Cette distinction perd malheureusement beaucoup de son intérêt avec les variétés de poires cultivées, qui ont perdu leurs cellules dures au profit d'une chair juteuse. Aussi, par les temps qui courent, est-il plus courant de croquer une pomme — fût-ce une golden, pourtant fort tendre — qu'une poire : celle-ci est toujours plus fondante, à moins de n'être pas encore mûre.

Le poirier vit vieux et craquèle son écorce, sans doute pour ne pas se sentir trop à l'étroit. Ses fruits peuvent évoluer soit vers le durcissement, soit vers le pourrissement ; non consommés à temps, ils seront au printemps sortis de la cave, gluants et moisis, ou durs et pierreux. Car les poires mûrissent comme les hommes : les uns se dessèchent, se rident et se fripent, gage de longue conservation ; d'autres bedonnent, accumulent graisses et eaux, et deviennent pléthoriques. C'est de ceux-là, les mous, que l'on peut dire : c'est une poire ! Draineurs hépatiques, diurétiques, dépuratifs, toniques cardiovasculaires et vitamines P s'imposent alors de toute urgence, assortis d'un petit régime.

Et si Eve avait croqué... une poire ? Car celle-ci symbolise par sa floraison très douce, d'un blanc immaculé, la tendre lumière de la Lune, éternel symbole de la féminité. Sa forme, comme celle de la figue, évoque vaguement celle d'un corps féminin. Dans le canton d'Argovie, en Suisse, on plantait un pommier pour une naissance de garçon, un poirier pour une naissance de fille ; l'enfant était censé grandir au rythme de l'arbre, et si l'arbre se portait mal, il était à craindre qu'il n'en fût de même pour son homologue humain. De telles traditions se perpétuent en maints endroits où l'on plante à la naisssance d'un enfant un conifère, par exemple, que la tempête ne doit d'aucune manière arracher, faute de quoi l'enfant lui-même risque d'être prématurément enlevé à l'affection des siens. Encore qu'on n'ait point eu, semble-t-il, l'idée fâcheuse de planter des pruniers ou des mirabelliers dont la longévité particulièrement modeste aurait condamné à mort plus tôt que prévu leur jumeau du même jour. On trouve un symbole analogue en terre d'islam où la vigne, maintes fois citée par le Coran, est considérée comme une plante vénérable et sacrée qu'il est dangereux de déterrer, car on risquerait de déraciner du même coup toute la famille du propriétaire. En Afghanistan, couper une branche d'olivier est de même considéré comme un acte portant malheur. Pour clore toute cette affaire, dans le même pays, figues et pommes sont considérées comme les fruits du Paradis, car il en est fait mention dans deux sourates du Coran ; aussi leur usage est-il chaleureusement recommandé pour la santé.

Mangez des figues, croquez des pommes : vous vous porterez comme un charme !

La fête des Cabanes

L'un des apports les plus précieux qu'Israël ait offert à la civilisation universelle est le sabbat, jour de repos hebdomadaire. Inconnu de l'animal ou de la plante dont l'activité se déroule en continu, sans autres phases d'arrêt ou de répit que celles découlant de leur cycle biologique, le repos hebdomadaire symbolise la singularité, la dignité et la liberté humaines. Qui dit sabbat dit interruption de toute activité, si minime soit-elle. Son application extrêmement scrupuleuse avait irrité le Christ qui n'avait pas hésité, ce jour-là, à guérir un homme à la main paralysée, quitte à aggraver encore son contentieux, déjà lourd, avec les pharisiens.

Pourquoi cette sévérité du Christ envers les pharisiens, respectueux du sabbat ? En fait, celui-ci se présente sous deux aspects : observance et mémorial. L'observance, c'est précisément ce respect du repos total. Mais la « stricte observance » est orientée vers un but : la sanctification de l'œuvre de Dieu, la première et la plus solennelle de toutes les œuvres humaines, à laquelle la Bible confère une priorité absolue. Toutes les observances prescrites par la loi mosaïque et par les Sages d'Israël ont pour but de mettre l'homme en état de disponibilité pour cette œuvre sacrée de contemplation et de dialogue avec Dieu. Le risque est naturellement que les prescriptions et observances deviennent un but en soi, masquant leur réelle finalité comme l'arbre peut masquer la forêt. Car tel est bien le risque inhérent à toute institutionnalisation du fait religieux dans un ensemble de règles et de canons où la foi qui vivifie est sans cesse confrontée à l'institution qui codifie.

Il n'en reste pas moins que le sabbat est l'une des plus grandes et des plus nobles institutions humaines, et c'est l'honneur d'Israël que d'avoir, à travers plus de trois millénaires, institué, conservé puis communiqué au monde entier le principe du repos hebdomadaire, temps de l'homme et temps de Dieu !

Dans les pays de tradition chrétienne, le sabbat est devenu jour du Seigneur, le dimanche. Un dimanche singulièrement désacralisé, si l'on en juge aujourd'hui par la désertion des églises et des temples. Un dimanche en voie de banalisation, puisqu'on assiste en France, à la différence de la plupart des autres pays européens, à une forte pression des hypermarchés pour ouvrir aussi ce jour-là... Des milliers d'emplois créés, paraît-il ! Mais combien de petits commerces ruinés ? Bref, les hypermarchés remplaceraient les cathédrales ! Triste substitution, bien dans la ligne d'une société qui a fait de l'homme marchand et de l'homme marchandise ses seules et uniques préoccupations. Et qui n'a pas hésité à mettre en place, pour ce faire, les plus grands moyens, y compris une belle collection de chaînes de télévision « privées » qui, de fait, vous privent à la fois de programmes de qualité et d'intimité domestique. On n'y voit que jeux, on n'y entend que bruits d'argent, tandis que se maintient cependant, chaque dimanche matin, le très officiel « service public des cultes », sorte d'enclave insulaire dans un océan d'images où la dimension spirituelle de l'homme est radicalement absente...

Un chroniqueur bien inspiré écrivait récemment : « Gardons le dimanche comme un garde-fou », et il ajoutait fort pertinemment : « On serait tenté d'écrire : comme un garde-fête. » Car chaque sabbat, chaque dimanche est une fête pour le croyant depuis qu'en l'an 321, l'empereur Constantin institua dans tout l'empire le repos dominical. En habile politique qu'il était, l'empereur réussissait ainsi à se concilier les faveurs des païens, qui célébraient ce jour-là le Soleil, et celles des chrétiens, dont c'était le jour du Seigneur.

Outre le sabbat, l'année juive comporte une série de fêtes où l'homme s'arrache aux pesanteurs du quotidien pour rendre plus sensible la présence divine. Chaque fête — en hébreu *mo'adin* — est un rendez-vous avec le Créateur. Parmi celles-ci, *Souccoth,* la fête des Cabanes, est particulièrement riche de significations.

C'est la fête de la joie. Elle suit immédiatement, dans le calendrier juif, la célèbre fête du Kippour, jour du Grand Pardon, sabbat des sabbats consacré à la prière et à la pénitence. Le jeûne du Kippour permet aux Juifs d'expier leurs fautes, de surmonter leurs faiblesses pour se réconcilier avec les autres et avec Dieu, et retrouver ainsi la paix de l'âme. Une telle réconciliation, on le conçoit, ne peut qu'aboutir à la joie retrouvée : tel est le sens de la fête de Souccoth.

Souccoth symbolise la présence permanente de Dieu aux côtés du peuple d'Israël durant sa marche de quarante ans dans le désert du Sinaï après sa sortie d'Egypte. Elle coïncide, fin septembre-début octobre, avec la période des récoltes, des fruits et des vendanges : joie spirituelle de la purification et de la réconciliation avec Dieu, mais aussi joie matérielle dans l'abondance des produits de la terre ; joie, enfin, de bénéficier de la protection divine comme jadis les Hébreux ! La fête de Souccoth évoque les tentes qui protégeaient ceux-ci dans le désert, ou, d'une manière plus symbolique, la colonne de nuées manifestant la présence de Dieu auprès d'Israël. Cette protection s'exprime dans le rituel juif de Souccoth par la construction, par chaque famille, d'une cabane faite uniquement de feuillage, en souvenir de la parole divine rapportée dans le Lévitique : « Tout le peuple d'Israël habitera alors sous des tentes ou des abris. » La cabane est construite soit sur un balcon, soit dans une pièce située sous le toit dont on devra remplacer momentanément quelques tuiles par de la verdure. Cet abri rustique n'a rien de commun avec le riche feuillage d'un arbre puissant, ni avec la solidité d'une maison de pierre ; le toit fragile de la cabane n'a d'autre protection que la voûte céleste. Le fidèle affirme ainsi sa totale dépendance vis-à-vis de Dieu, acceptant de vivre dans des conditions précaires en dépit de l'hiver déjà proche. En cela, la fête des Cabanes est la manifestation d'une confiance totale en la protection divine qui assure seule à Israël sa pérennité. Abri précaire, halte provisoire, la cabane symbolise la « non-installation », que l'histoire d'Israël illustre surabondamment. Sur cette terre, le destin de l'homme est d' « être en marche ». Le repos, c'est pour après !

La cabane remplace symboliquement pendant sept jours — durée des fêtes de Souccoth — la maison habituelle. Ces sept jours se situent du 15 au 21 *Tishri,* premier mois de l'année juive, et tombent généralement en octobre. Pendant ces sept jours, les repas sont pris dans la cabane et on a soin — théoriquement du moins — d'y dormir, encore que cette coutume soit quelque peu en désuétude dans les pays froids où la diaspora juive s'est réfugiée. Une cabane plus grande est construite dans la cour de la synagogue et accueille les membres de la communauté qui se trouvent dans l'impossibilité matérielle d'en construire une.

A ce toit de feuillage clair qui symbolise la mystérieuse et permanente protection divine s'ajoute le bouquet de Souccoth. On lit en effet dans le Lévitique : « Vous choisirez de beaux fruits de vos arbres, des branches de palmiers, d'arbres touffus ou de saules des torrents. » Pour appliquer cette prescription à la lettre, les Juifs vont composer un bouquet qui comprend, selon leur tradition, quatre espèces : le fruit du cédrat, une palme, trois rameaux de myrte et deux de saule. Ce bouquet, le *loulav,* symbolise les produits de la terre. Israël en fait hommage à Dieu en signe de gratitude, pour avoir reçu en héritage la Terre promise et pour avoir bénéficié au cours de son histoire de la bénédiction céleste. Cette offrande est aussi une instante prière pour que cette protection se perpétue à jamais. Dans ce bouquet composé au moment où l'on fête les récoltes et les fruits de la terre, chaque espèce a une signification particulière : la palme représente un fruit, la datte, mais n'émet aucun parfum ; le rameau de myrte est très parfumé, mais ne produit pas de fruit ; le cédrat est une plante complète par son fruit et son délicieux parfum ; le saule, enfin, ne produit ni fruits visibles ni parfum. Or le parfum symbolise la connaissance (d'où l'expression populaire : « être au parfum ») ; le fruit symbolise l'action efficace plus que la spéculation intellectuelle (dans le domaine de la foi, c'est la foi du charbonnier). Telle est donc la signification symbolique du *loulav :* certains sont actifs et simples comme le dattier ; d'autres, au contraire, méditent et enrichissent la connaissance, comme le myrte ; d'autres encore savent allier connaissance contemplative et vie active, comme le cédrat ; d'autres, enfin, n'ont ni connaissance ni efficacité, comme le saule, mais ils font cependant partie intégrante du peuple d'Israël et ont leur place symbolique dans le *loulav.* Car il importe que chacun ait sa place en ce monde. Le *loulav* symbolise donc l'unité harmonieuse du peuple d'Israël dans la diversité de ses enfants.

Admirable symbole de tolérance et de pénétrante compréhension de la diversité des êtres que ce bouquet où, comme d'habitude, la rigueur botanique se trouve quelque peu malmenée... Car le saule et le myrte produisent évidemment des fruits, comme toutes les plantes à fleurs : ceux du premier sont fugaces et émettent leurs graines plumeuses au moindre souffle de vent, comme des nuages de neige au printemps ; ceux du myrte sont très petits et comme atrophiés, puisqu'ils ne gonflent pratiquement pas après la chute des organes floraux. Mais la symbolique du *loulav* se moque éperdument de la structure botanique des fruits minuscules résultant du développement de l' « ovaire infère des Myrtacées » ! D'ailleurs, le symbolisme n'est jamais *à ça près* ; à travers la matérialité du symbole, plante ou objet quelconque, seule compte sa propre signification. C'est donc en toute quiétude botanique que les Juifs associent pour la fête de Souccoth une feuille de palmier parfaitement épanouie, trois rameaux de myrte densément recouverts de feuilles, deux rameaux feuillés de saule et enfin un cédrat, sorte de citronnier cultivé, utilisé surtout en confiserie, dont le fruit est l'un des plus beaux à pousser en Israël.

Chacune de ces plantes a de surcroît une signification symbolique qui lui est propre. La palme, comme on l'a vu plus haut, est le symbole de la victoire et de l'immortalité. Le saule avait pour les Juifs une signification plus mélancolique : durant leur captivité à Babylone, ils avaient pleuré sous les saules bordant les fleuves de Mésopotamie, en souvenir de leur patrie perdue ; d'où le nom de « saule de Babylone » qu'attribua Linné au saule pleureur, lequel n'est d'ailleurs point originaire de là, mais d'Extrême-Orient d'où il fut acclimaté au XVIIe siècle. Les fleurs de myrte, d'un blanc très pur, leur valurent d'être, avec celles de l'oranger, un symbole de la virginité. C'est pour la même raison que le myrte symbolisait la victoire dans la mesure où celle-ci avait été obtenue sans effusion de sang. Les « triomphes mineurs » valaient au vainqueur une couronne de myrte ; dans la hiérarchie des décorations, celle-ci venait nettement derrière la couronne de laurier, consacrée aux « triomphes majeurs », ceux des généraux victorieux dans une guerre déclarée. Ceint d'un couronne de myrte, le vainqueur montait au Capitole sous les applaudissements de la foule et y sacrifiait une brebis — d'où, comme l'indique Jacques Brosse, le mot « ovation » (d'*ovis,* brebis). On conçoit que, dans sa bénignité et son innocence, le myrte ait été consacré à Vénus. Quant au cédrat, c'est le plus beau des fruits d'Israël ; il symbolise à lui seul toutes les récoltes. La fleur femelle desséchée a l'étrange particularité de rester accrochée au fruit mûr. On le considère donc comme un symbole de fertilité et d'abondance pour l'année agricole à venir, année qui débute en Israël par la fête de Souccoth.

Ainsi, le *loulav* est à l'image de la vie en ses multiples avatars. La palme symbolise le triomphe de la victoire, mais le saule évoque l'exil d'un peuple humilié ; le myrte est l'image de la virginité, tandis que le cédrat symbolise l'abondance et la fécondité. Etonnante association des contraires que ce bouquet de Souccoth !

Les quatre espèces du *loulav* ont enfin une signification écologique manifeste, comme les cabanes elles-mêmes, qui ne font qu'exprimer le mode de vie dans le désert d'un peuple jadis nomade, sédentarisé durant sa longue captivité en Egypte. Ainsi, le palmier fournit à la fois ses longues feuilles, utiles pour construire les cabanes, ses fruits particulièrement nutritifs et ses fibres dont on tisse cordes et paniers. Les cabanes furent d'ailleurs édifiées initialement sous les palmiers des oasis, au bord de l'eau nécessaire à leur croissance. Arrivés en terre d'Israël, les Hébreux firent halte sur la rive occidentale du Jourdain ; là croissaient en abondance les saules que d'anciennes traditions considéraient comme l'arbre de la pluie, sans doute parce qu'il ne peut vivre que les pieds dans l'eau. Le jour de la fête de Souccoth, on priera donc pour la pluie, et ceci régulièrement, chaque jour pendant près de six mois, jusqu'à la pâque où cette prière est alors relayée par une prière pour la rosée. Les prières pour la pluie et celles pour la rosée marquent l'attachement d'Israël et de sa religion au cycle végétal ; elle se perpétue dans la diaspora entière, de sorte que l'on verra des Juifs prier pour la pluie à Paris par un automne pluvieux, ou dans l'hémisphère Sud en pleine saison des pluies...

Arrivés en Terre promise, les Juifs durent parcourir de vastes espaces inhabités et montagneux, couverts d'épaisses forêts éloignées de toute habitation humaine. Le myrte y croît abondamment et exige peu d'eau ; un rameau de myrte conserve sa fraîcheur longtemps après avoir été coupé : c'est une plante des terres arides et sauvages, caractéristique de la flore méditerranéenne et fort répandue en Israël. Cultiver ces terres supposait de défricher préalablement le sol et de construire des terrasses avant de planter. C'est ce que fit le peuple juif, qui les mit en valeur et y cultiva le cédrat, symbole de sa sédentarisation et de sa vocation agricole.

Chacune des espèces du *loulav* symbolise donc une étape dans le parcours du peuple d'Israël, de l'Egypte à la reconquête de la Terre promise.

Le jour du sabbat qui vient à tomber dans les sept jours de Souccoth offre à la méditation des fidèles le très célèbre texte du livre de l'Ecclésiaste : « Vanité des vanités, dit Qohéleth, tout est vanité... Mais crains Dieu et observe ses commandements, c'est là tout l'homme... » En ces fêtes de l'abondance des récoltes, Israël n'oublie pas que sa seule richesse vient de Dieu ; que le seul absolu, le seul bonheur éternel, est sa présence au milieu de son peuple, manifestée par la pauvre *soucca,* cette précaire cabane dressée à l'entrée de l'hiver.

Mais cette remémoration de l'essentiel n'empêche point la fête : le dernier jour de Souccoth est tout entier consacré à la célébration de la joie et de la Torah, dont on achève alors la lecture annuelle. Après quoi, on enchaîne immédiatement de nouveau sur le premier chapitre : « Au commencement, Dieu créa le ciel et la terre... » Car la lecture de la Torah ne se termine jamais. En l'honneur du texte sacré, on promène solennellement tous les rouleaux de la Loi dans la synagogue, tandis qu'un cierge allumé est placé dans l'armoire vide afin de manifester que la Torah est lumière ! Les jeunes gens chantent et dansent ; dans les tribunes, les femmes jettent bonbons et sucreries, et les enfants agitent des drapeaux. En ce jour exceptionnel, boire un peu plus de vin que de coutume est autorisé, car la Torah sanctifie même les passions qui peuvent s'exprimer dans la joie lorsque jeûne, prière et pénitence du Kippour ont épuré l'âme.

La fête de Souccoth associe de manière suggestive toute une série de symboles : celui du vin et celui du feu, celui de la végétation et celui des fruits de la terre, enfin celui de quelques plantes judicieusement choisies pour exprimer les traits essentiels de la nature humaine. Elle traduit à la fois la précarité de notre condition et la bienheureuse éternité promise à qui s'abandonne à la protection divine. Elle résume donc parfaitement la sensibilité et la fidélité du peuple élu de Dieu.

Quatrième partie

MORT
ET
RÉSURRECTION

Les couleurs de l'automne

Voici donc la dernière venue des quatre saisons. Non pas que la ronde des saisons commence à l'hiver et finisse à l'automne, mais parce que l'automne n'est entré qu'assez récemment dans les subdivisions de l'année. Autrefois, on distinguait le printemps, l'été et l'hiver. Au temps de la vie pastorale, la « belle saison » se terminait avec la rentrée des troupeaux, marquant le brusque passage d'un mode d'existence à un autre, de l'été à l'hiver. L'automne tel que nous le connaissons est lié au développement de l'agriculture ; c'est en effet la saison la plus chargée pour les cultivateurs, avec la fin des moissons, les vendanges, la récolte des regains et des fruits, enfin l'ensemencement des céréales d'hiver.

Mais l'automne reflète d'abord un certain état de la nature dans les régions tempérées, aussi étranger aux habitants de l'Equateur que l'est le printemps. Le cerisier, le prunier, l'amandier, qui ont fait exploser leurs milliers de fleurs au printemps, éteignent à présent leur feuillage après un dernier embrasement doré. Entre-temps, chacun a confié ses fruits aux insectes ou aux oiseaux. Les guêpes n'ont point concurrencé les abeilles en consommant ces fruits succulents, car ces dernières préfèrent le nectar des fleurs et éclosent bien plus tôt au printemps, à l'heure de la pollinisation dont elles sont les agents zélés. Pommes et poires sucrées réjouiront les guêpes automnales après les agapes estivales de mirabelles, reines-claudes, prunes et pêches. A chacun son menu, et chaque menu à son heure. Quant aux oiseaux, ces livreurs en livrées chamarées, ils déposent les noyaux et les graines des fruits qu'ils dévorent à bonne distance de l'arbre émetteur. Les étourneaux ont depuis belle lurette nettoyé les cerisiers domestiques ou sauvages de leurs dernières cerises. Habile dispersion dans le temps de la maturation des fruits, qui offre à chaque espèce animale — oiseaux ou insectes — un régime alimentaire approprié à ses besoins et à son cycle vital.

Pour nos regards éblouis, l'automne marque l'ultime embrasement de la nature avant la chute des feuilles. Ce cerisier tout argenté, étincelant au printemps, s'est revêtu d'une robe d'or et de pourpre, couleurs des bonzes bouddhiques, mais aussi, plus prosaïquement, des xanthophylles et des carotènes, deux groupes de pigments qui acompagnent la chlorophylle chez toutes les plantes vertes. A vrai dire, ces pigments ne sont pas là pour faire de la figuration à côté de la chlorophylle à laquelle ils laisseraient tout le travail ; eux aussi participent à la photosynthèse au sein de ces petits grains verts présents dans les cellules de toutes les feuilles : les chloroplastes. Ils interviennent dans la chaîne de montage de l'amidon, un peu en amont de la chlorophylle, au sein de ces innombrables petits ateliers dont l'ensemble forme une usine géante : la feuille. Une usine dont le modèle est indéfiniment reproduit pour former l'arbre.

C'est à l'érable que doit sans doute être décernée la « palme du rougissement ». C'est à lui que les forêts nord-américaines doivent leur formidable embrasement automnal. Ses feuilles aux dents pointues — d'où son nom latin *Acer,* comme acéré — et sa couleur rouge sang avaient incité les Grecs à le dédier au dieu Phobos, dieu de la peur (des phobies !) Le terrible Phobos prêtait main forte à Arès, le Mars des Romains, dans la conduite des batailles. Heureusement, la nature généreuse avait aussi créé le platane, très voisin par la forme de sa feuille, mais bien plus rassurant en automne avec ses teintes platement jaunes et brunâtres. Il fut dédié à Zeus et à Europe, l'une de ses nombreuses amantes.

Quelles que soient la nature et la teneur des pigments dans les feuilles, la verte chlorophylle est toujours quantitativement dominante chez les plantes vertes, ainsi d'ailleurs que leur nom l'indique. En revanche, il arrive qu'elle soit masquée par d'autres pigments, dans les algues par exemple : d'où des algues brunes, des algues rouges, des « algues bleues ». Mais, chez les plantes supérieures, elle seule donne le ton et masque la présence des autres pigments qui ne se manifesteront qu'après sa destruction.

La quantité de chlorophylle présente dans une feuille est directement liée à la quantité de lumière qu'elle reçoit. En automne, précisément, celle-ci diminue en même temps que fléchit la longueur des jours. Les chlorophylles s'effacent alors, tandis que s'affirme dans un superbe (mais passager) flamboiement du feuillage la présence des xanthophylles jaunes et des carotènes rouges, en proportions variables selon les espèces et le degré d'avancement de la saison.

En même temps se forme sur le pétiole des feuilles ou le pédoncule des fruits une zone qui va jouer un rôle décisif dans le devenir des uns et des autres : la zone d'abscission. Dans cette zone peu épaisse, des cellules se différencient et recouvrent leurs parois de *suber*, c'est-à-dire de liège ; rigides et mal soudées les unes aux autres, elles créent une zone de fragilité, de sorte qu'au moindre souffle d'air, le pétiole se brise, entraînant la chute de la feuille.

La formation de cette zone d'abscission est retardée par la présence dans les feuilles, en quantité substantielle, de la plus importante des hormones végétales : l'*auxine*. Cette hormone, qui joue un rôle moteur dans la croissance des plantes, présente une structure chimique apparentée aux hormones du système nerveux central de l'homme et des animaux, en particulier du cerveau. Elle dérive en effet de la précieuse molécule de tryptophane, matériau de base pour la synthèse de très nombreuses molécules biologiques, en particulier de ces substances aberrantes produites par les végétaux et qui agissent intensément sur le cerveau comme drogues ou médicaments : la psylocybine des champignons hallucinogènes mexicains, le terrible L.S.D., les précieux alcaloïdes de l'ergot de seigle ou des pervenches appartiennent à ce groupe. Etrange corrélation chimique entre règnes végétal et animal !

On sait aujourd'hui que la diminution de la teneur en auxine de la feuille est consécutive au raccourcissement des jours. Cette chute hormonale déclenche donc à son tour la formation et l'entrée en activité de la zone abscissique, qui aboutira à la chute des feuilles. On le voit d'ailleurs en milieu urbain, en observant le fréquent retard de la défoliation à proximité immédiate des lampadaires de l'éclairage public : les branches proches d'un puissant réverbère se défolient souvent plus tardivement que les autres, car leurs feuilles conservent plus longtemps une teneur non négligeable en auxine. A l'inverse, l'abscission est fortement activée par un gaz banal, l'éthylène, dont le taux s'élève dans la feuille vieillissante au fur et à mesure que s'abaisse le taux d'auxine. L'éthylène inhibe les divisions cellulaires dans la zone d'abscission et stimule la synthèse d'enzymes qui accélèrent le vieillissement des cellules et leur désagrégation.

Ce qui est vrai pour les feuilles l'est pour les fruits. On savait depuis le début des années 30 que des vapeurs d'éthylène favorisaient la maturation des fruits ; on ne s'aperçut que beaucoup plus tard que les fruits eux-mêmes dégagent des quantités impressionnantes d'éthylène au cours de leur maturation (à l'exception toutefois des agrumes). D'où l'explication fournie à un phénomène jusqu'alors inexplicable : des pommes en train de mûrir hâtent la maturation de bananes placées à leur voisinage ; en abaissant la température et en jouant sur l'aération, on parvient à réguler la diffusion de l'éthylène, donc la maturation collective de ces fruits. Voilà sans doute le tout premier exemple d'une communication à distance entre végétaux, dont on découvrira seulement au début des années 80 qu'elle peut également jouer dans leurs mécanismes de défense à l'égard de leurs prédateurs animaux. Ainsi, une émission gazeuse émanant d'arbres broutés informera les arbres voisins de l'imminence de l'arrivée des prédateurs, chèvres ou antilopes par exemple. L'arbre ainsi « prévenu » augmentera aussitôt la teneur de ses feuilles en tannins, afin de les rendre immangeables et de dissuader ainsi l'animal de s'intéresser à lui. Poliment, celui-ci sera prié d'aller se « faire voir ailleurs », là où justement ce message gazeux à base d'éthylène ne sera pas encore parvenu et n'aura pas encore mis en émoi les tendres feuilles... A l'ère des masses-médias, les plantes viennent de nous apprendre qu'elles communiquaient entre elles bien avant nous !

Enfin, une troisième hormone de croissance a été découverte plus récemment : l'acide abscissique, dont le rôle, en dépit de son nom, est moins marquant que celui de l'auxine et de l'éthylène. On l'a considéré comme une hormone de détresse, susceptible par exemple de transmettre aux feuilles, en cas de sécheresse, un signal capté par les racines lorsqu'elles « constatent » un fort dessèchement du sol. L'acide abscissique est alors mis en œuvre pour permettre à la plante de se défendre contre cette menace de flétrissement par déshydratation en fermant ses stomates pour réduire sa transpiration, ou en perdant rapidement ses feuilles pour entrer à l'état de vie latente.

Tout ce petit monde d'hormones régule avec beaucoup de soin la vie biologique de la plante, toujours étroitement dépendante des facteurs climatiques, en particulier de la longueur des jours et des nuits, donc des saisons, qu'elle ressent plus intensément et plus drastiquement que nous. D'où ces alternances d'habillage et de strip-tease des arbres en pays tempérés, présentant quatre phases successives particulièrement visibles chez nos arbres fruitiers : le squelette hivernal, la floraison printanière, la dense et verte feuillaison estivale, enfin le jaunissement ou le rougeoiement automnal.

L'automne a marqué les débuts de l'ère républicaine : le calendrier républicain débuta le premier jour de l'automne 1792, an I de la République. Septembre devenait vendémiaire, octobre brumaire, novembre frimaire. Changement sans conséquences pour les amateurs d'huîtres qui conservaient ainsi leur tradition des mois en « r »...

Ces mois en « r » étaient précédés par les mois en « or » qui couvraient tout l'été, avec messidor pour juin, thermidor pour juillet, fructidor pour août, ce dernier mois évoquant les végétalines qui remplacent aujourd'hui si avantageusement le beurre... Mais le calendrier républicain dura ce que durent les feuilles d'automne : l'espace non point d'un matin, mais de treize ans, autant dire rien dans l'étendue infinie du temps.

Thérèse et François

Et les saints ? De fête en fête, moissons engrangées et vendanges terminées, les feuilles tombent, l'année décline. Chaque jour effeuille un prénom au calendrier des saints. Mais aucun d'eux n'a trouvé grâce, jusqu'ici, dans cette saga des fêtes, des fleurs et des saisons. Janvier avait le gui, symbole de l'an neuf ; février était si mal vu des Romains qu'ils l'avaient écourté de quelques jours ; aussi l'a-t-on pris à saute-mouton en lui dédiant le lierre à titre de lot de consolation ; mars et avril sont abondamment pourvus, du buis des Rameaux aux jardins de Pâques ; mai a son muguet, juin ses herbes de la Saint-Jean ; juillet son bouquet tricolore, et le 15 août ses roses mystiques ; septembre voit s'achever les moissons et débuter les vendanges ; les chrysanthèmes de la Toussaint et les arbres de Noël ne laisseront pas novembre et décembre orphelins de fêtes et de fleurs. Mais octobre ?

Octobre est marqué comme d'une pierre blanche par la journée du 4. Ce jour-là, en effet, moururent sur terre et naquirent au Ciel deux grands saints, deux géants de l'Histoire : François d'Assise et Thérèse d'Avila. L'un et l'autre s'exercèrent à la « grande sainteté », sommet, apogée, fine fleur de la sainteté comme on dit la « grande criminalité », la compétition de « Formules 1 », ou, en matière de cavalerie, la « haute école ». D'innombrables biographies leur ont été consacrées, dont deux admirables, assez récentes : *Le Pauvre d'Assise,* de Kazantzakis[1], où la simplicité et la pureté de François jaillissent comme l'eau d'une source claire dans une version de sa vie à peine romancée, d'une singulière beauté ; et *La Vie de sainte Thérèse d'Avila,* de Marcelle Auclair[2], où les emprunts abondants aux écrits de la sainte nous font pénétrer dans l'intimité d'une âme absolument hors du commun et pourtant presque familière, tant nous la sentons proche.

La vie de François d'Assise fut rédigée deux ans après sa mort, en 1228, par l'un de ses compagnons, Thomas de Celano ; une seconde version, voisine de la première, mais expurgée de l'évocation de ces moments où le saint n'avait pas, semble-t-il, été tout à fait conforme à l'idée que l'on se faisait en ce temps-là de la sainteté, parut en 1246 sous la signature du même auteur. Car la *vox populi,* fidèle en cela à l'Eglise du temps, exigeait que la vie d'un saint fût édifiante du berceau à la tombe. Aucune faiblesse, aucun instant de doute n'étaient tolérés, fût-ce dans la prime jeunesse ; son humble humanité se devait de disparaître entièrement, comme aspirée vers le haut par l'éclatant rayonnement d'une âme aux vertus héroïques, toute la vie durant et 24 heures sur 24 ! C'est dans cet esprit que, quelques décennies plus tard, fleurit ce merveilleux bouquet appelé en italien *Fioretti*[3], petites fleurs, en hommage et à la mémoire de François et de ses premiers frères. Véritable florilège, authentique anthologie — tous ces mots évoquent d'ailleurs des fleurs ! —, ces *Fioretti* naïves campèrent la figure légendaire de François telle que la reçurent les générations à venir. On l'y voit notamment apprivoiser puis apaiser le loup de Gubbio, parler aux tourterelles qu'il avait sauvées d'une main assassine, et leur construire des nids... Bref, François y est décrit en amoureux du Créateur et des créatures, démarche peu commune au Moyen Age où fleurs et bêtes émouvaient moins qu'aujourd'hui. Cela a valu à notre saint le titre de « patron des écologistes », en même temps que sa place dans ces pages.

1. N. Kazantzakis, *Le Pauvre d'Assise,* Plon, Paris, 1957.
2. M. Auclair, *La Vie de sainte Thérèse d'Avila,* Seuil, Paris, 1960.
3. *Fioretti* de saint François, Seuil, Paris, 1953.

François vouait une affectueuse tendresse à *toutes* les créatures ; il ne voyait point en l'homme ce roi orgueilleux de la Création tel qu'il se baptisait alors et tel qu'il se désigne toujours, mais une créature misérable et, sans l'incessante présence de Dieu à ses côtés, proprement non viable. Il ne cessa donc de se vider de lui-même à travers maints tourments et moultes épreuves, prenant à la lettre la fameuse et terrible phrase du Christ au jeune homme riche. On se souvient de cet épisode « abrupt » où le Christ place la barre très haut. L'Evangile de Matthieu le relate en ces termes : « Et voici que quelqu'un, s'avançant vers Jésus, lui dit : “ Maître, que ferai-je de bon pour parvenir à la vie éternelle ? — Pourquoi me questionner sur ce qui est bon ? Dieu seul est bon, et si tu veux entrer dans la vraie vie, observe les commandements. — Lesquels ? demande-t-il. — Tu ne tueras ni ne voleras. Tu ne seras pas adultère. Tu ne témoigneras pas faussement au détriment d'autrui. Honore ton père et ta mère. Aime ton prochain autant que toi-même. — J'observe tout cela ; que me manque-t-il d'autre ? — Veux-tu être parfait ? Eh bien, va, vends tes biens, donnes-en le prix aux démunis, et tu auras un trésor dans les cieux ; puis viens, suis-moi. ” A ces mots, le jeune homme s'en va tout attristé, car il a de grands biens. Jésus déclare alors à ses disciples : “ C'est vrai, je vous le dis, dans le royaume des cieux un riche entre avec peine. En vérité, je vous le dis, passer par le trou d'une aiguille est plus facile à un chameau qu'à un riche d'entrer dans le Royaume. ” En l'entendant, les disciples sont très surpris : “ Alors, demandent-ils, qui donc peut être sauvé ? ” Les fixant du regard, Jésus leur dit : “ Pour les hommes c'est impossible, mais pour Dieu tout est possible. ” »

Pieds nus, vêtu d'un froc grossier, François épousa la nudité évangélique. Il l'appela « Dame Pauvreté », et ne lui fit jamais la moindre infidélité ; pas plus qu'il ne se permit la moindre entorse à cette autre phrase de l'Evangile : « Ne prenez avec vous ni or, ni argent, ni bâton, ni chemise de rechange… » En fidèle disciple du Maître, il conforma sa vie à la sienne, vivant d'aumônes, embrassant les lépreux, chantant et prêchant la joie et la paix. Des compagnons de plus en plus nombreux se joignirent à lui, formant le noyau de l'ordre des

Frères mineurs. Mais, débordé par les siens qui voulaient privilégier les études et créer de grands couvents, il dut renoncer dès 1221 à gouverner son ordre. Comme il advient généralement, il eut beaucoup à souffrir de ses propres frères... Abîmé dans la prière, François connut extases, lévitations et ravissements ; deux ans avant sa mort, il reçut les stigmates au cours d'une retraite solitaire sur le mont Alverne. Il était libre, libre de tout ce qui n'était pas Dieu, au point que Renan le considérera comme le « seul parfait chrétien » depuis Jésus !

Mais cette liberté passait, pour reprendre l'expression de saint Paul, par la folie de la Croix, comme en témoigne cet incroyable épisode de la joie parfaite, rapporté dans les *Fioretti*. Sur une route enneigée, au cours d'une terrible tempête, François explique à frère Léon, son compagnon de tous les jours, ce qu'est à ses yeux la joie parfaite : « O frère Léon, alors même que les frères mineurs donneraient en tout le pays un grand exemple de sainteté et de bonne édification, néanmoins écris et note avec soin que là n'est point la joie parfaite... » Puis, un peu plus tard : « O frère Léon, quand même le frère mineur ferait les aveugles voir, redresserait les contrefaits, chasserait les démons, rendrait l'ouïe aux sourds, le marcher aux boiteux, la parole aux muets et, ce qui est plus grand miracle, ressusciterait des morts de quatre jours, écris qu'en cela n'est point la joie parfaite... » Un peu plus tard encore : « O frère Léon, si le frère mineur savait toutes les langues, toutes les sciences et toutes les Ecritures, en sorte qu'il saurait prophétiser et révéler non seulement les choses futures, mais même les secrets des consciences et des âmes, écris qu'en cela n'est point la joie parfaite... » Puis, continuant à cheminer, il s'exclama d'une voix forte : « O frère Léon, petite brebis de Dieu, quand même le frère mineur parlerait la langue des Anges et saurait le cours des astres et les vertus des herbes, et que lui seraient révélés tous les trésors de la terre, et qu'il connaîtrait les vertus des oiseaux et des poissons, de tous les animaux et des hommes, des arbres et des pierres, des racines et des eaux, écris qu'en cela n'est point la joie parfaite... » Et comme de tels propos avaient bien duré pendant deux milles, frère Léon, fort étonné, l'interrogea : « Père, je te prie, de la part de Dieu, de me dire où est la joie parfaite. » François lui répondit : « Quand nous arriverons à Sainte-Marie-des-Anges, ainsi trempés par la pluie et glacés par le froid, souillés de boue et tourmentés par la faim, et que nous frapperons à la porte du couvent, et que le portier viendra en colère et dira : " Qui êtes-vous ? " et que nous lui répondrons : " Nous sommes deux de vos frères ", et qu'il dira : " Vous ne dites pas vrai, vous êtes même deux ribauds qui allez trompant le monde et volant les aumônes des pauvres ; allez-vous-en " ; et quand il ne nous ouvrira pas et qu'il nous fera rester dehors dans la neige et la pluie, avec le froid et la faim, jusqu'à la nuit, alors si nous supportons avec patience, sans trouble et sans murmurer contre lui, tant d'injures et tant de cruauté et tant de rebuffades, et si nous pensons avec humilité et charité que ce portier nous connaît véritablement, et que Dieu le fait parler contre nous, ô frère Léon, écris que là est la joie parfaite... Et si nous, contraints pourtant par la faim, et par le froid, et par la nuit, nous frappons encore et appelons et le supplions pour l'amour de Dieu, avec de grands gémissements, de nous ouvrir et de nous faire cependant entrer, et qu'il dise, plus irrité encore : " Ceux-ci sont des vauriens importuns, et je vais les payer comme ils le méritent ", et s'il sort avec un bâton noueux, et qu'il nous saisisse par le capuchon, et nous jette à terre, et nous roule dans la neige, et nous frappe de tous les nœuds de ce bâton, si tout cela nous le supportons patiemment et avec allégresse, en pensant aux souffrances du Christ béni, que nous devons supporter pour son amour, ô frère Léon, écris qu'en cela est la joie parfaite. Et enfin écoute la conclusion, frère Léon : au-dessus de toutes les grâces et dons de l'Esprit-Saint que le Christ accorde à ses amis, il y a celui de se vaincre soi-même, et de supporter volontiers pour l'amour du Christ les peines, les injures, les opprobres et les incommodités ; car de tous les autres dons de Dieu nous ne pouvons nous glorifier, puisqu'ils ne viennent pas de nous, mais de Dieu, selon ce que dit l'Apôtre : " Qu'as-tu que tu ne l'aies reçu de Dieu ? Et si tu l'as reçu de Lui, pourquoi t'en glorifies-tu comme si tu l'avais de toi-même ? " Mais dans la croix de la tribulation et de l'affliction, nous pouvons nous glorifier parce que cela est à nous, c'est pourquoi l'Apôtre dit : " Je ne veux point me glorifier si ce n'est dans la Croix de Notre-Seigneur Jésus-Christ. " »

Le renoncement total, l'abandon aux desseins de la Providence, l'esprit des Béatitudes vécu à la lettre, remuèrent, en ce début du XIIIe siècle, une Eglise riche et assoupie, redonnant à Dame Pauvreté et à Dame Chasteté leur place première au service de Dieu. Une longue et sévère maladie, au moment de l'irruption du Divin en son cœur, puis une santé toujours branlante affaiblirent son corps, qu'il appelait « son bourricot » et qui renâclait parfois à suivre un esprit aussi fulgurant. Mais de la maladie ni de la mort il n'avait crainte, lui qui, dans son admirable *Cantique de Frère Soleil,* avait aussi loué la mort : « Loué sois-tu, mon Seigneur, pour notre sœur la mort corporelle, à qui nul homme vivant ne peut échapper... Bienheureux ceux qu'elle trouvera conformes à tes très saintes volontés... »

François mourut le 4 octobre 1221 au couvent de la Portioncule qu'il avait tant aimé. Sœur Claire était à ses côtés ; elle voulut que son corps fût déposé dans le couvent dont elle était la supérieure, avant d'être mis en terre. Ainsi s'achevait une grande épopée humaine et une grande histoire d'amour : celui que François et Claire se portèrent leur vie durant. Amour chaste, amour digne des temps de la chevalerie, amour totalement accompli en Dieu selon un privilège qui n'appartient qu'aux grands saints, amour indéchiffrable en notre temps... Mais l'aventure spirituelle continuait avec la prodigieuse extension de l'ordre des Franciscains qui régénéra l'Eglise au temps des cathédrales. François, pourtant, n'avait jamais appris à lire. Il devait son nom à l'estime que son père Bernardone, marchand de tissus à Assise, vouait à la France...

Trois siècles plus tard vint Thérèse de Cepeda y Ahumada, dite d'Avila, personnage hors du commun, maîtresse femme intrépide, dont l'intransigeante recherche de Dieu et l'indulgence portée aux créatures évoquent la figure de François. Thérèse était fille de l'austère Castille ; elle naquit à Avila le 28 mars 1515, l'année de Marignan, sous le signe du Bélier. Elle hésita longtemps entre le monde et Dieu, entre ses amis sensibles à son charme, menant la vie presque mondaine des carmels de son époque, et l'impérieux appel de l'absolu qu'elle ressentait en elle. « Les choses de Dieu me donnaient grand contentement, écrit-elle, mais celles du monde me tenaient attachée. » Comme pour François, sa véritable conversion commence par la maladie. A l'âge de vingt-trois ans, elle « mourut » une première fois, événement que Marcelle Auclair relate en ces termes : « Le 15 août — comme par hasard ! — elle demanda les sacrements. Son père l'en dissuada, croyant la rassurer : “ Tu te confesseras plus tard, lorsque tu iras mieux : tu vois bien que tu vas guérir ! ” Cette même nuit, elle tomba en syncope. Le prêtre qu'on appela pour lui donner l'extrême-onction la tint pour morte, et non pas pour mourante. Alonso Sanchez, désespéré de ne l'avoir point laissée communier, faisait retentir la maison de ses cris et de ses prières... Un jour : Teresa ne donne pas signe de vie... Deux jours : son souffle ne ternit pas le miroir qu'on approche de sa bouche, la cire du cierge bénit que son père fait couler brûlante sur ses paupières pour les clore à jamais ne la réveille pas... Troisième jour : on creuse sa tombe à l'Incarnation ; elle est lavée, enveloppée dans son linceul ; son frère Lorenzo la veille la nuit ; il s'endort, un candélabre se renverse, les rideaux du lit prennent feu, ce corps inerte manque d'être brûlé... Quatrième jour : des religieuses de l'Incarnation viennent chercher le cadavre de leur sœur qui doit être ensevelie en terre du carmel ; son père refuse de la laisser emporter, on le croit devenu fou de chagrin lorsqu'il répète inlassablement : “ Ma fille n'est point bonne à mettre en terre ! ” Il prétend détecter les battements du pouls, et ses doigts ne lâchent pas le poignet de Teresa. Les moniales restent là, droites, en prière, autour du lit tragique du fait de ce père dément autant que de sa fille morte. Et soudain cette morte lève péniblement ses paupières qu'alourdit la cire refroidie des cierges funéraires. Elle voit l'appareil de chapelle ardente autour d'elle, ses sœurs qui attendent sa dépouille, et tâte son linceul. Ses premières paroles furent pour demander à nouveau les sacrements. Et puis elle continua à parler ; sa voix éteinte semblait venir de très loin : vivante, elle n'était point encore entièrement revenue sur terre. Elle disait : “ Pourquoi m'avoir rappelée ? ” Elle contait qu'elle aurait fort à faire en ce monde, on le lui avait dit là où elle avait été : au Ciel. Mais elle avait vu aussi l'Enfer. Dans ses phrases confuses, mêlées de sanglots — ses pleurs mouillaient son lit —, on démêlait des mots : “ monastère... fondations... sauver les âmes... ” Elle dit enfin : “ Ne me croyez point morte tant qu'on ne recouvrira pas mon corps d'un drap d'or... ” »

C'est bien d'un drap d'or que la duchesse d'Albe fit couvrir le corps de celle qui avait choisi de vivre vêtue de bure, le 4 octobre 1582 à 9 heures du soir. Le 4 octobre, jour de la mort de saint François ! Elle mourut dans les bras d'une petite sœur carmélite qu'elle chérissait particulièrement, Anna de San Bartolomé, qui fonda plus tard le carmel de Pontoise. La voyant entrer, elle sourit d'un sourire qui ne s'effacera plus et coucha sa tête sur ses bras ; c'est ainsi, soutenue par une petite paysanne de Castille, qu'elle attendit d'être emportée « au-delà des septièmes demeures par l'aigle impétueux de la majesté de Dieu ». Un parfum admirable émanait d'elle, elle expira en trois gémissements très faibles, très doux, et le visage de Thérèse de Jésus resta dans la mort si beau et si resplendissant qu'on eût dit « un soleil enflammé ».

La vie de Thérèse d'Avila avait tout entière été jalonnée de ravissements et de longues extases dont elle revenait parfois épuisée. Sa santé fragile ne fut jamais un obstacle à la réalisation des tâches qu'elle se fixait avec une volonté de fer. Elle réforma entièrement l'ordre du Carmel, où l'on vivra désormais pieds nus dans des sandales, à la manière des Franciscains « deschaussés ». Elle s'attira la vive hostilité des couvents traditionnels, à la règle « mitigée », qui refusaient ses normes. Mais elle passa outre, et, avec l'aide de Jean de la Croix, fonda dix-huit monastères entre 1567 et 1582.

Ses nombreux écrits comptent parmi les grands chefs-d'œuvre de la littérature spirituelle. D'un tempérament très équilibré, d'un jugement très sûr, Thérèse mène très haut les âmes auxquelles elle s'adresse. Aucun obstacle n'aurait pu l'arrêter. La mort elle-même n'eut point raison de son corps. On l'enterra au lendemain de sa mort, mais il émanait de sa tombe un parfum si délicieux que ses moniales souhaitèrent revoir son corps. Aussi le cercueil fut-il rouvert le 4 juillet 1583, neuf mois après l'enterrement. « On trouva le couvercle brisé, à moitié pourri et plein de moisissures, l'odeur d'humidité était très forte... L'habit était également pourri. Le saint corps était couvert de la terre qui avait pénétré dans le cercueil, moisi lui aussi, mais aussi sain et entier que s'il eût été enterré de la veille. » De nombreux témoins attestèrent de l'incorruptibilité du corps de Thérèse, soumis après sa mort à maintes tribulations. « Une odeur mystérieuse et très puissante en émane ; si elle rappelle quelque chose, ce serait le trèfle..., mais légèrement... » Puis, selon les coutumes de l'époque, le corps fut démembré afin de pourvoir les reliquaires des monastères et autres lieux saints. Aussi la mère Teresa — déjà ! — fut-elle littéralement éparpillée après sa mort : « Son pied droit et un morceau de la mâchoire supérieure sont à Rome ; sa main gauche à Lisbonne ; sa main droite, l'œil gauche, des doigts, des lambeaux de chair épars en Espagne et dans toute la chrétienté ; son bras droit et son cœur sont dans des reliquaires à Alba de Tormes, ainsi que ce qui reste de ce corps parfait et incorruptible. » On s'étonnait, de son vivant, de ce qu'elle savait être partout à la fois. Elle le fut aussi après sa mort !

Béatifiée en 1614, canonisée en 1622, elle est — avec Catherine de Sienne — la seule femme à avoir été proclamée Docteur de l'Eglise en 1970. Cette fameuse Catherine de Sienne, jeune surdouée italienne, sorte d'homologue de notre Jeanne d'Arc, avait en effet marqué d'un autre jalon fulgurant les trois siècles et demi de l'histoire de l'Eglise qui s'étaient écoulés entre François et Thérèse.

Afin d'éviter de célébrer le même jour, 4 octobre, date de leur mort et de leur naissance au Ciel, saint François d'Assise et sainte Thérèse d'Avila, la fête de Thérèse fut fixée au lendemain de sa mort. Mais ce lendemain n'était pas un 5 octobre ! Car, par une extraordinaire coïncidence, Thérèse mourut trois heures avant la suppression des fameux dix jours du calendrier, décidée par le pape Grégoire VIII, et qui furent choisis entre le 5 et le 14 octobre 1582. Cette année-là, le 4 octobre fut donc immédiatement suivi du 15, qui devint la date de la fête de sainte Thérèse !

C'est à un protestant peu suspect de détourner son regard de la croix du Seigneur pour se vouer au culte des saints, Jacques Ellul, que nous donnerons la parole pour clore ce chapitre [1]. Cet auteur, plus célèbre à l'étranger que dans notre pays, analyse les multiples subversions et déviations dont le christianisme ne cessa d'être l'objet depuis ses origines : débats souvent contradictoires pour tenter de fixer les dogmes, contamination par le platonisme et la pensée grecque, resacralisation des fêtes païennes, influence de l'islam, tentation du moralisme, perversion politique, compromission avec tous les pouvoirs, etc. Puis il ajoute : « Bernanos a raison quand il affirme que l'Eglise vit par ses saints !... L'étonnant, dans cette histoire de l'Eglise, c'est qu'au travers de cette énorme perversion, alors que tout semble rongé par les termites, il y a toujours une résurgence de la vérité... Chaque fois, à un moment ou dans un lieu où la Révélation était perdue, où la chrétienté s'établissait, où la foi devenait habitude religieuse, où les autorités ecclésiastiques avaient déjà pris le plus mauvais chemin, à un moment où la puissance du monde envahissait l'Eglise (à moins que cette même puissance se soit sentie assez forte pour prétendre éliminer totalement la foi en Jésus-Christ), ces hommes et ces femmes ont provoqué comme un électrochoc dans ce clergé ou ce peuple, revenant à une vérité, recherchant à nouveau le sens de la vie dans l'Ecriture. Bien entendu, ils ne suffisent pas à justifier le reste, tout le reste de l'Eglise, ni à considérer que tout va bien puisqu'ils ont paru ! Mais il faut quand même s'émerveiller que cela ait eu lieu chaque fois qu'il était nécessaire... Cela ne résout rien. Car, bien sûr, après le réveil, reparaît la lourde tendance à l'enfoncement dans le marais. Après saint François, c'est la misérable querelle autour des Fraticelli ; après Luther, c'est l'apparition d'une nouvelle religion aussi compassée, séculière que l'ancienne... Mais alors que le message évangélique, que la révélation prophétique paraissaient définitivement exclus, éliminés, soit embourbés dans d'interminables querelles scolastiques, soit formulés en dogmes morts et institutionnalisés, soit évacués

1. J. ELLUL, *La Subversion du christianisme,* Seuil, Paris, 1984.

par la philosophie ou la sagesse du monde, tout à coup reparaît une sorte d'étoile qui donne à tout le firmament une dimension nouvelle. Une sorte de lumière qui vient en même temps éclairer ces vieux textes, les rajeunir brusquement — et ils parlent de nouveau —, éclairer des cœurs et des intelligences d'hommes qui s'ouvrent pour accueillir cette vérité constante depuis trois mille ans, et subitement redevenue si neuve… »

Qu'importe la part de merveilleux que véhiculent les multiples vies de saints « embellies » par la ferveur populaire ! L'esprit du temps passe, comme l'écume des jours, tandis que demeure l'essence de leur message : cette extraordinaire poussée vers le haut, cet élan de la créature qui la transforme et la transfigure. Epopées grandioses ou secrètes qui semblent prendre à défaut et comme à contre-pied toutes les lois ordinaires : le corps échappe à la pesanteur et à la corruption, la pestilence cadavérique se fait odeur de sainteté, la souffrance se transforme en joie, la richesse en pauvreté. La folie de la Croix est chaque fois répétée dans une aventure humaine pourtant singulière, tant il est vrai que les saints, comme les fleurs, sont chacun dans leur diversité un autographe de Dieu.

Telle est la grandiose vocation des saints dont les noms jalonnent les calendriers, baptisent nos bourgs et nos villages ; ces saints qui avaient nécessairement leur place dans le parcours d'une année calendaire, et que l'on fête collectivement à la fête de la Toussaint.

La Toussaint

En l'an 610, le pape Boniface IV fit transférer les reliques des martyrs des premiers siècles au Panthéon romain qui devint de ce fait un sanctuaire chrétien. Depuis lors, l'Occident commémore cette translation le 1er novembre. Ainsi la Toussaint fut-elle d'abord la fête de tous les martyrs. Puis, en 830, Grégoire IV étendit la fête à la mémoire de tous les saints, martyrs ou non, y compris ceux qui n'avaient pas leur place au calendrier.

Aujourd'hui, la Toussaint est devenue une vaste réunion de famille, puisqu'elle associe dans une même commémoration les 40 000 saints et martyrs figurant au très officiel « martyrologe romain » et les multitudes qui n'y figurent pas, que l'Eglise n'a ni repérés, ni béatifiés, ni canonisés : ces mères de famille qui ont supporté toute leur vie durant un mari alcoolique ; ces grands handicapés qui ont dit « oui » avec le sourire ; ces vilains, ces pas-beaux, ces laissés-pour-compte qui ont vécu seuls et délaissés, seuls et différents ; ces grands et ces puissants que leur aspiration à la sainteté empêchait d'exercer leur pouvoir dans les conditions ordinaires et qui restèrent des pauvres, ces gueux sans espérance et sans pouvoir, tous ces misérables à qui furent dédiés le propos prophétique : « Heureux sont-ils les cœurs de pauvres ! Le Royaume est à eux. » Sans compter tous les autres : les doux, les affligés, les affamés et assoiffés de justice, les miséricordieux, les cœurs purs, les artisans de paix, les persécutés pour la Justice... Autant de « lignées » de saints, avec leurs profils et leurs charismes propres.

L'Eglise a toujours hiérarchisé les fêtes. Avant le concile de Vatican II, cette hiérarchie était incroyablement compliquée, très excitante pour un naturaliste habitué à classer les plantes en genres, familles, ordres, classes, voire même embranchements… Autorisons-nous ici une petite digression :

Tout au sommet du hit-parade figuraient Pâques et la Pentecôte ; toutes deux étaient des « fêtes doubles de première classe avec octave privilégiée de premier ordre ». Cette « octave » signifie que pendant les huit jours suivant la célébration solennelle de la fête, chaque jour a un office qui lui est propre, directement en rapport avec la fête. Il y a donc une messe du lundi de Pâques, du mardi de Pâques, du mercredi de Pâques… jusqu'à la messe du premier dimanche après Pâques qui clôt l'octave. Il en est de même pour la Pentecôte. A côté de ces fêtes-là, Noël, pour un peu, ne serait qu'une petite fête ! Elle n'est en effet qu'une « double de première classe, avec octave privilégiée ». Cette octave simplement privilégiée, mais qui n'est pas de premier ordre, signifie que la mémoire de la fête sera évoquée dans la liturgie pendant les huit jours qui suivent sa célébration solennelle, le 25 décembre, comme pour Pâques et Pentecôte, mais à une différence près : ces jours-là, d'autres célébrations pourront passer avant cette évocation, par exemple les Saints Innocents le 28 décembre et le fameux saint Sylvestre le 31 décembre. Eu égard à cette priorité, il ne reste de l'octave que quelques prières dites à la messe du (ou des) saint(s) du jour, par exemple la préface de la Nativité. S'il n'y a pas de saint qui fasse vraiment le poids, l'octave reprend le dessus, comme le 30 décembre où l'on célèbre à nouveau l'office de Noël.

Bref, les octaves des grandes fêtes et les fêtes des grands saints se télescopent, de sorte que les pointilleux liturgistes ont dû évaluer, au fil des siècles, les mérites respectifs des unes et des autres ; et, en fonction de « leur poids comparé », décider qui, du jour de l'octave ou du saint, éclipserait l'autre et imposerait sa propre liturgie au jour dit ! Dans ce travail d'apothicaires, ils se sont aidés d'une posologie très minutieuse, en inventant les octaves privilégiées de premier ordre

— Pâques et Pentecôte —, de deuxième ordre — la Fête-Dieu —, de troisième ordre — l'Ascension —, puis des octaves simplement privilégiées — Noël et l'Epiphanie —, des octaves communes — Assomption, Toussaint, Immaculée Conception, mais aussi Saint-Jean-Baptiste et Saints-Pierre-et-Paul —, et enfin des octaves simples — Nativité de la Vierge. On trouvera que la place faite à l'Enfant Jésus de la crèche est bien modeste dans ce lourd appareil, puisque Noël vient dans la hiérarchie après l'Ascension ! Mais les enfants sont destinés à grandir, et l'on retrouvera cet enfant « grand garçon », ressuscitant majestueusement au jour de Pâques, « la fête des fêtes ». De toute manière, le petit enfant de la crèche passe quand même avant toutes les fêtes de la Vierge et des saints, dont les octaves sont toujours communes ou simples, jamais privilégiées.

Comme toutes les fêtes liées à la date de Pâques sont mobiles, les télescopages des octaves et des fêtes de saints, plus dignement appelés « occurrences », varient chaque année : d'où la nécessité de bien préciser le rang hiérarchique des octaves et celui des saints pour savoir ce qui, chaque jour, de l'office de l'octave ou de l'office du saint, l'emportera.

La classification des octaves évoque celle des hôtels : il y en a de premier, de deuxième et de troisième ordre... A cette différence près que les personnalités de premier rang vont généralement dans les hôtels de premier ordre : ce sont les V.I.P. ; les saints, au contraire, dérangent toujours les hiérarchies et on ne sait jamais très bien où les loger. Pis encore, il en apparaît sans cesse de nouveaux qu'il convient de savamment étalonner et classer à leur place hiérarchique afin de ne pas déséquilibrer la belle ordonnance du calendrier liturgique. Le travail du liturgiste s'apparente alors à celui du naturaliste lorsqu'il découvre une espèce nouvelle et tente de la bien positionner dans la classification.

De l'octave privilégiée de premier ordre à l'octave simple, les octaves perdent du poids. Leur préséance sur les fêtes des saints s'atténue ; bref, elles se banalisent. D'où cet aphorisme : « Plus les octaves se banalisent, plus les saints se valorisent ! » En fait, pour clore sur ce point capital de la classification des fêtes, un jour d'octave peut être remplacé par la célébration d'un saint prestigieux, un peu comme, dans le langage ferroviaire, un rapide a priorité sur un omnibus et le double dans une gare où ce dernier lui accorde la priorité.

Durant les premiers siècles du christianisme, les très grandes fêtes donnaient lieu à de vastes rassemblements où tous les chrétiens de Rome se regroupaient dans l'une des quatre basiliques majeures : Saint-Jean-de-Latran (la cathédrale de Rome), Saint-Pierre, Sainte-Marie-Majeure et Saint-Paul-hors-les-Murs. (Ces basiliques majeures laissent entendre que d'autres sont mineures ; de fait, il existe aussi une hiérarchie des basiliques !) Ces rassemblements s'appelaient des « stations », autre terme ferroviaire (plus adapté, il est vrai, au métro qu'à la S.N.C.F. !)

Les fêtes à octave sont toujours des doubles de première classe, sauf s'il s'agit d'une octave simple, menacée d'être occultée huit jours durant par n'importe quel saint qui passe. C'est que ces octaves-ci suivent des fêtes « moyennes », comme la Nativité de la Vierge, ou encore la Saint-Laurent, qui ne sont que des fêtes doubles de deuxième classe. Les saints de grande carrure ont des fêtes doubles de première classe, mais sans octave : ainsi saint Joseph, le 19 mars, et l'archange saint Michel, le 29 septembre (il est vrai qu'il préside toute la hiérarchie des anges, encore plus compliquée que celle des saints : on lui devait bien ça !). La classification des fêtes a donc préfiguré celle des wagons : là aussi, il n'y a plus que des premières et des secondes classes, depuis que la S.N.C.F. a supprimé les quatrièmes et les troisièmes dans un bel élan de démocratisation, à l'époque même où Vatican II en fit autant pour les fêtes.

Viennent ensuite les fêtes de moindre importance, simples ou doubles. Certains chants sont repris deux fois pour les fêtes doubles, afin de manifester leur primature sur les simples. Celles-ci célèbrent des « petits saints », bienheureux encore de figurer au calendrier alors que tant d'autres ont dû se contenter d'être inscrits au martyrologe — la liste officielle des saints, scrupuleusement tenue à jour par les fonctionnaires romains comme les listes électorales, à cette différence près que les saints, eux, sont déjà élus !

Il arrive qu'un saint célèbre n'ait droit qu'à une fête

simple : ainsi saint Valentin, de renommée internationale, se trouve relégué au même rang que l'obscur saint Anicet, pape martyr, célébré le 17 avril, ou que les pauvres saints Chrysanthe et Darie, enterrés vivants dans une sablière au IIIe siècle et célébrés le 25 octobre, ou encore le malheureux Hilarion, mort très vieux comme saint Antoine du Désert au IVe siècle. Ce dernier illustre une fâcheuse tendance misogyne des autorités ecclésiastiques de l'époque, puisque le jour de sa fête, le 21 octobre, on se contente de faire « mémoire » de sainte Ursule et de ses compagnes, vierges martyres. Or, desdites compagnes, mortes à Cologne en 674, il y en aurait eu, selon la légende, pas moins de onze mille[1] ! Et elles n'eurent même pas droit à une fête simple ! Heureusement que sainte Angèle de Merici releva le gant au XVe siècle en créant l'ordre des Ursulines afin d'éduquer dignement les jeunes filles chrétiennes sous le patronage de sainte Ursule. Ce qui valut à cette sainte italienne, tôt devenue orpheline, de se voir doter d'une fête double comme la plupart des saints de bonne tenue qui occupent dans le calendrier le haut du pavé.

La vie se joue souvent à quitte ou double. En cas de sanctification, c'est « simple ou double » : les saints sont portés sur les autels comme on est reçu à l'hôtel : en simple ou en double ! Mais tout cela serait encore trop simple : on a donc inventé les doubles majeurs et les semi-doubles. Ainsi, Barnabé, bien qu'il n'ait pas connu le Christ, joua un rôle si éminent dans la première expansion de l'Eglise, aux côtés de saint Paul, qu'on lui fit l'honneur de le considérer « presque » comme un apôtre, et on lui décerna une double majeure ! Saint Benoît, fondateur du monachisme en Occident, et saint Gabriel, l'archange, bénéficient des mêmes privilèges. Les semi-doubles sont plus nombreux : beaucoup de papes martyrs des premiers siècles entrent dans ce contingent, mais aussi notre Saint Louis (dont on s'aperçoit, pour tout simplifier, qu'il est « double majeur » dans certains diocèses de France !). C'est que le « propre » des saints tient également

1. En fait, le nom d'une des martyres aurait été « Undecimillia », c'est-à-dire fille d'Undecimus. On aurait déformé ce nom en *Undecim millia* — 11 000 —, d'où le nombre, sans doute très gonflé, des martyres de Cologne !

compte de données géographiques. Jeanne d'Arc a droit à une double de deuxième classe, et Bernadette à une double... mais en France seulement ! Car les saints ne sont point à égalité dans le martyrologe. Certains — soixante-dix au total, surtout des premiers siècles — sont célébrés dans l'Eglise universelle : ce sont les grands monuments de l'histoire de l'humanité ; saint François d'Assise et sainte Thérèse d'Avila en font naturellement partie. D'autres n'ont eu qu'un rayonnement national, régional ou local ; ces petits saints peuvent être évoqués en mémoire facultative ou obligatoire dans leur diocèse d'origine.

Ainsi, la célébration quotidienne des « heures » par les moines de toutes les abbayes chrétiennes est un exercice beaucoup plus complexe et subtil qu'on ne l'imagine en les voyant psalmodier dans le chœur en langue populaire ou en latin. Pour les psaumes, passe encore : il n'y en a que cent cinquante, et on les récite tous chaque semaine. Mais pour ce qui est des innombrables annexes, c'est une autre affaire ! Aussi le botaniste s'excuse-t-il d'avoir empiété de manière si irrévérencieuse sur le terrain des liturgistes. Il est vrai que les naturalistes adorent nommer et classer : il y avait donc là des affinités à explorer !

Soucieux de faciliter la tâche des moines et d'abréger le bréviaire des curés, Vatican II a décidé de simplifier ce système. Désormais, tout au sommet du hit-parade, il ne reste plus que des solennités majeures et mineures, puis viennent les fêtes, enfin les mémoires, qui peuvent être obligatoires ou facultatives ; beaucoup de saints ont été déclassés, voire éliminés pour manque d'historicité. Comment vénérer un saint qui n'a jamais existé ?

Les « mémoires obligatoires » visent à faire mémoire du saint à l'office du jour, même lorsque quelque octave de solennité majeure vient télescoper la célébration de ce saint au jour de sa fête. Par contre, les « mémoires facultatives » des saints moins bien classés dans la hiérarchie ne seront évoquées à l'office que facultativement, et pourront être éclipsées à tout moment par quelque autre événement survenant dans le déroulement du calendrier : par exemple, l'apparition d'un saint ou d'un bienheureux propre au calendrier du diocèse ou du pays. Les télescopages et occurrences existent toujours et, aux dires de certains moines malicieux, l'ensemble serait encore plus compliqué qu'avant ! Aussi faut-il prendre garde avant de simplifier ; Bachelard ne disait-il pas, parlant de plantes médicinales : « Les simples sont décidément bien complexes... » ?

Fêtes de première ou de seconde classe, saints déclassés, télescopages, stations, fêtes simples ou doubles, voire semi-doubles (comme les autorails semi-directs), octaves de premier, deuxième ou troisième ordre... — décidément, l'Eglise reste bien un peuple en marche, n'hésitant pas à recourir au vocabulaire ferroviaire, à fréquenter des stations, à honorer ses autels comme des hôtels, fussent-ils de troisième ordre, et cela pendant huit jours, unité de base choisie de même par les tours-opérateurs !

Mais trêve de digression, revenons-en vite à la Toussaint ! A cette date, le monde visible cède le pas au monde invisible, monde que la tradition chrétienne baptise « le Ciel », patrie des anges et des saints. La Toussaint est donc la fête du Ciel : elle entrouvre un coin du voile qui nous cache l'éternité, comme l'avait déjà fait au printemps l'Ascension du Ressuscité. Et elle indique le chemin pour y parvenir : vivre conformément aux Béatitudes, l'Evangile lu ce jour.

La Toussaint fut donc tout d'abord une fête joyeuse, la fête de la fin du temps, sorte de fin en apothéose qu'exprime parfaitement l'Apocalypse de Jean, lue également à la messe de ce jour. Mais on s'avisa plus tard des morts qui n'étaient peut-être pas encore libérés, et on institua au lendemain de la Toussaint,à partir du XIe siècle, la fête des Morts. Bientôt, les deux fêtes se télescopèrent, de sorte que la bénédiction des cimetières fut avancée du 2 au 1er novembre. La Toussaint devint ainsi une double fête où la célébration du deuil et du triomphe final se partageaient à parts égales l'espace liturgique, encore que les fidèles pleurassent davantage la mort de leurs défunts que la grandiose apothéose à laquelle les textes liturgiques les destinaient. Signe fâcheux d'une décadence, d'un amollissement et d'un atiédissement de la foi tout à fait étrangers aux débuts du christianisme. Mais d'autres facteurs ont contribué à ce curieux télescopage des deux fêtes : seul, en effet, le jour de la Toussaint est chômé en France, pays à majorité catholique, ce qui n'est pas le cas en Allemagne, par exemple, où, selon que les *Länder* sont à majorité catholique ou réformée, la fête de la Toussaint est ou n'est pas chômée.

En Gaule, la Toussaint coïncidait avec l'une des quatre grandes fêtes druidiques situées à la mi-temps des quatre saisons. Le 1er novembre faisait pendant au 1er mai, fête de Beltaine : l'un ouvrait l'hiver, l'autre ouvrait l'été. Pour les Celtes, en Irlande, Bretagne et Grande-Bretagne, la Toussaint était surtout le premier jour de l'année : la fête de Samain, fête païenne que l'Eglise a christianisée en associant la célébration des vivants et des morts aux semailles d'automne, lorsque les grains endormis rejoignent une terre débarrassée de toute végétation et reposée. La vie végétale en hibernation était protégée par les âmes des morts enfouis dans la terre, mais aussi par des êtres bienfaisants venus de l'au-delà pour l'aider à préparer sa croissance. Ainsi s'amorce déjà, à l'origine du néolithique, la double célébration d'une fête des saints et d'une fête des morts, l'endormissement des plantes étant mis en parallèle avec l'endormissement des morts. Le symbolisme astrologique va dans le même sens : le signe du Scorpion manifeste l'entrée de la nature dans la phase du long repos hivernal.

La Toussaint est l'une des fêtes les plus populaires du calendrier, si l'on en juge par les importants déplacements de foules et de fleurs qu'elle provoque. Les fleurs indigènes étant rares en cette saison, il a fallu avoir recours, pour la célébrer dignement, aux chrysanthèmes. Le chrysanthème est à la Toussaint ce que le buis est aux Rameaux.

La mode des chrysanthèmes — comme celle des orchidées ou de bien d'autres espèces ornementales — ne remonte qu'à la seconde moitié du siècle dernier. A cette époque, les chrysanthèmes avaient déjà été introduits en France : c'est en effet l'année même de la Révolution, en 1789, que le tout premier chrysanthème fut rapporté d'Extrême-Orient par le capitaine Blanquart. Il vit à l'état spontané en Inde, en Chine et au Japon, où plusieurs espèces sauvages ont été répertoriées. Ses grandes capacités d'acclimatation, de reproduction par bouture, d'hybridation, ont permis l'extraordinaire développement de cette plante, une des plus faciles à cultiver. De nombreuses variétés horticoles, plus ou moins rustiques ou plus ou moins sophistiquées, ont vu le jour, de sorte que chaque cimetière, au soir de la Toussaint, est une sorte de petite floralie consacrée aux chrysanthèmes.

Leur nom vient de *chrysos,* jaune, et *anthos,* la fleur. Il semble bien que les premiers chrysanthèmes, ancêtres des variétés actuellement cultivées, étaient jaunes. Mais l'on vit bientôt apparaître de nombreux chrysanthèmes violets, de sorte que s'associèrent à nouveau, à l'époque où tombent les feuilles, où mûrissent les fruits et où s'achèvent les dernières récoltes, les deux couleurs — jaune et violet — de l'accomplissement et du ralentissement. Point étonnant que la liturgie de la Toussaint mette en exergue le jaune, qui accompagne toujours, sous forme de garnitures dorées, les ornements blancs du 1er novembre, et le violet, devenu couleur de deuil le 2 novembre.

Mais il est aussi des chrysanthèmes bleus, blancs et rouges, dont on ferait bien un drapeau tricolore… pour le 11 novembre, cette fois ! Aussi doit-on se garder d'attribuer aux chrysanthèmes jaunes et violets, présents sur les tombes et les autels à la Toussaint, la moindre valeur symbolique. Cette composition chromatique aux couleurs de l'été et de l'automne, de l'expansion et du ralentissement, de la vie et de la mort, du 1er et du 2 novembre, n'est que pure coïncidence ! En fait, nombreuses sont les plantes à présenter de telles couleurs, voire même, dans une même fleur, un tel assemblage de couleurs. Il faut d'ailleurs bien plus d'un siècle pour enraciner une tradition et la charger de sens !

Le succès du chrysanthème tient à une tout autre raison. Sa floraison tardive intervient normalement entre les mois d'octobre et de décembre, quand les jours sont plus courts que les nuits. On ne verra jamais un chrysanthème fleurir avant l'équinoxe du 21 septembre. Les chrysanthèmes sont donc le prototype des plantes dites de jours courts. L'immense majorité des plantes à fleurs de nos climats sont des plantes de jours longs, fleurissant de la fin du printemps au début de l'automne, lorsque les jours ont plus de treize heures. Bref, le chrysanthème s'est imposé à la Toussaint par sa physiologie, de même que le houx et le gui se sont imposés à Noël et au Nouvel An par la permanence de leur feuillage toujours vert et par la présence en plein hiver de leurs baies colorées. Le symbole épouse la nature et se soumet à ses lois.

Il est surprenant de constater à quel point les plantes lisent exactement la longueur des jours et des nuits, et combien ce facteur règle étroitement leur comportement. Ces phénomènes dits « photopériodiques » — puisqu'ils varient en fonction des durées d'éclairement — ont été découverts en 1912, lorsqu'on s'aperçut que le chanvre et le houblon fleurissent mieux si la durée des jours est courte. Des observations analogues portèrent ensuite sur certaine variété de tabac. Ces plantes livraient ainsi les raisons de leur obstination à ne pas vouloir fleurir en pleine saison estivale, à la différence de la majorité des autres !

Reste à savoir si les plantes lisent la longueur des jours ou la longueur des nuits. Il est facile de répondre par une simple expérience. Voici une plante de jour court ; interrompons, sur des cultures pratiquées en serre, la longueur du jour par un obscurcissement de quelques minutes, voire d'une heure ou deux : il ne se passe rien, la plante fleurit comme si de rien n'était. En revanche, si on interrompt la nuit par un court éclairement, la plante ne fleurit plus, car elle se croit en période de nuit courte, donc de jour long, en quelque sorte en été. C'est donc la longueur de la nuit que la plante sait lire !

Dès lors, il devient aisé de réguler la floraison des plantes — des chrysanthèmes en particulier — en fonction des besoins. On pourra faire fleurir des chrysanthèmes toute l'année en leur donnant, au moment où se constituent les ébauches de bourgeons floraux, des nuits longues artificielles, par obscurcissement des serres prématurément le soir et tardivement le matin. Le chrysanthème se croit alors en période de nuits longues et fabrique ses fleurs — fût-on même le 14 juillet ! Comme la Toussaint est fixée au 1er novembre et que les aléas du climat sont imprévisibles, il appartient aux horticulteurs de jouer habilement sur la longueur des jours et des nuits dans leurs serres pour en sortir, la veille du 1er novembre, des chrysanthèmes en état de parfaite floraison.

Au moment où les chrysanthèmes blancs ou jaunes des

églises témoignent par leur éclat de la plénitude de la vie des saints dans l'éternité, la chute des feuilles alentour manifeste la fin du cycle solaire et la mélancolie de la mort. C'est alors qu'il conviendrait de remplacer sur les tombes, le 2 novembre, les fleurs blanches et jaunes par des violettes, tout comme le font ce jour-là les prêtres quand ils adoptent les ornements violets pour célébrer le jour des morts.

Le jour des Morts

Une tombe fleurie livre d'emblée son secret : couverte de fleurs coupées agencées en bouquets, en couronnes ou en coussins, elle signe une récente visite de la mort ; garnie de chrysanthèmes, elle indique la Toussaint ou la fête des Morts. L'enterrement, c'est la fleur coupée, comme la vie elle-même dont le fil vient d'être sectionné ! Il s'accompagne généralement d'une grande hécatombe florale. Pour la Toussaint ou la fête des Défunts, la mort n'est plus immédiatement présente. Considérée avec le recul du temps, elle s'inscrit dans la perspective d'une vie au-delà de la mort, à laquelle nos ancêtres de toutes civilisations ont cru depuis toujours ; une vie éternelle que symbolise le caractère vivace des chrysanthèmes.

Le chrysanthème se multiplie en effet abondamment par boutures ou par drageons. Il est aisé de diviser les touffes, de multiplier les drageons, ces rejets surgis des racines, de bouturer les jeunes pieds, ce qui n'exclut pas la reproduction par graines, privilège de toutes les plantes à fleurs. Le chrysanthème joint donc à sa beauté une exceptionnelle tendance à la pérennité. Etonnant symbole de vie éternelle que cette plante des cimetières, si peu utilisée lors des enterrements, mais dont on fleurit les tombes en automne lorsque les effets dévastateurs de la mort ont été transmués par cet atelier à métamorphoses qu'est le cœur de l'homme !

Comme la marguerite sa cousine, le chrysanthème appartient à la famille des Composées. On l'a vu à propos de la marguerite du 14 Juillet, les Composées ont l'art de déguiser en fleurs ce qui n'est pas une fleur, mais une république de fleurs. Ce déguisement sied parfaitement à la marguerite, dont il ne viendrait à l'idée de personne de contester qu'elle soit une fleur ! Pourtant il s'agit d'un grand ensemble de fleurs : les unes allongées en languettes blanches, à la périphérie ; les autres minuscules, en tubes jaunes, au centre, qui forment le tapis jaune et rond du cœur de la marguerite qu'auréole la blanche couronne des fleurs-pétales. Le chrysanthème est lui aussi un ensemble de fleurs, une marguerite perfectionnée, en quelque sorte. Mais ici l'art de l'horticulture a privilégié les fleurs externes à forme de pétales blancs, oranges, jaunes ou bleus, au détriment des fleurs centrales qui se sont raréfiées. D'où la disposition en boules, après une métamorphose assez similaire à celle que subirent les églantiers pour devenir roses (mais, dans ce cas, ce sont les étamines qui se sont transformées en pétales, et non les fleurs en tubes, sorte de pseudo-étamines qui se sont transformées en fleurs en languettes, sorte de pseudo-pétales !).

Fleur sociale, fleur collective, le chrysanthème convient parfaitement à l'évocation de la mémoire des générations qui nous ont précédés. Il est parfaitement bienvenu pour la célébration de la fête de tous les saints et de tous les défunts. Quant à la bruyère, avec ses fleurs en clochettes et son feuillage permanent, elle est également bien adaptée à ces célébrations automnales ; la fleur conserve très longtemps ses pétales, privilège rarissime, particulièrement heureux pour la fête des Morts, et elle est de surcroît de teinte violette !

Nos sociétés, il est vrai, sont de moins en moins disposées à ce genre de commémorations. Elles ont si bien su occulter la mort ! La mort, désormais honteuse, est reléguée dans les morgues ou les mouroirs, loin du cercle des vivants, loin même de la communauté familiale qui se sépare promptement du défunt. Or une société qui refuse la mort se condamne à mort, car elle nie ses propres racines, ses sources et ses traditions.

L'homme de Néanderthal célébrait déjà ses morts. On a trouvé dans la chaîne du Zagros, qui sépare l'Irak de l'Iran, des tombes remontant à environ soixante mille ans ; le défunt reposait sur un lit de prêle, tandis qu'un assortiment d'herbes aux vertus médicinales auréolait son corps : bleuet, mille-feuille, centaurée. Ces espèces étaient disposées selon un agencement très précis attestant l'intervention experte d'une main humaine. Le sol de la tombe n'avait pas été jonché, mais bien plutôt tapissé de fleurs !

Partout la vie s'organise en fonction de la survie d'après la mort, d'où le respect du grand âge, celui qui rapproche l'homme de cet événement unique. Il mérite respect et considération, car il marque le temps des ultimes accomplissements. On conçoit qu'en Inde, le blanc — symbole de la perfection — soit la couleur de la mort. Rien de tel dans nos sociétés industrielles où l'homme cesse d'exister lorsqu'il cesse de produire...

Dans toutes les traditions aussi, la mort est associée à l'idée de résurrection. Et le symbole par excellence de la mort et de la résurrection, c'est la graine ! L'enterrement est le dépôt d'un corps en terre, dans l'humus du sol, une inhumation, tout comme on le fait d'une graine. Enfouissement n'est pas anéantissement ; il est descente ou redescente dans le sein de la terre mère, cette divinité primordiale à l'origine des premières religions. Le passage obligé par le royaume des ténèbres, le royaume des morts, marque les prémices de la résurrection. Dans la Bible, le sacrilège absolu consistait à laisser les morts sans sépulture. Ainsi voit-on Tobie enterrer des morts qui pourtant n'appartiennent point au peuple d'Israël, par strict respect de la loi mosaïque. On conçoit que le Christ scandalise les pharisiens en leur disant : « Laissez donc les morts enterrer les morts !... » Qui pouvait alors comprendre que, pour lui, la mort était déjà vaincue ? Mais il utilise aussi le symbole de la graine lorsqu'il dit : « Si le grain ne meurt, il ne portera pas de fruits ; mais si au contraire il meurt, il en donnera au centuple... »

Ce symbolisme de la graine est encore plus spectaculaire dans l'Egypte ancienne où le mort était momifié, puis enterré dans de grands monuments funéraires, accompagné d'une riche panoplie d'objets et de provisions pour son voyage. On trouve ici l'image même de la graine dans laquelle le jeune embryon à l'état de dormance est entouré des matières alimentaires qui lui seront nécessaires au moment du réveil, c'est-à-dire lors de sa germination, de son « passage » de la mort à la vie. La graine protège cet embryon « dormant » par un empilement d'enceintes superposées destinées à le mettre à l'abri des atteintes extérieures, architectures parfois aussi complexes que les grandes pyramides. La momie était, comme une graine, destinée à revivre. Et c'est la mort qui ouvrait l'accès à l'autre vie. Même si aucun texte de cette époque ne nous était parvenu, la manière dont les Egyptiens soignaient leurs morts suffirait à exprimer la foi qu'ils professaient dans l'existence d'une autre vie.

Quant à la crémation, si elle s'oppose à l'image de la graine mise en terre, elle évoque celles des graines jetées au vent, puisqu'elle s'accompagne toujours, en Orient, de la dispersion des cendres, soit sur la terre mère, soit dans les eaux du Gange, fleuve fécond par excellence, qu'elles contribueront à fertiliser.

Ces symboles universels nous éloignent radicalement des tristes industries de la mort, si étrangères à la fête de la Toussaint. Le cimetière devient plutôt alors un vestiaire où l'on déposerait la partie la plus encombrante, la plus lourde de soi-même : son *hard*, pourrait-on dire en langage branché, dont il convient tôt ou tard de se débarrasser, surtout devenu infirme ou impotent, afin de s'élancer, délesté, libre de ses mouvements, vers les espaces éternels et infinis de la liberté.

La croyance universelle qui de tout temps a associé la mort à une nouvelle naissance s'est sans doute inspirée à l'origine des observations de la nature. La graine en est certes le symbole le plus expressif, elle qui ne meurt que pour revivre. Mais le soleil, à sa manière, parle le même langage : chaque jour il se lève et se couche, mais toujours pour renaître. Quant à la lune qui disparaît, elle renaît trois jours plus tard, nouvelle..., comme le Christ qui ressuscite « le troisième jour » ! Sans doute n'est-ce point non plus un hasard si la Toussaint est placée sous le signe du Scorpion, signe par excellence de mort et de résurrection. L'arcane XIII du tarot exprime la même double symbolique de mort et de recommencement, et le squelette qu'il représente n'est que celui d'une mort symbolique.

Par un lendemain de Toussaint, le cimetière lui-même devient à son tour une illustration saisissante de ce riche symbolisme. Quoi de plus paisible et de plus beau qu'un cimetière silencieusement fleuri sous le ciel épais et bruineux d'un jour d'automne ? D'ordinaire, aux yeux d'un enfant, l'idée de repos éternel demeure parfaitement inintelligible ; mais il suffit d'une longue vie pour que, au contraire, ce repos paraisse d'une signification aveuglante. Car la vie harasse son homme avant que la mort ne le terrasse. Aussi parvient-on au bout du chemin fatigué d'une bien longue route — surtout lorsque, à l'instar du général de Gaulle, on ne s'est pas résolu, sa vie durant, à « inaugurer les chrysanthèmes » ! On a alors bien mérité de dormir au jardin du repos, au champ du sommeil, puisque telle est l'étymologie du mot cimetière.

Le chrysanthème n'est pas la seule plante du jour des Morts. Les conifères occupent une place privilégiée dans nos cimetières où ils accompagnent silencieusement la mort en symbolisant, par leurs feuilles pérennantes et leur grand âge, la permanence de la vie. Les arbres les plus vieux de France sont des ifs de cimetières. Ceux de Normandie sont plus que millénaires ; le plus impressionnant est celui du cimetière d'Estry, dans le Calvados, dont le tronc creux a pu abriter 62 enfants, et que l'on estime vieux de 1700 ans ! Il détient donc le record du plus vieil arbre de France, talonné par l'if du cimetière de La Haye-de-Routot, dans l'Eure, sans doute presque aussi ancien que lui. Il est difficile de connaître l'âge exact de ces arbres bientôt bimillénaires sans effectuer des carottages du tronc pour en compter les anneaux, comme cela se pratique couramment pour les arbres remarquables ; mais ces ifs sont creux, rendant ce mode de calcul impraticable. Il ne reste qu'à se fier à la tradition et à évaluer l'envergure de ces arbres : or les deux ifs du cimetière de La Haye-de-Routot ont environ quinze mètres de circonférence, ce qui autorise une datation de cet ordre. Mais ils sont battus par l'if d'Edron, dans la forêt de Clifdon, en Grande-Bretagne, qui approcherait les trois mille ans.

La graine de l'if s'entoure d'une espèce de sac, d'abord vert, puis rouge vif, qui n'est qu'une simple expansion charnue de sa paroi protectrice, rigide et coriace. Cette belle tunique rouge et sucrée tente les animaux et parfois les enfants qui, en la dévorant, disséminent les graines à distance après qu'elles ont transité dans leur tube digestif. Mais la nature ici est bonne mère. Car si l'if est un arbre extrêmement toxique, seule cette pulpe ne l'est pas, de sorte qu'il n'y a empoisonnement que si la graine est croquée. L'if alors peut être mortel et a d'ailleurs provoqué de graves accidents. Car cet arbre au bois si dur, cet arbre qui dure, est aussi un arbre qui tue.

La toxicité de l'if était particulièrement redoutée des Anciens, au point que les légendes les plus fantaisistes couraient à son sujet. Les Gaulois le vénéraient au même titre que le gui ; ils connaissaient sa toxicité et utilisaient ce bois très dur pour fabriquer des arcs. Ils en faisaient aussi, semble-t-il, un poison de flèche — d'où son nom latin *Taxus,* dérivant du grec *toxon,* qui signifie flèche empoisonnée, d'où nous vient « toxique », les notions de flèche et de poison étant si intimement mêlées qu'un seul nom servait à désigner l'une et l'autre. C'est d'ailleurs en versant un extrait d'if dans l'oreille du roi, père d'Hamlet, que son oncle Claudius l'empoisonna pour s'emparer du trône et de la reine ; dans *Macbeth,* Shakespeare se fait l'écho de l'utilisation par les sorcières anglaises, de l'if, ajouté à de macabres macérations.

De leur côté, les Romains et les Grecs avaient dédié l'if à Hécate, déesse des Enfers et de la magie infernale, généralement représentée avec trois têtes et trois corps. On sacrifiait à Rome des taureaux à Hécate, décorés de guirlandes d'if destinées à attirer les esprits infernaux qui, repus du sang des victimes, se trouvaient ainsi apaisés. On faisait donc tout naturellement de l'if un arbre de mort, comme l'indique d'ailleurs son nom allemand : *Todesbaum.* Aussi accompagne-t-il les morts dans les cimetières, quand il ne contribue pas de surcroît à semer la mort ! Ne l'accuse-t-on pas d'avoir contribué jadis à décimer le parc hippomobile des entreprises de pompes funèbres, lorsque les chevaux de corbillards broutaient imprudemment ses branches funestes et, saisis de soubresauts à fendre l'âme, allaient promptement rejoindre le mort qu'ils avaient charrié jusqu'au cimetière dont eux-mêmes ne revenaient plus ?

Pourtant, l'if reste ce beau conifère à feuillage vert sombre que les jardiniers se plaisent à planter, car il se laisse tailler avec une docilité extraordinaire : d'où les formes les plus invraisemblables que l'on peut lui faire prendre. Parure des classiques jardins à la française, les ifs, comme les buis, font des haies ou des massifs très ornementaux et simulent par la taille qu'on leur impose les formes, les objets ou les scènes les plus inattendues. Musset admirait leur belle docilité en écrivant dans ses *Poésies nouvelles :*

Vieux satyres, termes grognons,
Vieux petits ifs en rangs d'oignons,
O bassins, quinconces, charmilles...

Dépourvu de toxicité, mais aussi abondamment planté dans les cimetières du bassin méditerranéen, les cyprès font le pendant à l'if comme symbole de longévité et de pérennité. Figures de deuil et de tristesse, ils ponctuent les cimetières de leurs silhouettes mélancoliques. Evoquant la mort des guerriers au champ d'honneur, Victor Hugo s'exclame :

Souvent pleurant sur eux dans la douleur muette,
J'ai trouvé leurs cyprès plus beaux que nos lauriers...

Comme d'autres plantes, notamment le tilleul et le sapin, le cyprès, pour les Grecs, était né de la métamorphose d'un jeune homme. Cyparissus était un jeune berger qui partageait sa vie solitaire avec un cerf. Il blessa par mégarde le pauvre animal qui en mourut, et resta inconsolable. Mais Apollon veillait sur lui avec toute la bienveillance qu'il portait aux nymphes et aux éphèbes. Affligé de voir Cyparissus aussi cruellement blessé, il le métamorphosa en cyprès, qui devint l'arbre de la mélancolie et de la mort. Hadès, dieu des Enfers, en peupla le royaume des morts. Mais le cyprès était aussi consacré à une antique divinité infernale, Dispater, dont le nom signifie « le plus riche de tous les dieux », le nombre de ses sujets — les défunts — ne pouvant à l'évidence que croître indéfiniment.

A la différence de l'if, le cyprès fait partie de ces conifères sans aiguilles dont les feuilles, minuscules et en forme d'écailles imbriquées, revêtent en permanence les rameaux.

Son bois, à l'instar de celui du cèdre, est réputé imputrescible. Et comme son feuillage vert sombre est permanent, il est aussi, pour toutes ces raisons, symbole d'immortalité. Comme l'if, le cyprès illustre donc à la perfection l'ambivalence d'un symbole où mort et pérennité de la vie sont étroitement mêlées. Sa forme fastigiée, c'est-à-dire pyramidale et allongée, a de longue date été favorisée et propagée par la culture ; le cyprès s'élance alors droit vers le ciel, évoquant un alignement de pinceaux dressés qui, serrés, forment de véritables murs bordant les allées des cimetières ou des parcs. La forme horizontale, plus déliée, peuple en abondance les champs cultivés ou fruitiers de la vallée du Rhône, formant des haies antimistral. Les fruits sont de petits cônes globuleux, gris-brun, très riches en tannins, d'où leur utilisation sous forme d'extraits comme tonique du système veineux et comme médicament des hémorroïdes.

L'if et le cyprès, le conifère à aiguilles et le conifère à écailles, ne se partagent pas l'exclusivité du symbolisme de la mort et de la résurrection, même s'il est rare de voir d'autres arbres peupler les cimetières ; mais le peuplier peut aussi y revendiquer sa place. Jacques Brosse décrit ainsi l'histoire du peuplier : « Le feuillage du peuplier blanc, sombre d'un côté et très clair de l'autre, a depuis toujours figuré la vie dans la mort, la révélation de la survie, une fois qu'on a passé la frontière fatale. Dans des tombes sumériennes datant du quatrième millénaire avant notre ère, les archéologues ont trouvé des coiffures faites de feuilles de peuplier blanc en or, qui avaient certainement déjà ce sens... Avant de devenir un arbre — un peuplier —, Leukè avait été une nymphe qui, convoitée par Hadès, ne lui échappa qu'en se métamorphosant en peuplier blanc. Leukè personnifiait ainsi la vie échappant à la mort, mais à la condition d'abandonner sa forme humaine. Hadès, qui jamais ne lâche sa proie, l'emporta dans son souterrain royaume. Dans *L'Iliade,* Homère nomme le peuplier blanc achéroïde, “ de l'Achéron ”, le fleuve de l'affliction. Désormais plantée devant ce seuil fatal à ceux qui le franchissaient, Leukè leur rendait l'espoir qu'ils avaient perdu avec la vie. Descendu vivant au Tartare où il vainquit Cerbère, Héraclès se tressa à son retour une couronne d'un rameau pris à cet arbre. Du feuillage sombre aussitôt blanchit l'envers en touchant le front du héros qui avait triomphé de la mort... En sens exactement opposé, le peuplier noir annonçait aux trépassés qu'il leur fallait abandonner tout espoir. Un bosquet de peupliers noirs marquait sur terre l'entrée des Enfers. Ce n'est qu'une fois que l'on avait pénétré au-dedans — donc que l'on était mort — que l'on pouvait apercevoir le peuplier blanc et en comprendre le sens, à condition toutefois de posséder les dispositions nécessaires. Comme le peuplier blanc, le noir était né d'une métamorphose, longuement décrite par Ovide. Lorsque le téméraire Phaéton, ayant voulu conduire le char du soleil..., fut précipité du haut du ciel dans l'Eridan, ses trois sœurs, les Héliades, s'abandonnèrent au désespoir et, immobilisées, se transformèrent en peupliers... Leurs larmes devinrent les gouttes d'ambre distillées par les rameaux de ces arbres et que le soleil durcit. Désormais, l'arbre fut consacré à l'implacable déesse de la Mort, tandis que le peuplier blanc devenait la propriété de Perséphone, épouse d'Hadès, mais divinité de la régénération par-delà la mort, du fait qu'elle ne passait chaque année que trois mois aux Enfers et les neuf autres sur terre en compagnie de sa mère, Déméter... »

Comme d'habitude, la botanique est largement malmenée dans ce récit. Car l'ambre jaune n'a évidemment jamais été produit par quelque peuplier que ce soit ! Il s'agit en réalité d'une résine fossile très dure, appelée en Grec *electron,* et qui a donné son nom à l'électricité : frottée, elle acquiert la propriété d'attirer les corps légers, ce qui a fait découvrir les effets de l'électricité statique. Cette résine provient de forêts de conifères disparues qui couvraient jadis le sol occupé actuellement par la mer Baltique ; c'est donc sur les côtes de cette mer que l'ambre est rejeté par forte tempête, et elle n'évoque ni de loin ni de près les peupliers blancs ou noirs...

Le peuplier présente cette particularité que les couleurs symboles de la vie et de la mort, le blanc et le noir, sont ici comme les deux faces d'une même médaille, d'une même feuille, ou encore comme les deux versions d'un même arbre.

Il arrive enfin que figurent dans la riche flore de la mort certaines herbes comme l'ache, par exemple, ancêtre sauvage du céleri, au feuillage très délicat qui lui a valu d'être utilisée dans la Grèce antique pour couronner le vainqueur des jeux, en symbolisant la jeunesse triomphante et heureuse. Elle figurait aussi, dans les cérémonies funèbres, comme un hymne à l'éternelle jeunesse à laquelle le défunt venait d'accéder....

La liste serait longue des herbes et des arbres qui symbolisent, dans les diverses mythologies, la mort et la vie après la mort : les aulnes, les châtaigniers, les chênes verts, les pins ont des légendes de ce type attachées à leur histoire. Certains végétaux très anciens n'ont pas survécu aux peuples de l'Antiquité, de sorte qu'on ne les voit point parer de leur feuillage (au demeurant caduc) les allées de nos cimetières. En revanche, le pin s'y rencontre souvent. Arbre aux signes particulièrement parlants, le pin, comme tous les conifères, ne se régénère jamais spontanément autrement que par graine ; de surcroît, il pleure abondamment une résine molle, comme un arbre qui serait voué aux lamentations et à la mort. Une mort qui, généralement, le frappe dans son jeune âge, quand l'incendie gronde et l'emporte. Le pin maritime des Landes fournit la térébenthine lorsqu'on le blesse ; lorsqu'on le tue par « gemmage à mort », il meurt d'une sorte de mort tout à fait inaccoutumée pour un arbre : saigné à blanc comme une bête. En revanche, les pommes de pin, les « cônes », surtout ceux du pin pignon dont la couleur vaguement rousse et luisante est fort suggestive, évoquent un phallus en érection. La pérennité des aiguilles est un autre signe d'un arbre voué à la vie. Arbre qui meurt, arbre dont le vert feuillage demeure ; arbre qu'on tue en le coupant, car il ne rejette pas ; mais arbre aux mille phallus dressés qui le régénèrent : toujours la double face du symbole, selon qu'on considère la médaille sur son envers ou sur son revers...

L'arbre et la graine président donc à la fête des Morts et peuplent nos cimetières. Or ils sont par essence les plus classiques symboles de la vie. La mort des plantes, c'est aux enterrements qu'on la voit ; c'est toujours la fleur qu'on tue pour en faire bouquets, coussins ou couronnes.

Des fleurs et des couronnes

A la solide pérennité des arbres s'oppose le flétrissement précoce des fleurs de la mort : bouquets, couronnes ou coussins.

A la fin du XIXe siècle, on vit prévaloir une formule devenue célèbre depuis lors : « ni fleurs ni couronnes ». Elle prenait à contre-pied l'immémoriale coutume d'honorer la mémoire des morts en recouvrant leur tombeau d'une profusion de bouquets et de couronnes de fleurs. Si toutes les religions anciennes, des Egyptiens aux Etrusques, des Grecs aux Romains, ont perpétué cet usage d'ailleurs repris par l'Eglise primitive, il a, comme tant d'autres, connu des périodes de faveur et d'autres d'abandon. Ainsi, en 1598, lors des funérailles du roi Philippe II d'Espagne, qui eurent lieu à Florence, la décoration se composait de tableaux représentant les actions et la vie du roi, séparés par des statues allégoriques figurant ses vertus. Déjà, à l'époque, l'austérité légendaire de ce Grand d'Espagne appelait la sobriété. Mais, à défaut de fleurs, chaque vertu du roi recevait d'un ange une couronne : la magnificence, une couronne de laurier; la force, une couronne de chêne; la charité, une couronne de roses; la justice, une couronne de palme; la clémence, une couronne de baume. Dans cette même ville de Florence et à la même époque, le tombeau de Michel-Ange, en l'église Sainte-Croix, se trouvait à son tour orné de trois couronnes symbolisant les talents éminents de l'artiste.

Ainsi, avant la Révolution, les relations de cérémonies

funèbres solennelles qui ont été conservées ne font mention d'aucune décoration végétale, le luxe déployé alors consistant surtout en tentures, luminaires, armoiries, emblèmes plus ou moins lugubres, catafalques et chapelles ardentes. Seule persistait la couronne des traditions antiques, mais une couronne taillée dans le marbre, sculptée dans la pierre ou moulée dans le métal.

Puis cette tradition de la couronne s'est « végétalisée », sans pour autant céder à l'éphémère. Ce furent donc ces fleurs naturellement sèches, les immortelles, qui servirent à tresser les couronnes des rites funéraires. Le petit village d'Ollioules, en Provence, devint alors le centre de la culture des immortelles, et Bandol le lieu de leur commerce.

Des couronnes d'immortelles, on passa ensuite aux couronnes éphémères de fleurs coupées, dont la mode ne se propagea qu'au milieu du XIXe siècle. Une première mention en est faite en 1860 lors des obsèques de Jérôme Bonaparte, frère cadet de Napoléon, infortuné roi de Westphalie ; le cercueil était décoré de couronnes d'un diamètre modeste, guère plus grand que celui d'une tête, destination naturelle d'une couronne... Puis les couronnes grandirent et, dans les années 1875-1880, on vit toutes sortes de compositions florales s'intégrer au rituel de la mort. Le 20 juin 1877, le char funèbre de la reine de Hollande apparut couvert de fleurs naturelles tressées en guirlandes en forme de « S », initiale de la défunte Sophie. Le 8 septembre de la même année, les obsèques du bon Monsieur Thiers se déroulèrent à Paris dans une incroyable profusion de fleurs, de palmes et de couronnes. Un peu plus tard, le 1er juillet 1894, aux obsèques du président Carnot, les couronnes avaient jusqu'à dix mètres de circonférence ! Le coût de l'ensemble des dépenses florales avait été estimé à l'époque à la somme astronomique de trois millions de francs ; le président défunt se trouvait littéralement enseveli sous des amoncellements de fleurs. On remarqua tout particulièrement la couronne de l'archevêque de Paris, composée de lis et de gardénias, bordée de passiflores et comportant en son centre une croix d'orchidées blanches, lesquelles valaient à l'époque une fortune !

La couronne tire son origine de la lointaine Antiquité. Dès

le VIe siècle avant l'ère chrétienne, elle apparaît sur des vases peints de la Grèce antique, comme un attribut exclusivement réservé aux dieux et aux cérémonies du culte. En raison même de sa divine destinée, elle devint, on l'a vu, le symbole du triomphe et de la victoire, et fut donc décernée au vainqueur des grands jeux helléniques célébrés à Olympie, Delphes et autres villes de Grèce. En même temps que l'on couronnait les vainqueurs, on leur attribuait une grande feuille de palmier : la palme de la victoire. La très célèbre « palme d'or » du festival de Cannes en est un ultime rappel !

Mais, bientôt, la couronne honora aussi les morts. Ainsi, Suétone relate que César Auguste, rendant hommage au tombeau d'Alexandre le Grand à Alexandrie, y déposa plusieurs couronnes. En outre, la tradition voulait que le lit mortuaire des Anciens fût orné des couronnes qu'ils avaient méritées pour leurs hauts faits militaires ou athlétiques ; la tête du défunt était elle-même ceinte d'une couronne de fleurs ou de métal précieux, symbole de victoire et récompense décernée après le combat de la vie. Ces couronnes comportaient l'amarante, l'immortelle, l'asphodèle, la violette, le narcisse, le lierre et le myrte — herbes ou arbustes plus spécialement consacrés aux morts. Si les sépultures grecques et romaines n'en ont guère laissé de traces, les sarcophages égyptiens permettent en revanche l'identification des fleurs composant ces couronnes naturelles, qui ne sont d'ailleurs pas les mêmes que celles de l'antiquité gréco-romaine : on y trouve en particulier le lotus, l'acacia, la dauphinelle, le bleuet, mêlés au feuillage du laurier, de l'olivier et du saule. Cette habitude de couronner les morts remonte dans l'Egypte ancienne à au moins trois ou quatre mille ans avant notre ère, Grecs et Romains n'ayant fait que la reprendre à leur compte. Cette éphémère couronne n'était dans l'Egypte antique que la réplique de la couronne de justice que recevrait le défunt aux portes des Enfers sous le sycomore sacré et qui lui ouvrirait les portes du séjour des âmes. Ainsi peut-on lire dans les rituels funéraires : « Ton père Toum — le Soleil — a tressé pour toi cette belle couronne de justice... Tu vis pour l'éternité... »

Non seulement le christianisme a repris ce rituel, mais il l'a pratiquement intégré tel quel. Ne trouve-t-on pas par exemple dans la bouche de saint Paul : « Au reste, la couronne de justice m'est réservée » ? On lit également dans l'Apocalypse : « Sois fidèle jusqu'à la mort et je te donnerai la couronne de vie. » Puis les Pères de l'Eglise prirent le relais et l'on vit saint Cyprien exhorter les martyrs à gagner la couronne blanche de lis, symbole de pureté, et la couronne vermeille de roses, symbole du sang versé. Reprenant le rituel des Grecs, l'Eglise primitive suspendait ou représentait sur les tombes des couronnes de laurier, de fleurs ou de métaux précieux, et il devint usuel d'évoquer la couronne et la palme du martyr. Cette pratique se glissa même dans la liturgie de l'office des défunts qui recommande, lorsqu'il s'agit de petits enfants, de les parer de couronnes de fleurs et de plantes aromatiques. De saint Martin à saint Benoît, on ne compte plus la liste des saints sur le tombeau desquels furent placées des couronnes.

La palme et la couronne se retrouvent sur d'innombrables objets trouvés dans les catacombes, témoignant que les premiers chrétiens en avaient fait leurs emblèmes. Puis cette couronne évolua pour devenir l'auréole dont furent très tôt parés les saints, symbole de gloire, de triomphe et de souveraineté.

On peut donc s'interroger sur la vive réaction qui se manifesta dans les toutes dernières années du XXe siècle contre la présence de fleurs aux funérailles, sous prétexte qu'elles n'auraient été qu'une survivance de rites païens... Les couronnes de fleurs furent alors remplacées par des couronnes de perles qui, Dieu merci, ont depuis quelques décennies définitivement déserté nos cimetières. Il ne reste aujourd'hui du fameux « ni fleurs ni couronnes » qu'une tradition devenue épisodique. Fallait-il y voir quelque volonté écologique d'éviter la mise à mort de nombreuses fleurs pour accompagner le défunt d'un même pas dans sa dernière demeure ? Ou, plus probablement, une inconsciente défiance vis-à-vis dc pratiques encore vaguement liées, pensait-on, au paganisme antique ? Ou, plus encore, un souci d'austérité, de pudeur, de réserve face à la mort que pourtant les fleurs égaient, et qu'elles égaieraient encore davantage si l'on honorait nos morts de fleurs vivantes, comme c'était le cas naguère dans nos cimetières aux tombes amoureusement jardinées, plantées l'été de bégonias, l'hiver de pensées...

Telle serait peut-être la meilleure façon de signifier et de symboliser notre foi dans la permanence de la vie. Ce qui ne requiert pas forcément que l'on assassine massivement des fleurs ! Mieux vaudrait au contraire les laisser vivre le plus longtemps possible sur la tombe des morts, et les y remplacer au rythme des saisons par des fleurs vivantes. Car il importe que la fleur vive et donne du fruit, ce qui est son rôle ; que ce fruit tombe de son mouvement propre, conformément aux lois de la nature et de la gravité ; qu'enfin il donne de nouvelles fleurs, témoignant ainsi, dans nos jardins et jusque dans nos cimetières, de la pérennité et du renouvellement perpétuel de la vie.

Le 11 Novembre

Le 11 novembre 1918, dans un wagon-salon stationné non loin de Rethondes, près de Compiègne, le maréchal Foch, généralissime des troupes alliées, signait avec le Dr Erzberger, chef de la délégation allemande, l'armistice qui mettait fin à la plus meurtrière des guerres contemporaines. Le feu cessa sur tous les fronts ce jour-là à 11 heures du matin.

Le 11 novembre devint bientôt l'une des grandes dates de l'histoire de France, comme il ne s'en écrit qu'une seule par siècle... et encore ! Chaque lycéen se souvient du sacre de Charlemagne en l'an 800, de la bataille de Marignan en 1515 ou de la prise de la Bastile en 1789 ; le 11 novembre s'est imposé de la même manière comme un point de repère essentiel de notre destin national, immortalisé dans le calendrier républicain en tant que jour férié et chômé.

Curieusement, le 8 mai 1945, date de l'armistice de la Seconde Guerre mondiale, a connu un sort moins enviable, au point que le président Valéry Giscard d'Estaing fusionna même les deux anniversaires en une seule commémoration célébrée le 11 novembre. Mais la pression des mouvements d'anciens combattants le contraignit à revenir sur cette décision et à restaurer la célébration du 8 mai, confirmant ainsi ce mois dans sa réputation de « mois des week-ends prolongés » et des « semaines interrompues ».

En ce 11 novembre 1918, à peine le canon s'est-il tu que la foule en liesse déferle à la Concorde et à l'Opéra dans une grande explosion de joie partagée avec les poilus qui sortent des tranchées. Le traité de Versailles, signé en juin 1919, donne un nouvel élan aux manifestations populaires qui prennent, le 14 juillet de cette année-là, une ampleur exceptionnelle. Les chefs historiques de nos armées, Foch, commandant en chef, Joffre, vainqueur de la Marne, et Pétain, héros de Verdun, défilent sous l'Arc de triomphe qui, pour la première fois, justifie son appellation puisqu'il n'avait servi jusque-là qu'à célébrer l'apothéose de Victor Hugo.

Mais cette joie n'est pas sans mélange. Chaque village, chaque commune dénombre ses disparus. Bientôt, chaque localité érige son monument aux morts, attestant pour la postérité l'effrayante ponction que le pays a dû subir dans sa chair et dans ses œuvres vives. Une épreuve qui marque en fait la fin du XIXe siècle et dont l'issue marque aussi, hélas, le début du déclin de l'Europe. Les pertes sont énormes : 1 400 000 hommes sont morts au combat ; un combattant sur six n'est pas revenu ; plus de 10 % de la population active a disparu. La France et les pays belligérants subirent de lourdes pertes, supérieures à celles additionnées des guerres de la Révolution et de l'Empire ! C'est à partir de là que s'amorce le triste phénomène des « classes creuses », c'est-à-dire de la dénatalité. Dès 1935, les cerceuils l'emportent sur les berceaux. A ces 1 400 000 morts, il faut ajouter les 3 millions de blessés graves ou légers, dont 1 100 000 resteront invalides ou mutilés pour la vie : ce sont les fameuses « gueules cassées ». En tout, 600 000 veuves de guerre, 700 000 orphelins, 900 000 ascendants désormais privés de leurs enfants. On mesure l'ampleur de ce désastre dont l'initiateur, le malheureux empereur Guillaume II, avouait lui-même « qu'il n'avait pas voulu cela... » Et l'on conçoit que le 11 novembre soit peu à peu devenu synonyme de commémoration, de souvenir et de deuil.

Ces cérémonies et commémorations prendront des connotations diverses ; René Rémond[1] les résume ainsi : « Unanimes à commémorer le souvenir de la guerre et le culte des morts, les Français ne le sont plus sur la signification de

1. René RÉMOND, *Histoire de France,* « Notre siècle », 1918-1988, Fayard, Paris, 1988.

l'événement, et moins encore sur les leçons à en tirer. Ils diffèrent déjà sur l'interprétation de la fin des combats. Par exemple, pour des esprits religieux exercés à déchiffrer dans les événements les vues de la Providence, que l'armistice ait été signé le jour où l'Eglise célèbre saint Martin, l'apôtre des Gaules et le saint dont le nom est le vocable du plus grand nombre de paroisses de France, ne saurait être pure coïncidence : c'est un signe que Dieu “ aime toujours les Francs ” ; il a pardonné à la France son impiété officielle et la destine toujours à un grand rôle spirituel. Pour les républicains, en revanche, la victoire de la France, c'est la victoire des immortels principes de 1789, de la démocratie sur les vieilles monarchies ; à preuve, l'effondrement des empires, l'abdication des monarques : Allemagne, Autriche-Hongrie, Russie, Empire ottoman ; la victoire de 1918 parachève l'œuvre de la grande Révolution. Deux lectures contrastées d'un même événement que Clemenceau a réconciliées dans l'admirable formule que lui inspira l'émotion, quand il annonça aux députés la signature de l'armistice : “ La France, hier soldat de Dieu, aujourd'hui soldat du Droit, sera toujours soldat de l'Idéal. ” Deux visions de l'histoire nationale, longtemps antagonistes, qui fraternisent dans un élan d'unanimité nationale... »

Mais la victoire prend une signification toute particulière dans les provinces recouvrées d'Alsace et de Lorraine. En mai 1871, lors de l'annexion par l'Allemagne des deux provinces de l'Est, le maréchal Foch — originaire de Tarbes — était élève des jésuites au collège Saint-Clément de Metz où il préparait le concours d'entrée à Polytechnique. Profondément blessé dans ses convictions patriotiques, il décide alors de consacrer sa vie au service de la France. Lorsqu'il revient à Metz en vainqueur, le 26 novembre 1918, la ville lui fait un triomphe ; on prend même le risque de faire sonner à toute volée la plus grosse et plus vieille cloche de la cathédrale, la *mutte,* symbole de l'âme de la cité, au risque d'ébranler le beffroi de la cathédrale... Il faudra attendre le 10 octobre 1988 pour que cet événement se reproduise, après les travaux de soutènement nécessaires, lors de la visite du pape Jean-Paul II à Metz.

Pendant le demi-siècle d'annexion, la « ligne bleue des Vosges » était devenue la toute provisoire frontière d'une France amputée. Car les Vosges n'appartenaient plus qu'en partie à la République. La guerre de 1870 avait ramené la frontière du Rhin à la route des Crêtes, transférant du même coup à l'Allemagne une impressionnante collection de hauts lieux, du Haut-Kœnigsbourg au mont Sainte-Odile, des Trois-Epis au Donon, n'épargnant pas même Dabo où vécut le seul pape que l'Alsace et la Lorraine aient offert à la chrétienté. Léon IX appartenait en effet aux deux provinces. Son règne s'illustra au XIe siècle par deux événements qui marquèrent profondément l'histoire : le Grand Schisme de 1054, qui brisa la chrétienté jusque-là indivise et sépara les catholiques des orthodoxes, et le célibat des prêtres, institué par ce pape lorrain, ex-évêque de Toul, aux confins des Vosges et de l'an mille ! Léon IX, le pape de la grande déchirure, devint pourtant un saint par sa vie exemplaire, guère choyée de douceurs et de commodités. Un saint lorrain.

Plus à l'ouest, la colline de Sion, chantée par Barrès, témoignait d'une autre déchirure : celle qui s'était produite à Metz et à Sedan en 1870. La France, trahie par Bazaine à Metz, venait de relever le gant, mais à quel prix ! Et ce sont encore d'autres hauts lieux, ceux des Côtes de Meuse — des Eparges à Verdun, par Vaux et Douaumont —, qui devinrent la terre du sacrifice, de la sueur et du sang. C'est cette France déchirée qui, en ce 11 novembre, arrachait au vainqueur d'hier ces précieux lambeaux d'elle-même, les provinces d'Alsace et de Lorraine, qui refermèrent — cette fois pour toujours — le côté écorné de l'hexagone national. La chronique relate que la tenue bleu horizon des poilus faisait un contraste saisissant, non point seulement avec les flots de sang versés, promptement absorbés par la terre vorace, mais aussi avec les extraordinaires floraisons de coquelicots qui explosaient littéralement sur ces sols labourés par les œuvres de guerre. La nature témoignait ainsi de l'ultime victoire de la vie par une éclosion généreuse et abondante de ces fleurs couleur de sang, si friandes des sols fraîchement retournés.

Bien plus au sud, toujours en cette même vallée de Meuse, à flanc de colline, voici un autre haut lieu encore : Domrémy, d'où partit Jeanne la Pucelle. Cette adolescente héroïque et surdouée paya sur le bûcher le prix d'une autre déchirure : celle perpétrée quelques siècles plus tôt par l'Angleterre dans le territoire d'une France encore jeune et peu sûre d'elle-même.

Le 11 novembre mettait un terme à des affrontements séculaires, rétablissant le territoire de l'Hexagone dans son intégrité. Mais la Seconde Guerre mondiale, cette terrible rechute, montra qu'il fallait aller plus loin. Un jour devaient prendre fin ces tourments de l'Histoire. Il fallait que l'Allemagne, l'Angleterre et la France — clef de voûte historique de l'Europe — mettent en commun leur génie créateur et leur talent, et fassent taire leurs antiques querelles. Si Domrémy, Sion et Verdun sont dédiés à toutes les gloires de la France, le mont Saint-Quentin — haut lieu des Côtes de Moselle, aux portes de Metz — le sera demain à toutes les gloires de l'Europe. Car là vécut et mourut Robert Schuman à qui l'Histoire décerna de son vivant le titre de « Père de l'Europe ». Disons, pour être œcuménique et européen comme il l'était lui-même, qu'il fut en fait l'un des pères de la construction européenne, avec ces autres grands fondateurs que furent son complice et ami Jean Monnet, l'Italien Alcide De Gasperi, l'Allemand Konrad Adenauer, le Belge Paul-Henri Spaak, le Luxembourgeois Joseph Bech, l'Anglais Winston Churchill, entre autres noms que l'Histoire saura retenir.

Sur les ruines laissées par deux guerres mondiales, une nouvelle aventure commençait : celle de l'Europe. Et cette aventure prenait naissance sur les bords de la Moselle, à Metz, où naquit voilà douze cents ans la dynastie carolingienne, et qui reste le berceau de la famille de Charlemagne, premier fédérateur de l'Europe, son véritable arrière-grand-père. Il ne faut donc pas s'étonner si la première des institutions européennes, la Communauté du charbon et de l'acier, eut son siège à Luxembourg, qui partage avec Strasbourg — ville également chargée d'histoire et de symboles — et Bruxelles l'honneur d'accueillir les institutions européennes.

On aimerait, dans cette symbolique des fleurs, des fêtes et

des saisons, dédier une fleur à l'Europe. Ce pourrait être une fleur à douze pétales, homologues des douze étoiles de son drapeau qui, à l'instar de celui des Etats-Unis, en gagnera sans doute quelques autres avec le temps. Notre ultime ambition n'est-elle pas celle d'une Europe élargie aux confins du continent, jusqu'à l'Oural ? Les étoiles qu'elle s'adjoindrait alors seraient des étoiles rouges dont l'astronomie nous enseigne qu'elles sont ou très vieilles, ou très distantes... Hypothèse lointaine, en vérité ! Plus plausibles sont les quelques étoiles qui nous viendraient des pays scandinaves, par exemple, dont il importera bien un jour que la péninsule chapeaute le vieux continent comme le képi étoilé coiffe le général...

Malheureusement la flore européenne ne possède aucune fleur notoirement « dodécapétalée » ! Il faut donc trouver autre chose. Et pourquoi pas l'œillet des poètes, qui regroupe si joliment une gentille collection de fleurs nombreuses et délicates sur de petits rameaux mignonnement baptisés « ramuscules », insérés sur un pédoncule unique, de sorte que cet ensemble de fleurs forme en réalité un bouquet : un bouquet « tout fait », un bouquet « parfait », comme on l'appelle encore ? Assemblage réussi d'une communauté florale dont bien d'autres fleurs doivent être jalouses — c'est pour quoi sans doute on l'appelle encore « jalousie ». L'Europe serait-elle un jour à ce point parfaite qu'elle soit jalousée ? Et pourquoi pas, si elle sait allier l'efficacité économique à un rayonnement culturel dont on parle beaucoup trop peu et qu'évoque précisément l'œillet des poètes ?

Car, à l'Europe des paysans qu'évoquèrent si souvent à Bruxelles les interminables réunions de ministres, il convient au plus vite d'associer celle des poètes. Une Europe dont on rêve qu'elle exporterait même ses programmes télévisés aux Etats-Unis, à la plus grande stupeur des Californiens qui, après nous avoir vendu depuis cinquante ans leurs cow-boys et leurs Indiens, se verraient subitement envahis par nos Gaulois et nos Romains !

La Première Guerre mondiale s'est achevée avec le cycle de la nature, la Seconde dans la plénitude du printemps, tandis que la Révolution de 1789 explosait au cœur de l'été.

Curieusement, chacune des commémorations correspondantes a pris une couleur conforme à la saison à laquelle elle emprunte sa marque. Le 8 mai 1945 s'est perdu entre ces fêtes un peu floues que sont le 1er Mai et le 24 juin, dont on a vu combien les symboliques sont voisines. Le 14 Juillet s'est incontestablement imposé comme la fête de l'été, avec ses célébrations du feu — ses feux d'artifice —, ses bals populaires et ses rues en fête. Le 11 Novembre, avec les couleurs de l'automne, est devenu tout au contraire une sorte de prolongation de la fête des Morts, même si l'on évoque plus spécialement ce jour-là les morts au champ d'honneur...

Aucune fleur, aucune plante ne symbolise particulièrement cette commémoration, sinon le très officiel bleuet de France, vendu sur la voie publique lors de la célébration des deux fêtes patriotiques du calendrier national, le 8 Mai et le 11 Novembre, au bénéfice des associations d'anciens combattants et de victimes de guerre. Cette collecte vise à recueillir des fonds au bénéfice des victimes qui, « atteintes par l'âge, la maladie ou une infirmité, se trouvent dans une situation matérielle et morale précaire ». Certes, c'est à l'Etat qu'il revient d'organiser la solidarité avec les plus démunis et de les secourir ; mais il existe toujours des cas particuliers ou des cas limites, de sorte que le bleuet, symbole de la charité et de la solidarité volontaires, a encore une brillante carrière devant lui. Comme le dit si bien l'Evangile : « Il y aura toujours des pauvres parmi vous... »

Si l'on associe au bleuet du 11 Novembre les coquelicots couleur de sang des tranchées de Verdun, l'on retrouve deux de nos trois couleurs. Il suffit alors de rajouter le drapeau blanc de la reddition ennemie pour voir réapparaître l'emblème national. 14 Juillet, 11 Novembre : un même drapeau, mais avec une connotation bien différente entre la grande fête des fleurs d'été en la « fête à Henriette » et le grand deuil de la commémoration de la Première Guerre mondiale en la fête de saint Martin.

Que l'armistice ait été signé en ce jour de la Saint-Martin est une coïncidence qui fut maintes fois signalée. Saint Martin, officier de la garde romaine servant à Amiens, avait, dit-on, tranché d'un coup d'épée son manteau par un jour d'hiver pour en donner la moitié à un pauvre. Il devint du même coup symbole de la charité. Son culte connut une extraordinaire extension pendant les dix premiers siècles de la chrétienté, au point d'en faire le plus grand saint de France. Quittant l'armée, Martin vécut d'abord en ermite, puis fonda à Ligugé, près de Poitiers, le plus ancien monastère des Gaules, qu'il dirigea jusqu'à ce que les chrétiens de Tours vinssent, en 370, le chercher pour en faire leur évêque. Alors qu'à l'époque il n'existait encore de chrétiens que dans les villes, Martin fut l'apôtre des campagnes, des paysans alors appelé *pagani,* d'où dérive le mot païen. Ses missions dans l'ouest des Gaules aboutirent à la création d'innombrables paroisses ; 185 bourgs ou villages de France portent son nom, tandis que 3 667 paroisses lui sont dédiées en France, et 11 000 en Europe... Il mourut épuisé, à 81 ans, et à ses disciples qui le suppliaient de ne point les quitter, il répondit : « Je ne refuse pas de continuer à travailler si Dieu le veut ainsi. » Mais Dieu ne l'entendit point de cette oreille, puisqu'il le convia à le rejoindre aussitôt dans l'éternité ; il mourut donc le visage tourné vers la fenêtre pour regarder le ciel. Le prestige de ce saint fut tel qu'on le « naturalisa » dans de nombreux pays : Martinez, Martinson, Martini, Martinelli, Martinov, Martins... ne sont que de multiples variantes de Martin.

La Saint-Martin est une date essentielle dans le cycle des activités agricoles. En de nombreuses régions, on y organisait de grandes foires où l'on renouvelait fermages et métayages, ainsi que la location des domestiques de ferme. C'est encore aujourd'hui à la Saint-Martin que se règle, selon la tradition, le montant des fermages. La Saint-Martin marque ainsi le terme annuel des travaux des champs, au moment où la terre entre elle aussi en repos. Il arrive que le ciel fasse preuve d'une ultime clémence en cette période d'arrière-saison, et c'est alors l' « été de la Saint-Martin ». Mais il ne dure guère et, à l'entrée de l'hiver, la Saint-Martin marque aussi dans de nombreuses régions de France le début du temps des veillées ; les femmes et les jeunes filles se réunissaient pour filer la laine ou le lin, tandis que les jeunes gens du village attendaient la fin de la veillée pour les effrayer en jouant les « revenants ». Car, dans la pensée traditionnelle, la nuit, surtout celle d'hiver, appartient au monde des ombres : des défunts, certes, mais encore des lutins, des fées ou des esprits. La plaisanterie la plus courante, dans l'est de la France, consistait à évider une grosse betterave et à y pratiquer trois trous marquant les orbites et la fosse nasale d'un simulacre de crâne ; une large entaille fendait la mâchoire de cette tête de mort qu'il suffisait d'illuminer de l'intérieur par une chandelle pour en faire, en la cachant au bord d'un chemin de campagne, un spectre effrayant en ce temps de novembre où l'on célèbre précisément les morts !

Ces plaisanteries douteuses étaient tout particulièrement bienvenues durant la nuit de la Saint-Martin. Bien entendu, les jeunes gens facétieux ne devaient jamais être reconnus ; aussi se déguisaient-ils en fantômes ou en revenants, grâce à une panoplie appropriée de chaînes, de sonnettes, de cornes, et, bien entendu, de masques. Tandis que la fin des travaux agricoles et le repos de la terre entraînent celui des cultivateurs, les jeunes hommes sont en quelque sorte en vacances — des vacances d'automne dont nos sociétés industrielles ont perdu jusqu'au souvenir. Selon des rites immémoriaux, leur conduite burlesque, leurs farces, leur souci de conserver l'anonymat, de se déguiser, de déformer leur voix, de porter des masques, expriment en réalité une fonction essentielle : celle de permettre aux morts, garants de la richesse et de la fécondité du sol, de revenir pour quelque temps sur terre, protégés par le « rideau de fumée » que sont ces déroutants jeux d'hiver ; une période qui durera, avec des temps forts — notamment à la Saint-Nicolas — jusqu'au carnaval.

Ainsi, la Saint-Martin emprunte largement à la symbolique de la Toussaint, ancienne fête celtique, tout comme le 14 Juillet emprunte à la Saint-Jean, fête du solstice d'été. L'intégration des commémorations historiques récentes dans la symbolique ancestrale des fêtes paysannes traditionnelles est pour le moins surprenante ; mais plus surprenante encore est la difficulté d'imposer une fête décisive en mai, comme on l'a vu avec les multiples avanies du 1er Mai, et comme on le voit avec le peu de prestige de la célébration de la victoire du 8 mai 1945. Mai égrène de nombreux jours fériés, mais peu convainquants, et des ponts successifs qui transforment ce mois, déjà boudé par les Romains, en un étrange viaduc que l'on parcourt à saute-moutons. En revanche, la symbolique de novembre est sans équivoque. La Saint-Nicolas viendra accentuer encore le symbole de mort et de résurrection si caractéristique des fêtes civiles ou religieuses de ce mois où Nature meurt.

Saint Nicolas

Encore que fort mal connu, Saint Nicolas est l'un des saints les plus populaires du calendrier. Sa légende a largement débordé l'historicité du personnage. Que sait-on au juste de lui : peu de chose, en vérité ! Il semble être né vers 270, en Lycie, ces montagnes sauvages du sud de la Turquie ; puis il aurait été élu évêque de Myre, dans ce même pays ; il subit ensuite la persécution de Dioclétien, vers 312. Emprisonné, il réussit à s'en tirer, puisqu'on le retrouve au célèbre concile de Nicée, en 325, auquel l'Eglise doit le *Credo* chanté chaque dimanche dans le catholicisme comme dans l'orthodoxie. Dans sa cathédrale et son pays, il passa relativement inaperçu, jusqu'à ce qu'en 1087 ses reliques fussent transférées dans le sud de l'Italie, à Bari, à la suite de l'invasion de la Turquie par les Maures. Entre 1087 et 1098, on y construisit en son honneur une splendide basilique que Jean-Paul II visita le 26 février 1984. Il faut dire qu'entre-temps saint Nicolas avait acquis dans le monde chrétien, en Orient comme en Occident, un renom extraordinaire.

Sa réputation s'était très vite imposée. A peine ses reliques étaient-elles arrivées que la ville de Bénévent, proche de Naples, essaya de supplanter Bari par une tapageuse propagande en faveur du saint qu'elle vénérait déjà elle aussi, car, disait-on, il y faisait des miracles : « pain à discrétion, vin en abondance, viande à bouche que veux-tu, poisson pour rien, fruits variés, eau garantie... » ; l'imprimerie n'ayant point encore été inventée, le bouche-à-oreille faisait merveille pour détourner le pèlerin de Bari et l'attirer à Bénévent. « N'allez pas à Bari, disait-on, ville sans cœur, sans eau, sans vin, sans pain ! » Mais le saint n'apprécia point cette publicité mensongère, et Bénévent échoua dans son O.P.A. sur saint Nicolas. En revanche, la réputation du saint se propagea de manière fulgurante dans toute l'Europe. En 1910, on dénombrait en Grèce 359 églises à lui dédiées sur les 4637 que comptait le pays ! A Constantinople, 25 églises lui étaient dédiées ; en Lorraine, 64 paroisses s'honorent de l'avoir pour patron. Il est aussi, avec saint André, le patron de la Russie. A partir de l'importation de ses reliques, l'extraordinaire expansion de son culte en Orient s'étendit aussi à tout l'Occident : vénéré dans le nord de la France, en Hollande et en Allemagne, il est le patron de la Lorraine où la magnifique basilique Saint-Nicolas-de-Port, édifiée entre 1495 et 1553, lui est consacrée. Elle fut un lieu de pèlerinage célèbre, en relation avec l'Italie d'où vinrent entre autres, dit-on, les bergamotes qui contribuent à faire la renommée de Nancy. Le duc de Lorraine consacra son duché à saint Nicolas en 1477, après la fameuse bataille de Nancy où périt Charles le Téméraire ; en vérité, le Bourguignon avait été bien téméraire de s'en prendre ainsi à la Lorraine dont il ignorait sans doute la devise : « Qui s'y frotte s'y pique ! » On retrouva dans la boue glacée d'un marécage son corps nu et défiguré.

La ferveur populaire a brodé autour de saint Nicolas des histoires extraordinaires, révélant ses multiples dons et sa bonté sans limites. La légende dorée, commune à bien des saints, veut qu'il manifestât dès sa naissance une disposition précoce pour la sainteté en se dressant, à peine né, mains jointes et yeux levés vers le ciel. Dès le berceau, il commença à jeûner, ne tétant sa mère qu'une seule fois les mercredis et vendredis, alors jours d'abstinence dans l'Eglise orientale. Les autres jours, comme tous les bébés de son âge, il recevait le sein trois fois par jour. Evêque de Myre, il devint une sorte de modèle, et de nombreuses légendes se mirent à courir à son sujet. Des matelots pris dans une grande tempête l'invoquèrent ; il leur apparut et aussitôt la tempête s'apaisa, ce qui fit de lui le protecteur des navigateurs et du trafic maritime, fluvial et routier. Mais saint Nicolas a bien d'autres cordes à son arc ! Il s'arrêta un jour dans une auberge dont le patron avait égorgé trois petits écoliers qu'il avait mis au saloir en attendant de les servir à ses clients ; Nicolas les ressuscita et les retira vivants du saloir, non sans convertir de surcroît l'aubergiste ; puis il les renvoya à l'école ! C'est pourquoi on voit le saint généralement représenté avec les trois enfants dans un saloir à ses pieds. Une autre légende raconte comment il évita à trois pauvres filles de succomber à la prostitution, leur père n'ayant pas trouvé d'autre moyen de les nourrir ; l'ayant appris, saint Nicolas vint nuitamment à proximité de leur domicile et lança une bourse remplie d'or dans la chambre de l'aînée ; ainsi dotée, celle-ci se maria le lendemain même ; la semaine suivante, le saint en fit autant pour sa sœur puînée, qui se maria elle aussi ; enfin, la troisième semaine, la cadette reçut aussi sa bourse ; mais, cette fois, le père avait compris le manège : c'est d'ailleurs lui qui raconta cette histoire, et c'est ainsi qu'elle parvint jusqu'à nous ! De cette fameuse légende relatant un événement somme toute plausible — car saint Nicolas appartenait à une famille très riche — subsistent, sur les représentations du saint, trois bourses d'or en sus des trois enfants[1]. Enfin, on y trouve souvent une ancre, puisque saint Nicolas est le patron des gens de mer autant que des jeunes filles à marier et des écoliers. Il visite aujourd'hui encore les écoles de Lorraine, le jour de sa fête, distribuant friandises ou réprimandes, et parcourt chaque année les rues de Metz dans son char somptueux, pour la plus grande joie des enfants.

La Saint-Nicolas peuple les confiseries et pâtisseries de Lorraine, de Belgique, d'Allemagne et de Hollande, de féeriques amoncellements de motifs en chocolat brun ou blanc, de pains d'épice et de pâtes d'amandes. Plus modestement, au temps où elles étaient rares, des mandarines et des oranges, des dattes et des figues étaient offertes aux enfants dans l'assiette de la Saint-Nicolas. Somptueuses gâteries qui ne se produisaient qu'une fois l'an, le 6 décembre, et que ce

1. Il semble que saint Nicolas n'ait point perdu l'habitude de pratiquer ce genre de dotation. La basilique de Saint-Nicolas-de-Port, en Lorraine, ne vient-elle pas de bénéficier d'un fabuleux héritage américain destiné à sa restauration ?

saint exotique apportait avec lui à l'intention des petits. Les personnes du deuxième et du troisième âges de l'Europe du Nord-Ouest se souviennent de cette fête où leurs parents les récompensaient de ces fruits précieux à l'époque, parmi lesquels figuraient aussi des bananes, et, plus prosaïquement, des noix et des noisettes. Tout cela a disparu depuis que ces fruits s'étalent aux éventaires de tous les marchands du coin. Plus question de les considérer comme les cadeaux précieux de la Saint-Nicolas : le symbole, ici, s'est vraiment trop banalisé ! Mais les saint Nicolas en chocolat et en pain d'épice continuent à fort bien se porter. Et les friandises en massepain, ces confiseries faites d'un mélange d'amandes pilées et de sucre, moulées en forme d'objets, de fleurs ou d'animaux divers, connaissent toujours à la Saint-Nicolas une faveur particulière.

Le pain d'épice est fabriqué avec de la farine de seigle, du miel et de la mélasse. Il doit son nom aux divers aromates qui complètent et relèvent la recette : anis, anis étoilée, écorce d'orange amère, écorce de citron, etc. Il advient fréquemment, surtout dans les pains d'épice de la Saint-Nicolas, qu'on les lisse d'une belle couche blanche de sucre glacé, ou qu'on y colle une image du saint. Voilà donc pour le bon pain d'épice ! Les chroniques rapportent qu'il existait aussi autrefois à Paris des usines louches spécialisées dans l'approvisionnement des marchands ambulants vendant des pains d'épice qui ne contenaient ni pain, ni épices ; le miel en était complètement absent, la farine remplacée par de vieux croûtons récupérés parfois, disait-on, sur les tas d'ordures ! Détail sordide rapporté sous toutes réserves ! A ce propos, il convient de se rappeler que sous la pression des consommateurs, la définition des produits alimentaires s'est peu à peu précisée au cours du temps ; ainsi, lorsqu'on achète aujourd'hui par exemple une confiture, il convient de s'assurer qu'elle est « pur sucre, pur fruit » ; une confiture baptisée « fantaisie » risque de ne contenir ni sucre, ni fruit, simplement un vague mélange de gélatine et de produits chimiques sucrants !

Quant au massepain, il est préparé avec des amandes douces pilées et parfumées à l'eau de fleur d'oranger, à l'eau de rose ou au suc de citron, et mélangées ensuite à parts égales avec du sucre ; le tout est placé au feu et remué jusqu'à former une pâte qui, lorsqu'elle ne colle plus aux doigts, a la consistance requise. On y ajoute en cours de fabrication du sucre vanillé, du zeste de cédrat, d'orange, de bergamote, de bigarade et de citron ; on peut également le parfumer au chocolat, au café, à l'anis... Mais ce sont toujours les amandes qui restent le produit de base de ces pâtisseries.

Après l'olivier, le chêne vert, la vigne et le figuier, l'amandier est le cinquième et dernier des grands arbres symboliques du bassin méditerranéen à défiler ici sous nos yeux. Sa floraison printanière ponctue de neige les terrasses et collines du Midi, comme le font en Europe tempérée ses cousins, les autres *Prunus :* pruniers, prunelliers, cerisiers, pêchers, abricotiers, etc. Elle intervient juste après la floraison précoce des mimosas, au cœur de l'hiver ; car ceux-ci se croient toujours en Australie d'où ils ont été importés et où notre hiver est leur été. Mais la floraison des amandiers et la feuillaison des figuiers marquent dans les paysages méditerranéens l'arrivée du vrai printemps.

Cette floraison précoce vaut à l'amandier d'être considéré comme un signe de renaissance de la nature, mais aussi comme un symbole de fragilité, car ses fleurs sont très sensibles aux gelées printanières. Quant à l'amande, elle est l'archétype et le prototype de la graine, au point que les mots *graine* et *amande* sont devenus synonymes. Par sa capacité à résister sans dommages aux conditions les plus sévères, tout en conservant son pouvoir germinatif, elle est naturellement un symbole d'immortalité. C'est dans un lieu appelé « *Louz* », c'est-à-dire l'amandier, que Jacob, petit-fils d'Abraham, eut sa célèbre vision : « D'une pierre..., il fait un oreiller et il s'endort. Il a un songe : une échelle est dressée sur la terre et son sommet atteint les cieux ; les messagers de Dieu la gravissent ou la descendent. Et voici que le Seigneur se tenait devant lui et qu'il disait : " Je suis le Seigneur, le Dieu d'Abraham ton père, le Dieu d'Isaac. Je te donnerai la terre sur laquelle tu es couché, à toi et à tes descendants "... Jacob s'éveille alors et dit : " ... C'est la maison de Dieu, en vérité, et la porte qui ouvre sur le ciel. Que ce lieu est redoutable ! " Levé de grand matin, la pierre qu'il avait placée dessous sa tête, il la dresse comme une stèle et la consacre en l'oignant d'huile à son sommet. A ce lieu qui s'appelait Louz, l'amandier, il donne le nom de Bétel... » Ainsi, la pierre sur laquelle il avait reposé sa tête reçoit-elle l'onction à l'huile d'olive, symbole de la visite divine ; quant à l'amandier, nom de ce lieu, il symbolise l'immortalité du Dieu d'Abraham, d'Isaac et de Jacob.

On retrouve l'amandier un peu plus tard : pendant la longue traversée du désert du Sinaï par le peuple d'Israël, la position de Moïse et d'Aaron devient de plus en plus difficile, car le peuple récrimine et la révolte couve ; aussi leur autorité doit-elle être confirmée. « Le Seigneur parle à Moïse en ces termes : “ Dis au responsable de chacune des tribus du peuple d'Israël de te remettre un bâton par tribu, soit douze bâtons... ” Moïse parle alors aux Israélites et les responsables de chaque tribu lui remettent chacun un rameau, soit douze bâtons pour les douze tribus. Celui d'Aaron est au milieu des autres ; Moïse les dépose dans la tente du Seigneur devant l'Arche d'alliance. Le lendemain, quand il y entre, le bâton d'Aaron, représentant la tribu de Lévi, a bourgeonné : des fleurs sont nées, des amandes vont mûrir ! » Cette rapide floraison et fructification de la célèbre « verge d'Aaron » fut dès lors considérée comme un symbole de virginité, les amandes étant apparues quasi spontanément, *ex nihilo*.

Les Grecs considéraient l'amande pressée comme la semence de Zeus, en raison du caractère visqueux du lait d'amande, symbolisant le sperme. Au cours d'un rêve, Zeus aurait perdu de sa semence qui, tombant à terre, engendra un être hermaphrodite que Dionysos fit émasculer. De ses parties génitales tombées au sol naquit un amandier, censé pouvoir féconder directement une vierge sans l'assistance d'un homme. D'où sans doute aussi le terme d' « amande mystique » appliqué à la virginité de la Vierge Marie.

Le lait d'amande était fort utilisé autrefois comme tonique et reconstituant — on dirait aujourd'hui comme fortifiant. On s'en servait aussi comme véhicule pour l'administration de médicaments au goût désagréable, et, bien entendu, comme adoucissant dans l'hygiène corporelle et pour l'entretien de la peau, fonction aujourd'hui dévolue à l'huile d'amande douce.

Une tradition rapporte que l'on offrait jadis du lait d'amande aux nouveaux baptisés de la nuit pascale qui avaient subi quarante jours durant les sévères exercices du carême et la rigueur des jeûnes, rite d'initiation propre à toute religion. Afin de les réconforter, la coutume s'établit de leur offrir des œufs et du lait d'amande, qui donnèrent plus tard les œufs de Pâques et les dragées de baptême. Une dragée est en effet une amande enduite de sucre glacé. Il s'en consommait beaucoup au XVIe siècle, où la dragée devint à la mode grâce notamment aux apothicaires de Verdun, passés maîtres dans l'art de la dragéification. Un art que leurs confrères contemporains perpétuent, mais cette fois dans la fabrication des dragées pharmaceutiques. Il était de bon ton, sous Henri III, d'avoir son « drageoir » en poche. Celui du duc de Guise est resté aussi célèbre que le fut plus tard la bonbonnière de Mme de Pompadour !

La carrière de la dragée en confiserie continua à faire bon ménage avec les traditions qui, dit-on, lui donnèrent naissance. L'amande de la dragée symbolise en effet admirablement le sacrement par lequel le baptisé, à l'instar d'une graine d'amande, restauré et lavé de la faute originelle, était appelé, après un long processus de croissance, à devenir un arbre superbe, épanoui dans l'éternité. L'amande devient une graine d'immortalité comme le petit enfant dont elle marque le souvenir du baptême et dont elle symbolise la virginité retrouvée de la première condition humaine.

Virginité, immortalité : deux traits que, par un raccourci saisissant, on peut certes attribuer à l'évêque de Myre. Car la tradition du célibat épiscopal est beaucoup plus ancienne que celle du célibat ecclésiastique, d'ailleurs ignoré de nos jours encore dans l'Eglise d'Orient. Quant à l'immortalité, elle sied fort bien à ce saint si populaire dont la mémoire semble immortelle et dont on dit qu'il ressuscita de son vivant trois jeunes enfants...

Curieusement, en Europe, le renom de saint Nicolas a débordé son propre nom et a fini par accoucher, vers le XVIIe siècle, d'un nouveau personnage aujourd'hui plus populaire que lui : le Père Noël ! La Réforme, il est vrai, était passée par là, et les protestants n'avaient pas les saints... en odeur de sainteté ! Avec sa hotte, son capuchon, son manteau rouge et sa barbe blanche, le Père Noël apparaît en décembre dans les grands magasins, ce qui inspire à Régine Pernoud cette réflexion désabusée : « Avoir implanté ce vieillard à la place de l'Enfant nouveau-né, de l'Emmanuel promis pour notre renouveau à tous ! A croire que le monde vieillit... Mais saint Nicolas, lui, reste toujours jeune dans le culte qui lui est voué. » En 1951, à Dijon, on brûla en effigie le Père Noël, 351 ans après le célèbre bûcher de Giordano Bruno, l'une des plus célèbres victimes de la Sainte Inquisition. Il est vrai que, quelques jours plus tôt, le cardinal Saliège, bouillant archevêque de Toulouse, avait fulminé dans une homélie contre ce Père Noël, « invention dont se servent les habiles pour enlever le caractère religieux à la fête de Noël... »

Pour les uns, ce Père Noël nous vient d'Angleterre ; pour d'autres, de Finlande, d'une région située au-delà du cercle polaire et plongée dans la longue nuit arctique. Dans cette Laponie finlandaise, on vénérait Santa Claus, c'est-à-dire saint Nicolas ; mais cette laïcisation du mythe a contribué à imposer une image de marque dont la Finlande se sert abondamment pour renforcer son attrait touristique : c'est le fameux Père Noël monté sur un traîneau tiré par des rennes. En se laïcisant, le mythe s'est aussi modernisé, voire technicisé : ainsi peut-on écrire à saint Nicolas comme au Père Noël.

Pour d'autres, ce seraient les protestants hollandais qui, à New York, auraient transformé l'évêque des enfants en une sorte de magicien nordique. Il est encore célébré de nos jours par des défilés gigantesques dans les grandes villes américaines. Bien qu'ayant l'aspect de notre Père Noël, c'est bien de saint Nicolas qu'il s'agit ! Un saint Nicolas derrière lequel se profile cependant toujours la figure d'un dieu païen germanique, Thor, dont la légende lui a en quelque sorte été transposée. Thor, dieu des pauvres et des paysans, était un vieillard jovial, robuste, doté d'une longue barbe blanche. Le feu était son élément, le rouge sa couleur — celle du Père Noël, précisément. Il vivait parmi les icebergs des régions arctiques, où il avait son palais. Dieu joyeux et débonnaire, Thor symbolisait le caractère gai et jovial des gens du Nord, moins portés à la mélancolie que les Méditerranéens. Thor était donc un dieu bienveillant et protecteur ; on lui réservait la meilleure place devant l'âtre où, disait-on, il descendait par la cheminée à la rencontre de son élément, le feu.

En somme, le Père Noël serait une sorte de saint Nicolas plus ou moins défroqué et plus ou moins germanisé, plutôt qu'un Enfant Jésus prématurément vieilli. Son histoire est également liée à l'annexion de l'Alsace et de la Lorraine qui suivit la guerre de 1870. Les réfugiés alsaciens et lorrains vinrent alors nombreux s'établir dans la France « de l'intérieur », emportant avec eux le sapin pour les Alsaciens, et saint Nicolas pour les Lorrains... Saint Nicolas vint donc doubler, pour les enfants parisiens, le Petit Jésus de la crèche. Puis survinrent les lois laïques et, avec elles, quelques nécessaires retouches au personnage qui perdit sa mitre, sa crosse et sa robe épiscopale, pour adopter la tenue du Père Noël qu'on lui connaît aujourd'hui : autre version de la laïcisation du mythe. Le Père Noël entreprit alors la conquête des provinces françaises, qu'il gagna peu à peu à sa cause, tandis que le saint Nicolas des Hollandais faisait une remarquable percée sur le Nouveau Continent.

Quant aux cadeaux, ils ne furent bientôt plus distribués le 6 décembre, mais le jour de Noël. La coutume de faire des cadeaux en cette saison était déjà répandue chez les Romains qui, au Jour de l'An, échangeaient des présents : confiseries, pierres précieuses et souvent pièces d'or ou d'argent, ces *Strenae* accompagnaient les vœux d'heureuse année ; et la coutume des étrennes, qui en a conservé le nom, s'est perpétuée jusqu'à nous.

Jouant sur les deux tableaux, les sociétés de consommation ont à la fois encouragé les cadeaux de Noël et les étrennes du Nouvel An. La veille de Noël, les jeunes enfants ont déposé leurs souliers dans la cheminée, ou, lorsqu'ils sont anglais, ont suspendu un bas à leur lit... Bas et souliers seront comblés de cadeaux au matin du jour de Noël. Quant aux étrennes, elles constituent une nouvelle vague de cadeaux en nature ou en espèces distribués cette fois au Jour de l'An.

Lorsque, le 18 décembre 1946, Tino Rossi entonna sa célèbre chanson *Petit papa Noël* dans le film *Destin,* sorti ce jour-là, il ne savait certes pas qu'il en vendrait plus de trente millions de disques ! Le Père Noël s'était alors définitivement imposé en France, laissant saint Nicolas à ses conquêtes antérieures en Allemagne, en Belgique, en Hollande, et aujourd'hui encore dans le cœur des Lorrains !

La nuit de Noël

Est-il logique de fêter Noël le 24 décembre ? Oui, certes, car la tradition veut que l'on célèbre les grandes fêtes dès la veille en s'y préparant par des vigiles, c'est-à-dire par une veillée. La « messe de minuit » a d'ailleurs bien lieu à minuit, la fête de Noël — comme celle de Pâques — commémorant un événement survenu au milieu de la nuit : pour Noël, la naissance d'un nouveau-né ; pour Pâques, la résurrection d'un crucifié.

Noël est censé coïncider avec le solstice d'hiver, c'est-à-dire le jour le plus court de l'année. Ce solstice se produit de fait vers minuit… mais deux jours plus tôt, entre le 21 et le 22 décembre. Même légère erreur pour la nuit de la Saint-Jean, du 23 au 24 juin, qui intervient une journée trop tard, le solstice d'été se situant vers minuit, lui aussi, mais dans la nuit du 21 au 22 juin. On montrera quelque indulgence pour ces vénielles erreurs d'appréciation lorsqu'on saura qu'au moment du solstice, les variations de la durée du jour ou de la nuit sont pratiquement nulles pendant plusieurs jours. De surcroît, la fête de Noël fut fixée au IVe siècle, à une époque où l'on n'en était pas à quelques secondes solaires près…

Fixée au solstice d'hiver, au milieu de la nuit, la fête de Noël relayait les traditions païennes qui célébraient en cette nuit du solstice le renouvellement du soleil. Dès ce jour, le soleil commence en effet sa remontée dans le ciel, et les Romains fêtaient l'événement dans des temples dédiés au *sol invictus,* au soleil invaincu, sur la colline du Vatican. Ce qui fit dire à Renan : « L'histoire du monde n'est que l'histoire du soleil. » Affirmation qu'aucun biologiste ne démentirait, puisque l'énergie du rayonnement solaire est bien à l'origine de tous les phénomènes de la vie.

Dès 335, on célébrait Noël à Rome. Il s'agit naturellement de l'an 335 après Jésus-Christ, et non pas avant, comme le croyait ce jeune homme que nous avons évoqué précédemment.

Le lieu de naissance du Christ n'est guère mieux connu que sa date. A Bethléem, certes, et qui plus est dans une grotte, selon la tradition. Mais quelle grotte ? Elles sont nombreuses à Bethléem, et elles signifient bien plus que leur seule réalité géologique. Car la grotte ou la caverne symbolise le ventre de la terre, d'où le Christ va germer comme une graine et où la vie, dans le symbolisme de toutes les religions, trouve sa source et son essence. N'est-ce pas dans une grotte à nouveau qu'à Lourdes apparut la Vierge, déclenchant les grands pèlerinages que l'on sait ? Il n'en fut pas de même lorsqu'il lui prit la curieuse idée d'apparaître sur un talus de chemin de fer à Beauraing ! Tant pis pour les Belges...

En substituant à « la célébration de la naissance du soleil visible au solstice d'hiver celle de l'invisible créateur du soleil », ainsi que l'écrivait saint Augustin, en transformant la fête solaire du *natale invicti* en fête du *natale christi,* du Christ vainqueur, on faisait coïncider les cycles des fêtes chrétiennes et des fêtes païennes, l'un et l'autre ponctués par les célébrations rituelles de la lumière.

De fait, les fêtes de la lumière se suivent et se relaient les unes les autres. Car la lumière qui illumine la nuit de Noël, de l'apparition des anges aux bergers de Bethléem jusqu'à nos messes de minuit, appelle comme en écho la lumière de la Résurrection qui sera célébrée durant la nuit pascale. La nature, morte jusque-là, repart alors pour reverdir, et à la renaissance du soleil manifestée à Noël répond la renaissance de la nature manifestée à Pâques. Le Christ, mort lui aussi comme un arbre, comme une graine, comme le soleil, ressuscite et ouvre les portes de son Royaume, cette terre nouvelle « comme la nature, comme le printemps, comme le jardin fleuri où coulent le lait et le miel. » Puis vient le plein de l'été, sous le signe du Lion, signe solaire par excellence. C'est là que se situe l'assomption de la Vierge, célébrée dès le VIIe siècle le 15 août. C'est donc au cœur même de l'été que le premier être humain, une femme — priorité aux femmes ! —, est déifié, comme disent les orthodoxes, ouvrant solennellement le cortège de tous les élus.

Mais le cycle des fêtes chrétiennes ne se referme pas sur lui-même comme le cycle solaire. Il rompt avec cette idée typiquement grecque qu'il n'y a rien de nouveau sous le soleil, idée qui imprégnait tout le monde antique et qu'on trouve aussi dans un des derniers livres de la Bible largement influencé par la pensée grecque, l'Ecclésiaste, qui s'ouvre par ces versets célèbres : « Tout est fumée. Quel avantage donne à l'homme toute la peine qu'il prend sous le soleil ? Les générations s'écoulent, la terre est toujours là. Le soleil apparaît et le soleil se couche... Ce qui fut reviendra. Ce qui s'est fait se refera. Rien de nouveau sous le soleil... » Ici, au contraire, Marie s'arrache à la commune destinée humaine et monte vers la pleine lumière, celle du soleil, le 15 août, celle aussi qu'on appelle, faute de mieux, « la lumière céleste » ! A sa suite, c'est l'humanité entière qui accède à sa glorification, et c'est alors la fête de la Toussaint, ultime et décisive victoire de la lumière sur les ténèbres qui, au milieu de l'automne, recouvrent déjà la terre.

Mais l'homme ne se laisse pas aussi facilement arracher aux pesanteurs terrestres, pas plus qu'aux traditions de son passé. Il advient même que les grandes fêtes reprennent une tournure quelque peu païenne dans les pays où la nuit hivernale est particulièrement longue. Aux hautes latitudes, les Lituaniens célébraient autrefois la marguerite, dont le cœur doré et les pétales, irradiant comme de blancs rayons, étaient à leurs yeux l'image du soleil. De même, on retrouve dans les traditions les plus anciennes des pays baltes une intense vénération du feu qui s'est maintenue, semble-t-il, bien après la christianisation. Lorsqu'une grange ou une maison venait à brûler, nul ne se serait aventuré à lutter contre l'incendie, car le feu était considéré comme un hôte qu'il convenait d'accueillir avec courtoisie ; aussi s'empressait-on de dresser à son intention, tout près du brasier, une table ornée de fleurs sur laquelle étaient présentés le pain et le sel de l'hospitalité. Si d'aventure les flammes venaient à ne point consumer ces offrandes, une femme devait danser nue autour de la table, dans l'espoir que le feu, insensible à l'attrait des aliments, se trouverait en revanche tenté par la femme et délaisserait la maison qu'il ravageait...

Désormais, les feux de la nuit de Noël se trouvent strictement circonscrits aux bougies du sapin, à celles de la couronne, et naturellement à la bûche qui crépite dans l'âtre, éléments indispensables à l'ambiance des réveillons, habilement dédoublés entre celui de Noël et celui de la Saint-Sylvestre. Car la fête sacrifie aussi à la tradition des agapes temporelles qui suivent ou accompagnent les grands élans spirituels.

Dans ses *Lettres de mon moulin,* Alphonse Daudet évoque les « trois messes basses » de dom Balaguère, dont l'ardeur spirituelle était fort tempérée par la perspective d'un copieux réveillon. On sait que les prêtres célébraient exceptionnellement trois messes pour Noël : une à minuit, l'autre à l'aurore, la troisième le jour venu. Mais dom Balaguère, « ancien prieur des Barnabites, chapelain gagé des sires de Trinquelage », était gourmand. Il entendit donc expédier promptement et à la file les trois messes de Noël afin de se trouver ensuite d'attaque pour le réveillon... Son petit enfant de chœur, Garrigou, lui chuchotait sans cesse, entre deux répons en latin, les plats et menus plantureux du réveillon qui ne pouvaient attendre. Le pauvre révérend, pâmé de gourmandise, expédia donc, avec une célérité en vérité fort peu chrétienne, la troisième de ses messes, au rythme frénétique de la cloche de son enfant de chœur qui n'était autre que le diable, lequel avait pris les traits de Garrigou. Dramatiquement induit en tentation, le révérend alla même jusqu'à confondre deux ou trois fois le fameux *Dominus vobiscum* avec un *Benedicite* — la prière d'avant les repas —, lapsus pour le moins significatif ! Ce gros péché de gourmandise, dom Balaguère le paya de sa vie, puisqu'il mourut d'apoplexie pendant le réveillon. Comparaissant devant le Souverain Juge, il fut condamné à célébrer 300 messes de minuit en sa propre chapelle, 300 messes de Noël en présence de tous ceux qui l'y avaient accompagné ! D'où cette légende du mont Ventoux où, dans les ruines de la chapelle du château de Trinquelage, dans un bouquet de chênes verts, on entend encore, chaque Noël, la foule des fidèles s'agiter comme des ombres indécises autour de dom Balaguère, célébrant sa troisième messe de Noël...

Le réveillon de Noël a aussi son rituel : après les huîtres et la dinde, les marrons glacés et la bûche de Noël. Depuis des semaines, déjà, on entend dans les rues le fameux « Chauds les marrons ! Chauds ! ». Car décembre est le mois des châtaignes, que l'on consommait jadis dans les provinces du Massif central où les châtaigniers prolifèrent sur les sols granitiques, fuyant les sols calcaires en raison d'une incompatibilité d'humeur telle qu'il est possible — dans les Cévennes notamment — de dessiner avec précision la carte géologique en observant la répartition des châtaigniers : leur présence coïncide toujours avec un sol granitique. Mais la châtaigne n'est pas vraiment un fruit de Noël. Pour Paul Sébillot, elle serait plutôt en relation avec les morts, et son usage serait davantage recommandé au soir de la Toussaint.

Il n'en va certes point de même de la bûche qui, à Noël, éclaire et réchauffe la maison ! Les anciennes traditions celtiques associent étroitement la bûche à la célébration familiale du solstice d'hiver. Une bûche de bonne taille est choisie par le maître de maison, puis décorée et enrubannée par son épouse ; le benjamin de la famille l'arrose ensuite d'eau-de-vie, tandis que l'aîné l'installe sur un échafaudage de petit bois et de brindilles qu'il enflamme avec un tison venant du feu de la Saint-Jean de l'été précédent. En brûlant et en crépitant, cette bûche restitue la chaleur et la lumière solaire enfouies dans l'arbre ; car le soleil, par la photosynthèse, a investi son énergie et sa chaleur dans le bois, énergie et chaleur intégralement restituées par la bûche qui se consume dans l'âtre à Noël. En cela encore, même au cœur de l'hiver, le soleil est bien *invictus !*

On attribuait jadis aux cendres de cette bûche toutes sortes de propriétés extraordinaires, comme à celles des feux de la Saint-Jean. Mais la dernière en date fut sans doute la métamorphose de cette bûche de bois en bûche de pâtissier, parfois agrémentée elle aussi de bougies de Noël... Elle restitue la lumière du soleil au moment où il est à son point le plus bas, et porte les noms les plus divers : en Ile-de-France, c'est une *souche,* tandis que l'Argonne semble confondre la bûche et ce qui l'a produite, puisqu'elle s'y appelle *hache.* Mais pourquoi l'avoir baptisée *kef an nedelek* en Bretagne, ou *nadalako* en Guyenne ?... Allez savoir !

Toujours est-il que la bûche, qu'elle soit dans l'âtre ou sur la table, remonte à des traditions beaucoup plus anciennes que l'arbre de Noël et la crèche qui contribuent au charme si particulier de cette fête.

Fête de la lumière qui renaît, fête du réveillon, Noël est aussi la fête des enfants, ce qui lui confère son caractère d'intimité familiale et de célébration de l'innocence. L'Evangile persiste et signe lorsqu'il nous dit : « Si vous ne devenez semblables à de petits enfants, vous ne rentrerez pas au Royaume de Dieu ! » Mais le petit-enfant de la crèche est destiné à grandir, comme le soleil, à compter de ce jour-là... Toute l'affaire consiste donc à acquérir sagesse et expérience, qualités des grands, tout en conservant pureté et innocence, qualités des petits. Difficile synthèse, qui résume pourtant l'essentiel du message de Noël.

Noël est une fête typiquement chrétienne. Cette idée de l'Enfant-Dieu est complètement étrangère à l'islam pour qui Allah s'identifie à un *sol invictus,* à un soleil invaincu qui serait toujours présent au solstice du 24 juin, au zénith, en plein milieu du ciel, exigeant la foi aveugle de toute créature soumise à son pouvoir : *islam* signifie, on le sait, soumission. Un soleil éblouissant ne peut qu'illuminer le croyant de sa lumineuse évidence.

Noël nous offre une tout autre vision : celle d'un Dieu qui se cache comme le soleil d'hiver aux hautes latitudes, là où la chrétienté devait précisément se propager sous des climats moins ensoleillés que ceux de l'Arabie, du Moyen-Orient ou de l'Afrique du Nord, premiers berceaux de l'islam. Jésus-Christ symbolise le Dieu caché, un Dieu qui se tient humblement à la porte de l'âme et du cœur pour mendier amoureusement sa place, ce Dieu qu'aimait Pascal. Un Dieu qui s'infiltre et s'insinue en nous, dans nos « nuits », nos failles, au défaut de notre cuirasse, en nos moments de faiblesse, à nos points de rupture... Car nous sommes désespérément incomplets, coupés par la frontière qui sépare l'animal du végétal, le mâle de la femelle. Nous ne sommes jamais que l'un ou l'autre, et toujours un peu l'un et l'autre. Un peu seulement, car il nous manque toujours ce qu'ont les autres et que nous n'avons pas ; d'où la recherche éperdue du complément, de l'autre être, celui qui m'aimera, me comprendra, quoique jamais parfaitement... D'où la permanence et la perpétuelle résurgence des dysharmonies, des incomplétudes, des insuffisances et des frustrations. D'où aussi l'obscure, inconsciente et profonde insatisfaction ressentie tôt ou tard, en raison d'une sorte de « décote » par rapport à cette étrange aspiration à la perfection qui, sans relâche, nous habite. On la projette hors de nous, on l'idéalise, on la baptise : c'est l'être suprême, l'absolu, Dieu ! Né comme une aspiration vécue à partir de nos propres manques, au sens exact du terme, Dieu ne serait-il qu'une création de l'homme ? Une illusion née de ses fantasmes, nourrie de ses carences et de ses insuffisances ? Telle est l'interprétation athée de la foi, logique et légitime. Mais le jeu, comme la vie, est parfaitement dialectique, et la proposition se retourne comme un gant : on rétorquera que Dieu ne peut se manifester que par cette voie, tout comme l'eau ne rentre que par une voie d'eau, pour combler quelque vide intérieur ; plus grandes sont les pertes, plus profond le vide, plus large la brèche, plus grande est la place disponible pour accueillir l'Innommable. D'où l'admirable et saisissante convergence de toutes les traditions spirituelles d'Orient et d'Occident, qui font du renoncement et de la pauvreté du cœur la condition nécessaire à l'éveil de la liberté, unique chemin vers l'amour éternel.

Le message chrétien, rejoignant en cela toutes les anthropologies, est comme une graine enfouie dans la nuit de la terre hivernale : il commence petit dans le cœur préparé à l'accueillir, et ne croît que patiemment, étape après étape, à travers joies et afflictions. Ce message laboure ensuite amoureusement le champ de l'âme, jusqu'à ce que chaque motte en soit renversée, dans ce complet retournement des dispositions du cœur, terreau fertile ; puis il envahit et investit, par un phénomène de croissance, l'être entier, par une pulsion lente mais aussi irrésistible que celle qui fait croître le petit enfant ou monter chaque jour le soleil de Noël dans le ciel.

Certes, bien des graines avortent, car telle est la loi que seules quelques-unes donneront du fruit : échecs et ratages sont ceux qui ne savent pas croire, qui ne veulent pas croire ou qui ne peuvent pas croire. C'est-à-dire ceux qui ne savent pas, qui ne veulent pas ou qui ne peuvent pas essayer de mettre *en pratique* l'incroyable révélation des béatitudes, qui défie toute logique humaine. Et le mot pratique n'a évidemment rien à voir ici avec la pratique religieuse, comme si on « pratiquait la religion » ainsi qu'on pratique un sport ! Il signifie « praxis », manière d'agir, manière de vivre, manière d'être ; c'est-à-dire création continue, exercice quotidien, recherche permanente de l'attitude et du geste justes. Exercice terriblement difficile, mais qui résume toute l'aventure humaine, orientée vers cette parfaite transparence par où perce le parfait rayonnement de l'Etre.

Le 25 décembre

Noël, c'est le soleil qui renaît, l'Enfant qui naît, c'est aussi la crèche et le sapin !

La crèche est beaucoup plus récente que la fête de Noël qui lui a donné le jour. Les toutes premières représentations de la naissance du Christ apparaissent en France au IVe siècle. On montre au musée d'Art chrétien d'Arles un Enfant Jésus couché dans un berceau, avec Marie à ses côtés — sans Joseph —, visité par un berger avec sa houlette, et encadré par un âne et un bœuf. Dans la crypte de la basilique de Saint-Maximin, dans le Var, une Adoration des mages fut également représentée sur un sarcophage datant approximativement de la même époque. Et une peinture murale datée des environs de l'an 380, découverte à Rome en 1877, représente le même motif. C'est à partir de ces images que s'est développée une illustration figurative de la naissance du Christ. Mais c'est à saint François d'Assise qu'on attribue généralement la paternité de la première crèche de Noël. D'après la légende, saint François, trois ans avant sa mort, eut l'idée d'imaginer une crèche qu'il installa dans une grotte de la localité de Greccio : c'était la nuit de Noël 1223.

Que cette histoire soit vraie ou non, on peut cependant affirmer avec certitude que la crèche est née en Italie. Elle apparaît en France au XVIe siècle seulement, et d'abord, semble-t-il, en l'église Saint-Jean-Baptiste de Chaource, dans l'Aube. Elle se propage ensuite dans toute la chrétienté et devient même, en Provence, prétexte au développement d'un artisanat typique, celui des santons !

Aux personnages de la crèche s'ajoute toujours un bestiaire : les brebis des bergers, certes, mais aussi un âne et un bœuf qui ne figurent pas dans le récit de la Nativité relaté dans saint Luc. L'âne symbolise, on l'a dit, l'ignorance et la bêtise ; le bœuf est le symbole inverse. Ainsi, dès sa naissance, l'Enfant connaît les influences contraires entre lesquelles il va devoir naviguer, comme tous les humains dont il vient d'épouser la condition.

Les personnages de la crèche, hommes ou bêtes, sont généralement disposés sur un tapis de mousses et de lichens. Ainsi le Christ enfant, jeune pionnier du christianisme, apparaît-il, dès la crèche, entouré de plantes elles-mêmes pionnières, dont on connaît les puissantes capacités à modifier les milieux qu'elles colonisent, voire à changer le cours de l'Histoire, comme le fit plus tard le Christ lui-même pour l'histoire des hommes. Mousses et lichens s'installent en effet dans les milieux les plus arides, sur les rochers nus, les terres récemment libérées des glaciers et des banquises ; ils constituent là les premières têtes de pont du monde vivant. Le sol une fois occupé et colonisé par ces pionniers peu exigeants, mais très conquérants et très résistants, d'autres plantes pourront s'installer, végéter et prospérer avec, au terme du processus, un complet reverdissement de la terre. Mais les pionniers doivent mourir, et c'est sur leur litière que leurs successeurs prolifèrent. De la même manière, sur les ruines d'un Empire romain en pleine décomposition, vit-on fleurir la jeune civilisation chrétienne. Une civilisation née d'un enfant qui dut mourir en croix pour que le monde renaisse... De la crèche à la Croix, de Noël à Pâques, la vie du Christ est celle d'un pionnier intrépide et novateur.

Avec la crèche, l'arbre de Noël est le second grand symbole de la fête. Et l'on a bien entendu choisi cette fois un conifère à aiguilles permanentes, qui fait écho à l'arbre de mai. La tradition de l'arbre de Noël nous vient d'Europe du Nord où tous les arbres ont alors perdu leurs feuilles, sauf les conifères. L'arbre de Noël sera donc l'un d'eux, généralement un épicéa et non un sapin. Ces deux arbres sont d'ailleurs faciles à distinguer : le sapin a des aiguilles aplaties avec deux raies blanches sur leur face inférieure, et toutes plus ou moins disposées dans un même plan, avec des pommes dressées ; les épicéas, au contraire, ont des aiguilles pointues, sans ligne blanche, disposées tout autour du rameau qui les porte, avec des pommes pendantes. Il serait néanmoins tout à fait incongru de parler d'un « épicéa de Noël », tant le sapin est ancré dans la tradition ! Le botaniste doit ici faire quelque concession à la tradition populaire. Que deviendrait la célèbre chanson *Mon beau sapin*, tristement reconvertie en *Bel épicéa* ? Pourtant, avec son allure si caractéristique de pyramide allongée et pointue, dont chaque branche baisse les bras, l'épicéa est vraiment un très bel arbre ; plus encore que le sapin qui dénude son tronc avec l'âge comme un vieux perroquet se débarrasse de ses plumes !

Fête de la lumière, Noël va illuminer son sapin conformément à une tradition qui remonte loin dans la nuit des temps. Une nuit que l'on veut précisément illuminer. Dans les religions primitives des peuples scandinaves, le sapin illuminé était un symbole de continuité, de permanence et de renouveau là où les nuits d'hiver sont particulièrement longues et où le soleil semble quasi vaincu. Pierre Brosse relate que dans le calendrier des arbres du monde celtique, chaque mois lunaire de 28 jours correspondait à un arbre. Les 13 mois faisaient une année de 364 jours. Le jour manquant était le 23 décembre, jour de la mort du soleil, dédié à l'if. Mais le lendemain 24 décembre, jour de la renaissance du soleil, était dédié à l'épicéa, « l'arbre de l'enfantement ». D'où la pratique encore en usage, déjà signalée, de planter un épicéa le jour de la naissance d'un enfant[1]. Comme tant d'autres traditions populaires, celle de l'épicéa n' « épousa » que très laborieusement la fête de Noël. Le passage de l'une à l'autre est encore mal éclairci. Mais l'Eglise la condamna d'abord, comme elle l'avait fait des feux et des arbres de la Saint-Jean. Il est vrai que la fête du sapin illuminé donnait lieu à de joyeuses bombances ! Mais cette fête de l'arbre de la renais-

1. J'ai dans mon propre jardin un épicéa qui fut planté par mon grand-père le jour de ma naissance... Dieu merci, il se porte bien !

sance coïncidait avec celle de Noël, de sorte qu'à partir du XVIIe siècle, la tradition du sapin illuminé finit par rejoindre la fête de la Nativité en Allemagne. Elle pénétra ensuite en Alsace et en Lorraine, puis, après l'annexion de 1870, les Alsaciens et les Lorrains la répandirent dans toute la France où elle s'est rapidement généralisée, totalement intégrée aujourd'hui au folklore de Noël.

L'Amérique donna une nouvelle impulsion à l'arbre de Noël traditionnel. C'est à Boston que naquit en 1912 la coutume de placer des arbres de Noël illuminés sur les places publiques. Cette coutume se répandit rapidement, atteignit l'Europe après la Première Guerre mondiale, et devint générale peu après la Seconde.

La prolifération de l'épicéa en plaine — non pas seulement en arbres de Noël, mais en plantations forestières aujourd'hui très fréquentes — constitue une grave entorse aux lois de l'écologie qui excluent aussi bien l'épicéa que le sapin des plaines françaises, où ces deux arbres n'ont été cultivés que récemment. Leur habitat normal est la montagne. Aussi a-t-on vu les écologistes se mobiliser à bon droit contre les enrésinements excessifs.

La logique eût voulu que l'on utilisât comme arbre de Noël le houx, car il est, avec le buis, la seule espèce arborescente sauvage des forêts de plaine ou de moyenne montagne dont le feuillage soit persistant. On conçoit son importance dans les célébrations de Noël ! Le houx est d'ailleurs une sorte d'arbre de Noël naturel en miniature, avec son feuillage piquant et ses petits fruits rouges aussi ornementaux que les boules de Noël. Aux yeux des premiers chrétiens du nord de l'Europe, cette plante était le symbole du buisson ardent de Moïse. Les piquants de la plante, ses baies rouges ressemblant à des gouttes de sang, rappelaient aussi aux fidèles que l'Enfant divin porterait un jour une couronne d'épines.

Plante singulière que ce houx qui manifeste une grande capacité adaptative, puisqu'il est capable de pousser aussi bien en plaine qu'en montagne, en Europe atlantique qu'en Europe méditerranéenne. Les glaciations ne l'ont pas dérangé outre mesure, car il est venu se réinstaller, après le recul des glaciers, sur une aire englobant pratiquement toute l'Europe, performance dont aucun arbre ne s'est révélé capable. Cette grande capacité d'adaptation est-elle liée à des moyens de défense particulièrement efficaces ? Certes, ses feuilles, très piquantes à la base, le mettent à l'abri de la dent du bétail. Ce doit être là un moyen de défense efficace, puisque les feuilles du sommet, elles, ne sont plus piquantes, là où les animaux ne peuvent justement plus les atteindre. De surcroît, revêtues d'une épaisse couche de cire, ces feuilles résistent parfaitement à l'hiver en limitant leur transpiration, comme le font d'ailleurs les conifères. Incapables de blinder ainsi leur feuillage, les autres arbres préfèrent le perdre purement et simplement, ce qui leur évite de transpirer et d'avoir par conséquent à puiser de l'eau dans un sol durci par le gel. Ainsi la physiologie du houx en hiver rejoint-elle parfaitement celle des arbres de Noël aux aiguilles persistantes. Elle rejoint aussi celle du chêne vert méditerranéen, qui conserve tout l'hiver ses feuilles vertes et coriaces et qui a donné au houx son nom latin d'*Ilex,* qui est aussi celui de ce chêne. Certains chênes verts, comme le chêne kermès, ont d'ailleurs des feuilles piquantes très semblables à celles du houx.

Il y a des houx mâles et des houx femelles. La distinction est facile : les houx femelles portent en hiver des baies rouges, et ce sont ceux-là uniquement que l'on utilise pour les bouquets de Noël. Ces baies rouges font partie de la compagnie restreinte des baies destinées à nourrir les oiseaux en hiver, car elles persistent très tardivement — privilège que le houx partage avec le lierre, pour le plus grand bonheur de la gent ailée !

Avec son feuillage pérennant et ses feuilles piquantes, le houx est richement doté en significations symboliques. Ses piquants, en diverses régions, signifient une origine diabolique ; ailleurs, ils dotent de pouvoirs protecteurs contre les mauvais esprits. Partout, son beau feuillage vert en fait un symbole de la permanence hivernale de la végétation, d'où sa présence constante dans toutes les « flores de Noël ».

Naturellement, les horticulteurs se sont intéressés à cette plante et ont mis à notre disposition de nombreuses variétés de houx à feuilles plus ou moins grandes et plus ou moins dentées. Certaines n'ont plus d'épines du tout ; d'autres, au contraire, sont si farouchement épineuses qu'on voit les épines surgir à la surface même de la feuille : ce sont les variétés *ferox,* mot qui dit bien ce qu'il veut dire ! D'autres houx encore ont des feuilles tachetées de blanc et de jaune, ou bordées de blanc et de jaune ; un houx chinois a même des feuilles terminées par deux lobes raides comme des cornes... Voilà pour les enfants du houx ! Il ne s'agit pas ici d'enfants naturels, mais d' « enfants éprouvettes » fabriqués de toutes pièces par la main de l'homme.

L'eucalyptus fait lui aussi partie du bouquet de Noël. Originaire d'Australie, il fleurit abondamment en décembre, car il a gardé son rythme d'origine. Représentant de la nature australe où Noël tombe au milieu de l'été, il fut implanté en Europe au siècle dernier ; il connut rapidement une grande extension, notamment en Europe méditerranéenne, d'abord pour sa forte odeur d'eucalyptol, dont on pensait qu'elle contribuerait à détruire les insectes responsables de la diffusion du paludisme, mais aussi pour son intense capacité de transpiration qui le faisait planter pour assécher les marais. L'eucalyptus, de plus, pousse vite, et ses nombreuses espèces s'adaptent aux conditions climatiques les plus diverses, certaines s'accommodant de climats proprement désertiques. D'où une intense prolifération des peuplements d'eucalyptus, exagérée et intempestive, d'autant que ses feuilles et ses litières ne sont pas tendres pour les herbes poussant sous elles... Pire encore que conifères ou noyers, l'eucalyptus fait table rase sous son feuillage et, à la manière d'Attila, dont il est le pendant végétal, ne laisse pas un brin d'herbe subsister là où il pousse, tant il empoisonne le sol de son eucalyptol ! Mais ses fleurs sont superbes, largement épanouies à Noël, au plein été de l'hémisphère Sud, avec leur calice vert et épaissi, muni d'un petit chapeau pointu d'où sortent de longues étamines rouges.

Noël, c'est encore la rose de Noël ou hellébore, plante très toxique à propriété tonicardiaque. Dangereuse comme la nuit, elle porte en elle un médicament qui donne la vie comme le jour ! Plante, on le voit, parfaitement symbolique de la fête dont elle porte le nom. La rose de Noël n'est pas une rose ; cette petite herbe de la famille des renoncules (ou boutons d'or) est la seule plante herbacée à fleurir pour Noël sous nos climats. Ce privilège unique, elle le doit sans doute à son extrême sensibilité à la sécheresse. Originaire du bassin méditerranéen, l'hellébore ne supporte pas les étés secs qui marquent le climat de ces régions. Aussi préfère-t-elle affronter, au moment de sa floraison, le froid humide des hivers plutôt que de risquer la longue sécheresse des étés de son pays. Moyennant quoi, la rose de Noël a inversé son cycle et s'est mise à fleurir en plein hiver, au moment où les plantes ordinaires se terrent sous forme de graines, de bulbes ou de racines. Cette capacité adaptative une fois acquise dans son pays d'origine, elle l'a conservée jusque dans l'Europe atlantique, bien que les étés y soient moins longs et moins sévères. Pour la rose de Noël, ce qui est fait est fait, on n'y revient plus ! Très souvent cultivée dans les jardins ou les cimetières, elle est en revanche très rare à l'état sauvage, et il y a fort peu de chances de la trouver dans la nature.

La Saint-Sylvestre

Un réveillon chasse l'autre ; celui de la Saint-Sylvestre est à cheval sur deux années. Comme Noël commençait au milieu de la nuit, l'année nouvelle commence elle aussi à minuit. Quant au malheureux saint Sylvestre, qui s'en souvient encore ? Pourtant, comme la journée qui porte son nom, il vécut entre deux âges : pape de 314 à 335, il fut élu exactement un an après le fameux édit de Constantin qui mit fin aux persécutions et proclama le christianisme religion officielle de l'empire. Ce qui valut à notre saint d'être l'un des premiers à ne pas mourir martyr… Voilà qui se fête, dira-t-on, et cela se fête par un gai réveillon !

Cette nuit-là est donc à cheval sur deux années, et en même temps sur deux mois : décembre et janvier. Janvier doit son nom au dieu Janus, le dieu aux deux visages, dont l'un regardait derrière et l'autre devant : bref, un coup d'œil sur l'année qui s'achève, un coup d'œil sur l'année qui commence. La mythologie ajoute qu'il est le dieu de la Monnaie, avec son côté pile et son côté face. D'où sa présence à la charnière entre deux années du calendrier romain dont nous avons hérité et que nous avons fait nôtre. Le symbolisme du pile ou face exprime cette réalité que chaque médaille a son revers, ou encore que chaque chose a son bon et son mauvais côté. Seul, dit l'adage populaire, le louis d'or est bon des deux côtés !

Mais cette nuit de transition marque le point culminant ou la mi-temps d'une période de douze jours qui va de Noël à l'Epiphanie. Curieusement, Noël et l'Epiphanie sont deux fêtes équivalentes célébrées la première en Occident le 25 décembre, la seconde en Orient le 6 janvier. Pourquoi deux fêtes de Noël distinctes, l'une orientale, l'autre occidentale ? Et pourquoi douze jours entre les deux, coupés à la mi-temps par ce 1er janvier qui était déjà le Jour de l'An pour les Romains à l'époque du Christ ?

Lorsqu'on y regarde de près, il apparaît que ces deux fêtes ne sont pas exactement équivalentes : la première correspond à la naissance du Christ dans le secret d'une grotte en plein cœur de l'hiver et en pleine nuit ; naissance dont les seuls témoins sont des bergers gardant leurs troupeaux sur les plateaux de Bethléem. La deuxième, au contraire, est manifestation aux fameux Rois mages venus d'Orient, représentant les nations sur lesquelles le Christ universel est appelé à régner. De Noël à l'Epiphanie, de la naissance privée et secrète à la manifestation publique et universelle symbolisée par le témoignage des Rois mages, un temps de maturation, de croissance, de transformation est nécessaire. Le temps qu'il faut pour que la renaissance du soleil devienne visible, et pour que la venue du Christ invaincu se manifeste avec éclat face aux rois de la terre. Ce temps de transformation, qui est aussi le temps de passage d'une année à l'autre, s'appelait autrefois « les douze petits mois », ou encore « les douze jours ». Plusieurs millénaires avant le Christ, les Sumériens célébraient déjà ces fameux douze petits mois pendant lesquels l'ordre du monde se trouve bouleversé, puisqu'il va falloir passer d'une année à l'autre. Ce passage va nécessairement changer quelque chose dans le cours du temps, ne serait-ce que la date du calendrier, changement qui ne manquera pas d'avoir des conséquences sur le déroulement de la vie quotidienne.

Comme la plupart des grandes traditions, on retrouve celle-ci dans tous les pays du monde. Ainsi, en Chine, sous la dynastie des Han (à partir du IIIe siècle avant Jésus-Christ et jusqu'à l'époque du Christ), on expulsait à la fin de l'année les esprits pestilentiels afin « de reconduire le vieux et d'aller au-devant du neuf ». Les forces mauvaises étaient boutées dehors par de jeunes garçons porteurs de torches et dansant la danse des douze animaux — douze, comme les douze mois et les douze jours. Puis une troupe de cavaliers relayaient les danseurs, se saisissant des torches qu'ils allaient précipiter à la rivière en même temps que toutes les pestilences qui s'y étaient agglomérées et que l'on noyait du même coup. Afin qu'elles ne reviennent pas en remontant le courant, on coupait même les ponts... La période des douze jours était donc une période de purification et d'exorcisme, un temps où l'on se débarrassait des miasmes accumulés pendant une longue année.

Plus près de nous, en la bonne ville de Metz, les traditions populaires rapportent que, ces jours-là, « il était défendu de filer le chanvre, le lin ou la laine, de nettoyer les écuries, de conduire le fumier, de faire de gros travaux et même la lessive ; il était défendu de manger des légumes secs si on ne voulait pas risquer d'attraper la gale ; on évitait de pénétrer dans les bois et forêts après le coucher du soleil, car pendant ces nuits les esprits voyagent... ». Il suffisait de se conformer à ces préceptes pour être assuré pendant une année contre les maladies des personnes et du bétail et s'attirer la bénédiction du ciel et la prospérité.

Il convenait au fond que les activités humaines se calquent sur le mouvement de la roue solaire qui, durant ces jours, semble s'arrêter dans le ciel. Du coup, il fallait de même arrêter les roues d'ici-bas : les véhicules qui roulent, les moulins, les rouets qui filent, les fléaux de battage qui tournoient sur l'aire. Bref, c'était le temps de la pause et du repos dont le soleil lui-même donnait l'exemple. Cette conception remontait en Europe aux traditions scandinaves de la période de « Jul » où les hommes devaient abandonner, durant les douze jours solsticiaux, leurs travaux quotidiens et surtout tous « mouvements rotatifs ». La bûche de Jul, ancêtre de notre bûche de Noël, brûlait dans l'âtre en ce jour du solstice d'hiver qui ouvrait le temps de Jul par la célébration familiale et intime du feu, symbole du soleil renaissant. Une autre coutume voulait que l'on disposât dans l'âtre des grains de blé qu'on nommait « les Douze Mois ». Ces douze grains torréfiés sautaient en avant ou en arrière, indiquant les variations du prix du blé dans les mois correspondants. Certains prétendaient même déceler dans l'allure et la position du grain un présage heureux ou malheureux pour le mois en question. Car, durant cette période, les esprits voyageurs favorisaient les dons de voyance. Les esprits étaient alors plus proches que de coutume du monde des vivants.

Pendant ces douze jours de transition où l'ordre du monde était bouleversé comme le calendrier, les Romains fêtaient les Saturnales. Durant ces Saturnales, fixées à sept jours seulement, on s'offrait des cadeaux. Les esclaves bénéficiaient soudain d'une liberté élargie et pouvaient se conduire comme des affranchis, jouissant des mêmes divertissements que leurs maîtres. On retrouve cette inversion de l'ordre de la société et de la nature des choses dans la fameuse fête des Fous au Moyen Age. Elle aussi avait lieu entre Noël et l'Epiphanie. Cette fois, ce n'étaient plus les esclaves qui pouvaient égaler leurs maîtres, puisqu'il n'y en avait plus, mais les laïcs qui singeaient les clercs et même les évêques. On élisait alors un « évêque des fous » qui célébrait de manière bouffonne les offices religieux. Ce qui ne manqua pas de créer bon nombre de scandales, de sorte que l'Eglise finit par interdire ces réjouissances en 742. Cela n'empêcha pas la tradition de se poursuivre, puisqu'on la repère encore au XVIIe siècle, par exemple à Douai ou à Provins, et même jusqu'en 1745 à Antibes, alors ville frontalière aux confins du comté de Nice.

De cette fête des Fous ne subsiste aujourd'hui que notre Carnaval, réminiscence lointaine de ces jours où les rôles se substituent les uns aux autres, où les valeurs se contestent et s'inversent, et où, pour quelque temps, dominés et dominants se côtoient et échangent leur rôles. Peut-être ne saurait-on concevoir de sociétés équilibrées sans de telles soupapes de sûreté. Les démocraties sont d'ailleurs à leur manière une sorte de perpétuelle fête des Fous, puisque les gouvernants y sont continuellement à la merci des suffrages des gouvernés qui les moquent et les brocardent à l'envi.

Est-ce parce que l'équilibre des pouvoirs est désormais bien assuré en démocratie par le contrepoids des médias et des suffrages ? Toujours est-il que les « douze petits mois » ne sont plus que douze jours squelettiques et tout ce qu'il y a d'ordinaires, courts par la durée de leur ensoleillement, et qui s'achèvent le jour de la fête des Rois. L'Orient fêtait en effet le 6 janvier la fin du solstice, quand le jour recommence visiblement à grandir. Les Grecs fêtaient ce même jour Dionysos, et les Romains Bacchus, son synonyme. Ce même 6 janvier, les Egyptiens d'Alexandrie reconnaissaient aux eaux du Nil un pouvoir régénérateur particulièrement intense ce jour-là, et célébraient leur dieu Osiris, dieu de la face cachée de la vie, comme la graine qui ressuscite après l'hiver, dieu qui apprend aux hommes à cultiver la terre irriguée par le Nil, dieu qui se manifeste aux hommes comme le Christ lors de son baptême dans le Jourdain... Les chrétiens d'Orient baptisèrent très tôt cette fête du 6 janvier, célébrée dès l'an 120, donc plus de deux cents ans avant la première fête de Noël à Rome; cette fête de l'Epiphanie, nous la nommons plus traditionnellement fête des Rois, puisqu'elle coïncide avec l'arrivée des fameux Rois mages à Bethléem, encore symbolisée par la traditionnelle galette des Rois.

Ces rois — qui n'en étaient point, semble-t-il — viennent de très loin! Dans la Perse antique, les prêtres de Zoroastre — dieu des ancêtres des turbulents et inquiétants Iraniens d'aujourd'hui — adoraient le Soleil et montaient en cette période sur une montagne sacrée pour y allumer de grands feux. Ils recherchaient dans le ciel une étoile annonçant la naissance d'un Sauveur, censé naître d'une vierge dans une caverne... Extraordinaire convergence, on en conviendra, entre deux grandes religions d'Orient : celle des Parsis, les anciens Perses, et la tradition chrétienne qui semble avoir intégré cette légende dans un récit de la naissance du Christ.

Vint le jour où ces mages, devenus entre-temps des « Rois mages » — car l'Epiphanie s'était combinée avec les festivités du dernier jour de « Jul », où l'on tirait « le roi » —, virent l'étoile et se mirent en route, porteurs de présents. Chacun de ces présents revêt une signification particulièrement suggestive à la fin de cette période de troubles, de désordre et d'impureté. L'or est par excellence le présent offert aux rois; l'encens est le présent offert aux dieux, et fait fuir les esprits mauvais ou les fantômes; la myrrhe, enfin, est le présent offert aux hommes pour les embaumer et leur permettre, conformément à la tradition de l'Egypte ancienne, le passage dans l'éternité.

Aujourd'hui, l'Epiphanie s'est démonétisée en Occident pour redevenir platement la fête des Rois. Elle se réduit prosaïquement à une galette contenant un minuscule objet qui risque de vous casser les dents, ou plus prudemment et plus traditionnellement une simple fève de haricot. Après la longue saga des fêtes du grand cycle solaire, voilà qui manque de poésie ; en rester là serait bien la « fin des haricots » ! Heureusement, le cycle reprend, une nouvelle année commence, jusqu'à ce que, de cycle en cycle, épuisé par un long parcours, chacun à son tour soit invité à quitter le stade. Ce jour-là, pour chacun, est demain. Mais demain est jour de fête...

Bibliographie sommaire[1]

Hellmut BAUMANN, *Le Bouquet d'Athéna, les plantes dans la mythologie et l'art grecs,* Flammarion, « La Maison rustique », 1984.

Pierre de BEAUMONT, *La Bible,* Fayard-Mame, 1981[2].

Roger Pierre BOUISSOU, *Les Plantes médicinales dans le jardin de la culture,* inédit (communication personnelle).

Jacques BROSSE, *Les Arbres de France, histoire et légendes,* « Terres de France », Plon, 1987.

Jean CHEVALIER, Alain GHEERBRANT, *Dictionnaire des symboles,* édition revue et corrigée, Robert Laffont-Jupiter, 1982.

Bernard DEFORGE, *Le Destin de Glaucos ou l'immortalité par les plantes,* Actes du colloque de Chantilly, « Visages du destin dans les mythologies », 1-2 mai 1980, société d'édition « Les Belles Lettres ».

Bernard DEFORGE, *Eschyle, poète cosmique,* société d'édition « Les Belles Lettres », collection d'études mythologiques, 1986.

1. Cette bibliographie sommaire ne comporte ni les ouvrages scientifiques, traités ou précis d'usage courant, ni les publications scientifiques originales consultées par l'auteur, qui l'alourdiraient inutilement.

2. Les citations de la Bible ont été tirées de la Bible de Pierre de Beaumont, Ed. Fayard-Mame, 1981. Les références ont volontairement été omises afin de ne pas alourdir le texte, dépourvu par ailleurs de tout appareil critique en vue d'en faciliter la lecture.

Marc Doudon, *Histoires de plantes glanées à travers mythes, légendes et traditions,* Mission et Développement, 3, rue Turgot, Dijon, 4e trimestre 1986.

Mircea Eliade, *Images et symboles, essais sur le symbolisme magico-religieux,* Gallimard, 1952.

Mircea Eliade, *Traité d'histoire des religions,* Petite Bibliothèque Payot, 1975.

Mircea Eliade, *Histoire des croyances et des idées religieuses,* Vol. 1. *De l'âge de la pierre aux mystères d'Eleusis,* Vol. 2. *De Gautama Bouddha au triomphe du christianisme,* Vol. 3. *De Mahomet à l'âge des réformes,* Payot, nouvelle édition, 1986.

Marie-Rose Erdinger, *La Liturgie des fleurs,* couvent des Rédemptoristines, Landser 68440 Habsheim, 1986.

E. Gugenheim, *Le Judaïsme dans la vie quotidienne,* Albin Michel, « Présence du judaïsme », 1961.

L. Guyot, *Histoire des plantes cultivées,* Armand Colin, section Biologie, 1963.

Jean Hannoteaux, *Plantes à histoires,* Editions U.N.A.F., 26 rue des Tournelles, 75004 Paris, 1986.

Nogah Hareuveni, Helen Frenkley, *Ecologie dans la Bible,* Neot Kedumin S.A.R.L., Israël, 1974.

A.-G. Haudricourt, L. Hedin, *L'Homme et les plantes cultivées,* Editions A.-M. Métaillié, 1987.

Roger Klaine, *Rythmer et célébrer la vie,* inédit, Metz, 1986 (communication personnelle).

Jacques Lacarrière, *En suivant les dieux au cœur des mythologies,* Philippe Lebaud éditeur, 1984.

Colonel de Lassalle, *La Symbolique militaire,* « Symbole et tradition », Paris, 1973.

Jean Mabire, Pierre Vial, *Les Solstices. Histoire et actualité,* Ed. Grece, 1975.

Paul Sébillot, *Le Folklore de France, La flore,* Editions Imago, 1985.

André Varagnac, *Civilisation traditionnelle et genres de vie,* Albin Michel, collection « Sciences d'aujourd'hui », 1948.

André Varagnac, Marthe Chollot-Varagnac, *Les Traditions populaires,* P.U.F., collection « Que sais-je ? », 1978.

Francis X. Weiser, *Fêtes et coutumes chrétiennes, De la liturgie au folklore,* Mame Ed., 1960.

Remerciements

Je tiens à exprimer mes vifs remerciements au médecin général Bouissou, pour le mémoire inédit très précieux qu'il a bien voulu me communiquer ; à Jacques Brosse, dont l'œuvre m'a été en maintes circonstances de la plus grande utilité ; à Bernard Deforges, pour ses informations sur certains aspects de la mythologie grecque ; au colonel de Lassalle, pour ses documents sur la place des feuillages dans la symbolique militaire.

Mes sentiments de reconnaissance et d'amitié vont tout particulièrement à Roger Klaine, ami et complice de toujours, qui a bien voulu relire ce manuscrit et l'enrichir de ses précieuses observations.

A tous, j'exprime ma profonde et cordiale reconnaissance pour la part qu'ils ont prise, directement ou indirectement, à l'élaboration de cet ouvrage.

J.-M. P.

Table des matières

TROISIÈME PARTIE

LE PLEIN ÉTÉ

QUATRIÈME PARTIE

MORT ET RÉSURRECTION

Cet ouvrage a été composé
par l'Imprimerie BUSSIÈRE
et imprimé sur presse CAMERON
dans les ateliers de la S.E.P.C.
à Saint-Amand-Montrond (Cher)
en octobre 1988

35-30-7989-01

ISBN : 2-213-02217-8

N° d'édit. 9906. N° d'imp. : 5513-1466.
Dépôt légal : octobre 1988.

Imprimé en France